刘鹗别传

刘德隆　著

中华工商联合出版社

图书在版编目（CIP）数据

　刘鹗别传 / 刘德隆著 . -- 2 版 . -- 北京 : 中华工
商联合出版社 , 2018.7（2021.7 重印）
　　ISBN 978-7-5158-2315-7

　　Ⅰ . ①刘… Ⅱ . ①刘… Ⅲ . ①刘鹗（1857-1909）—
传记 Ⅳ . ① K825.6

　　中国版本图书馆 CIP 数据核字（2018）第 099626 号

刘鹗别传

作　　者：刘德隆
责任编辑：林　立　崔红亮
装帧设计：北京东方视点数据技术有限公司
责任审读：郭敬梅
责任印制：迈致红
出版发行：中华工商联合出版社有限责任公司
印　　刷：唐山富达印务有限公司
版　　次：2018 年 9 月第 2 版
印　　次：2021 年 7 月第 3 次印刷
开　　本：710mm×1020mm　1/16
字　　数：220 千字
印　　张：19
书　　号：ISBN 978-7-5158-2315-7
定　　价：78.00 元

服务热线：010-58301130
销售热线：010-58302813
地址邮编：北京市西城区西环广场 A 座
　　　　　19-20 层，100044
http://www.chgslcbs.cn
E-mail: cicap1202@sina.com（营销中心）
E-mail: gslzbs@sina.com（总编室）

工商联版图书
版权所有　侵权必究

凡本社图书出现印装质量问
题，请与印务部联系。
联系电话：010-58302915

序

　　这套励志书由两部分内容组成，一是大师传记，二是名家文集。前者记述大师的人生事迹，评点他们的精彩瞬间；后者辑录名人的文章言论，展示他们的才华睿智。所选者，无不是成功的人生，无不是为后人所推崇和敬仰的人。对于我们每一个人来说，他们都是后人追求的榜样，励志的灯塔。其实，古往今来，所有的成功者，他们的人生和他们所激赏的人生，不外是："有志者，事竟成。"

　　励志是动宾结构的词，励是磨砺，志是志向，放在一起就是磨砺志向。所以说，励志不是简单的立志，是要像把刀放在石头上磨才能锋利一样，这个磨砺，也不是轻而易举地摩擦一下，而是要下力气的，对刀来说，不仅要把自身的锈磨掉，还要把多余的部分都要毫不留情地磨掉，这简直是一场磨难。所有绚丽的人生都是用艰难磨砺成的，砥砺生命放光华。可见，励志至少有三层意思：

　　一是立志。国人都崇拜的一本书叫《易经》，那里面有一句话说："天行健，君子以自强不息。"这是一种天人合一的理念，它揭示了自然界和人类发展演化的基本规律，所以一切圣贤伟人无不遵循此道。当然，这里还有一个立什么样的志的问题，孔子说："士不可以不弘毅，任重而道远。"古往今来，凡志士仁人立的都是天下家国之志。李白说：大丈夫必有四方之志，白居易有诗曰：丈夫贵兼济，岂独善一身，讲的都是这个道理。

二是励志。有了志向不一定就能成事，《礼记》里说："玉不琢，不成器。"因为从理想到现实还有很大的距离。志向须在现实的困境中反复历练，不断考验才能变得坚韧弘毅，才能一步一个脚印地逐步实现。所以拿破仑说：真正之才智乃刚毅之志向。孟子则把天将降大任于斯人描述得如此艰难困苦。我们看看历代圣贤，从三大宗的创始人耶稣、默哈穆德、释迦牟尼到孔夫子、司马迁、孙中山，直至各行各业的精英，哪一个不是历经磨难终成大业，哪一个不是砥砺生命放射出人生的光芒。

三是守志。无论立志还是励志都不是一朝一夕、一蹴而就的，它贯穿了人的一生，无论生命之火是绚丽还是暗淡，都将到它熄灭的最后一刻。所以真正的有志者，一方面存矢志不渝之德，另一方面有不为穷变节、不为贱易志之气。像孟子说的那样："富贵不能淫，贫贱不能移，威武不能屈。"明代有位首辅大臣叫刘吉，他说过："有志者立长志，无志者常立志。"这话是很有道理的。

话说回来，励志并非粘贴在生命上的标签，而是融汇于人生中一点一滴的气蕴，最后成长为人的格调和气质，成就人生的梦想。不管你做哪一行，有志不论年少，无志空活百年。

希望你能喜爱这套励志书，让它点燃你的生命之火，让人生变得更加绚烂。

徐　潜

前　言

刘鹗，原名梦鹏，又名孟鹏，谱名振远，字云抟、公约，又字铁云，别署鸿都百炼生。清代小说家、社会活动家。江苏丹徒（今镇江）人，寄籍山阳（今淮安）。

1857 年 10 月 18 日，刘鹗出生于一个官僚家庭，其父刘成忠与李鸿章是同年进士，后曾任京中御史、河南知府与道台。刘鹗是家中幼子，生性自由，极其聪颖，但不喜约束，更不喜科场文字，早年曾行医和经商。与此同时，刘鹗又是博学而勤勉的，他纵览百家，精于考古，喜欢收集金石甲骨，书画碑帖。他"嗜古成痴"，人称"竭其力之所至，不以营田宅，治生产，唯古器物是求"。他还将自己的书斋取名为"抱残守缺斋"，表达了他愿与残缺不全的文物为伴的志向和愿望。

刘鹗被认为是一个不折不扣的通才，他在数学、医学、水利学等方面颇有建树，并著有《勾股天元草》《孤三角术》《历代黄河变迁图考》《治河七说》《治河续说》《铁云藏龟》《铁云藏陶》《铁云泥封》《铁云诗存》等作品。此外，其写就的小说《老残游记》是晚清的四大谴责小说之一。

刘鹗师从太谷学派南宗李龙川，"以养天下为己任"，这也是他一生积极奔走于各种社会活动的精神力量。1888 年至 1895 年，他曾先后入河南巡抚吴大澄、山东巡抚张曜幕府，帮助他们治理黄河，且卓有成效。1897 年，任筹采山西矿产经理。1900 年义和团运动爆发，八国联军也趁机入侵北京，刘鹗想方设法购得太仓储粟，设平粜局以赈北京之饥困。1908 年，清廷以"私售仓粟"罪将其流放新疆，1909 年 7 月突然中风，8 月 23 日卒于乌鲁木齐。

目 录

第一章 / 1

第二章 / 16

第三章 / 47

第四章 / 54

第五章 / 82

第六章 / 109

第七章 / 141

第八章 / 169

第九章 / 188

第十章 / 210

第十一章 / 236

第十二章 / 258

尾声 / 276

后记 / 295

第一章

1

他匆匆忙忙地跨进了门。跨进了这座瘦西湖边的小院。

这是一个深秋的傍晚，暮色冥晦。他的脚步是那么急，致使与他一同匆匆而来的二师兄已被他甩得不见人影了。

尽管他头上滴下了豆大的汗珠，顺着脸颊把满脸灰尘冲出一道道的"小沟"，可是他全然不顾。他跨进门后，那聚集在正堂门外、走廊上、台阶上的人在窃窃私语，"云拣回来了！""二少爷来了！"……他似乎什么也没有听见，只是急匆匆地走上台阶。突然，他住了脚，回过头去。他的师兄还在后面，再匆忙，也得等一下师兄。昨夜，是师兄赶去把他叫来扬州的。

一阵风刮过瘦西湖的水面。瘦西湖全然失去了往日的妩媚，似一个阴沉着脸的老妇。风不大，但水面依然掀起了一阵波涛，拍打着湖岸发出啪啪的响声。岸边的树叶还未落尽，但已枯黄，一片片没精打采地垂了下来。

但是这些景色也与他无关。待他的师兄也跨进门时，他转过身，朝那挂着珠帘的门走去。

"云抟来了！"不等他举手，那竹帘自己掀了起来，里面伸出一只手来，拉住了他的手腕就往里面迎。

他跨进正堂，感到里面很黑，似乎什么都模模糊糊仅有一个轮廓，但他从声音里已听出，那拉着他的手的人是他的四师兄。他张了张嘴，"庆蕃兄"三个字刚吐出口，珠帘又被掀开了，一缕光正照在被称为庆蕃的人的脸上——白、瘦，脸上毫无血色，显然已是疲惫极了。

后掀珠帘的是二师兄。他急急跨进门来，轻声问道："师傅他……"不等他说完，右边厢房的门稍稍打开了一道缝。只听见里面轻轻地一声召唤，那声音显然是从一个身材魁梧的人口中发出来的，深沉、有力："都进来吧！"

2

这是一间小小的厢房。一张大床几乎占去了房间的一半。床边的桌上已点起了两支大蜡烛，那烛光在跳着、抖着，把四个人的脸照得黑一块、黄一块。

烛光下，他的脸蒙上了一层黄色的光，两只眼睛大而有神，最醒目的是宽宽的前额和粗短的脖子。他站在那里，结实、稳当，旁边三个人一个身材魁梧，一个肤白而体瘦，一个肤黑而体瘦。虽然都比他高，可是似乎重量都在他身上。

那召唤他们进来的人没有对他说话，只是看了看他，用手轻轻地拍了一下他的肩膀。他伸手把大氅褂的下摆一撩，左脚向前跨了一步，膝盖自然地弯了下去。那召唤他的人连忙用双手在他的前面向上托了一下，急急地说："不敢当，不敢当。先拜师傅吧！"

召唤他的人转过身去，对着床上低下头去。这时他才看到在床上躺着一个骨瘦如柴的老人。他的脸色蜡黄，合着双眼，但眼皮仍在不停地抖着。召唤他的人俯下身去，在老人耳边轻轻地说："师傅，云抟来了，云抟回来了！"

老人轻轻地咳了一声，慢慢睁开眼，从喉咙间挤出了一句："铁云来了？"

"师傅，弟子来晚了！"那被称为铁云的人大跨一步跪在床边，伸出手扶着那被棉被紧裹的身躯。

老人费力地伸出一只手来，拉住了他的手。

他一抖，感到一股凉气顺着胳膊，一直凉到他的心里。

噢！就是这只手，在五年前也拉住他一次，可是那时这只手是微热的，而且是有力的。

那时是充满希望的一拉。可是，这次拉着他的手已没有任何力量了。想到此，他急忙俯在老人的耳边轻声地说："师傅，我来了，你会好的，会……"可是一口痰似乎忽然卡在了他的嗓子里，只觉得眼睛一下子湿润了。

那只枯干的手并没有松开，不但拉得更紧，而且用劲地摇了一摇。

啊！又是一摇。

3

是的，五年前也有一摇。

那是光绪六年，一个深秋的傍晚。瘦西湖边的这个院落里一派喜庆。

太谷学派的"谒师礼"正在进行。

正堂里温馨而肃穆。正墙上挂着一幅孔子画像，一条长案上供奉着

"至圣先师孔子之位"的牌位。两边的大蜡烛把房间照得通亮。长条案前的八仙桌上供着四干四湿的高脚果盆。在桌子的右边坐着一个瘦瘦的老人。他就是李龙川——太谷学派南派传人。

李龙川身边是他的首座弟子,浓眉大眼,身材魁梧。"师傅,一切就绪,可以开始了。"他微微低下头对李龙川说。虽然他尽量压低了声音,可是那嗡嗡声依然传到了窗外。

走廊上站着十多个人,男女皆有,服装各异,但都屏住呼吸。听到那嗡嗡之声后,互相看了看,都默不作声。

李龙川没有立即作答,他眯缝着眼睛若有所思地看着地面。良久,他抬起头,看了外面一眼说:"归群,开始吧!"

归群——那个魁梧的首座弟子,先轻轻地咳了一声,然后,低沉的声音从他的喉咙里发出来:"毛实君,刘鹗进见夫子。"

这声音虽然不响,但却清晰地传到门外人的耳中。人们屏住呼吸鱼贯而入,在房间内相对排成两行。最后进来的两个人,面对孔子牌位站定。

这两个人,右边的一个三十出头,白而瘦,一脸忠厚,这就是毛实君。左边的一个二十出头,浓眉大眼,个子稍矮,但动作干净利索,这是刘鹗,虽然此时他也是一脸虔诚,但那双眼睛里仍然透着一股傲气。

见人已到。那首座弟子黄葆年上前将一炷香送到蜡烛上,看着香点燃了,他后退了两步,先向孔子像拜了两拜,然后小心翼翼地把它插到香炉上。

室内的蜡烛虽然不多,但仍然使得坐在上首的李龙川能看清每一个人的脸和动作。他眯着眼,目光朝所有人扫了一遍,然后凝视着站在对面的刘鹗。

机敏的刘鹗觉察到那犀利的目光所向,不禁全身动了一下。可是他仍然用眼睛盯着那摇曳的烛光。

黄葆年向后退了几步，并不回头，率先在毡毯上跪了下来。站在他身后的毛实君和刘鹗也学着样紧跟跪了下来。

刘鹗知道，"谒师礼"这才是开头。昨天作为首座弟子的黄葆年已把进见夫子的全过程向他们叙述了一遍。黄葆年特别告诉他们，进见夫子的关键时刻是听师傅的"训言"。

太谷学派的"训言"共有四种。每种四个字，是师傅对新收弟子的评价，也是他的希望。第一种是"同入桃源"，这是最普通的一种，含义是此弟子尚可长进，能随同他人一同进步；第二种是"福慧双修"，这含义是这个弟子性情尚可，智力超群，将来虽不能有超人之举，但亦可为学派增光；第三种是"希贤希圣"，其含义是这个弟子的行为语言都能成为众人的楷模，对学派的贡献将会超过一般人；第四种是"超凡入圣"，这是夫子经过长时间的观察，认为这个弟子不同常人，有非凡的能力。夫子的"超凡入圣"的"训言"极不易得，这是他对弟子的信任。

刘鹗和毛实君此时此刻虽然跪在那儿，面部严肃，但都想尽快知道师傅将给自己什么"训言"。

4

黄葆年并不管后面二人在想什么。他先对着孔子像规规矩矩地叩了三个头。站起来，又侧身跪下，向着坐在八仙桌旁的李龙川叩了三个头。李龙川只是微微颔首，眼睛并没有看黄葆年，而是仍然盯着跪在他面前的两个新弟子。

黄葆年站起身来，走到李龙川身旁，朗声喊道："弟子毛庆蕃拜见夫子——"

跪在地上的毛实君紧张地抬起头来，双手递上一封红纸拜帖。那拜帖上方是一个"拜"字，下面写着"毛庆蕃字实君，江西南昌人"，下面是生辰八字。他不等黄葆年接过去就赶紧把头低下，两只手高高地抬起来。黄葆年把拜帖转给李龙川。李龙川略略浏览一下，微微地点点头，把它放在桌上。

李龙川的手尚未收回，只听见刘鹗跪在那儿自己说道："弟子刘鹗拜见夫子——"

黄葆年一愣，昨天已告知刘鹗由黄葆年来说此话，怎么刘鹗自己说了？跪在那儿的毛实君也一哆嗦，不过他连头也没敢抬。站在两厢的人也面面相觑——他们不止一次参加这"谒师礼"，可从来没见过哪个人敢于这么说的。

只有李龙川似乎没有听见一般，他轻轻地向黄葆年点了点头。黄葆年惶恐地伸出手来，把刘鹗的拜帖接了过来。刘鹗跪在那，两手高高抬起，头也高高昂起。恰巧他的目光与李龙川的目光对在一起。仅仅一瞬间，两个人都收回了目光。刘鹗低下头去，心里想：果然，目光锐利，似能刺透人的心肺。李龙川也在想：一个果敢而有作为的人。

黄葆年将拜帖恭恭敬敬地递给了李龙川。李龙川并未去细看，但"刘鹗字云抟，江苏丹徒人"几个字已映入眼帘。

李龙川又坐了下来。黄葆年将两份拜帖大声朗读了一遍。大声说道："谨请夫子训言。"

听到此，毛实君哆哆嗦嗦地站了起来，向前跨了一步跪下向李龙川磕了三个头。

李龙川似乎并没有看到他，注视着正前方，威严地说："希贤希圣。"

李龙川的这四个字如同一道惊雷，使立于两边的弟子感到震动。因为现在太谷学派的弟子北至辽东，南至两广已达数万人，自然其中不乏盐贩走卒，亦有朝中显贵，然更多的是知书达理的读书人。可是能得"希贤希圣"训言者不过数十人。这毛实君，哆哆嗦嗦，貌不惊人，竟然能得到如此训言着实令人感到惊奇。但学派的规矩是师傅一言既出，弟子便需遵照而行。所以人们感到震动，但是仍然安安静静地站在那儿。因为下面还有一个顽劣的刘鹗在等着"训言"呢！

5

这刘鹗确实顽劣。

他祖籍江苏镇江。其父刘成忠曾做数年京官，后被外放河南，参与围剿捻军，也曾立得些军功，又因治理黄河、贾鲁河，为老百姓做了些好事，官至布政使。刘鹗从小就随父在军中，过着无人管束的生活。

那时，他的名声是从一些琐事上来的。一次，他随几个差弁解银饷回开封。途经一个小镇，遇到一个赌场，刘鹗硬是停下车来，去了赌场。不到一个时辰，竟然把随身饰物赌光。他奔回车来，那解饷数人正在酣睡，他将那装有饷银的皮囊抱走，以此为赌注，座中人无不咋舌。所幸，这次竟然赢了，他手捧皮囊昂然而归。当时有人认出这是刘道台的二少爷。归途中过贾鲁河，人多车多，渡船少，无论官车、私车都在排队等待过河。刘鹗见此状，一想还需赶路，从驭者手中夺过鞭子，两脚蹬在车辕之上，大喊：驾！同时把鞭子一甩，那两匹马猛地冲了上去。人们不知车中是什么人，纷纷让路。他们得以早早过了河。

回到开封后，那些差弁自然不敢将此事告诉刘成忠。可是他的豪赌与强渡之事不两天就传到了开封。知子莫若父，刘成忠风闻此事后，自然过问，刘鹗竟全然承认。被刘成忠痛责之后，关在衙门中读书。

　　直到刘成忠解职归田，在江苏淮安高公桥买了一所房子之后，刘鹗已十五六岁，才静下心来随父亲读了些书。那《论语》《孟子》他是读得滚瓜烂熟，天算、舆地、河工、音乐，连那《三国》《水浒》他也可以倒背如流。人家读三天的书，他一天便都读了下来，可就是不肯学写八股文章。刘成忠在时，他尚能安静。刘成忠稍不留意，他便到外面去和那些说书的、打拳的、卖艺的、赶车撑船的天南海北地闲聊，也不管是地上、凳上，随便一坐，一晃便是半天，直到仆人来找他才恋恋不舍地回去。那些人知道他是刘道台的二少爷，如此随便，对他倒有好感。

　　光是闲聊倒也罢了，还时不时到那些大姑娘、小媳妇堆中，真真假假地开一些不三不四的玩笑。人家知道这是高公桥刘家的二少爷，能避就避，不能避就应付一下甚或给他一个下不来台，他倒也不在乎。

　　就是这么一个不守绳墨的人，如今那收弟子极严格的李龙川究竟会给他一个什么样的训言呢？

6

　　刘鹗静静地跪在李龙川的床边，任李龙川紧紧地拉住他的胳膊。他只感到两道凉凉的眼泪顺着面颊流了下来，流到他的嘴边，稍稍有些咸味。他顾不得这些，俯在师傅的耳边，轻声说："师傅，我来晚了。你会好的，会好的。我来晚了……"他不知该说什么，甚至有些语无伦次了。他只感到喉咙发干，那流入嘴中的眼泪是咸咸的。

　　是啊！刘鹗是来晚了。

　　到哪儿去找他啊！虽说，他并非云游四方，但自从父亲去世后，便没有什么能约束他的了。淮安只是他落脚点之一；那六合，是他外婆家；扬州是师傅住的地方；南京，六朝古都；苏州，人间天堂；上海，这时对他更具吸引力了……

李龙川病重之后，曾对黄葆年嘱咐过，务必把刘鹗找来一见。无奈，只得让蒋文田去淮安。

这蒋文田是李龙川的二弟子，在学派中的地位仅次于黄葆年。他连夜赶到淮安。果然，淮安家中并不知刘鹗究竟在何处，只知他去六合有半个月了。

蒋文田无奈，又从淮安赶到六合。幸好，刘鹗尚未离去。他们连夜从六合赶到仪征，稍事休息，又从仪征赶到扬州。这么往返周折，六天已经过去了。

刘鹗明白，李龙川这次是凶多吉少了，并且，李龙川必有重要的嘱咐在等他。而且，这件事是黄、蒋二人也无力完成的。

他感到，师傅对他是信任的。自从"谒师礼"上师傅那惊人的训言，使他觉得担子沉重后，他很少在师傅身边侍奉，依然我行我素。

现在他跪在师傅身边，又一次被师傅拉住了胳膊，又是那么摇了一下。

7

是的，那一摇是令人惊奇的。

在"谒师礼"上，刘鹗也是跪在李龙川的面前，静静地等着那对自己的评价。

刘鹗知道自己的言行往往是不拘礼法的，得罪的人颇多了。他忽然后悔了，刚才不该自己去报上姓名的。

黄葆年并不理会那跪在地上的刘鹗想些什么。他手持拜帖，朗声读道："刘鹗，字铁云，江苏镇江人氏。文宗咸丰七年丑时生人。远祖保安军籍，世为将家……"站在两边的弟子都在静静地听着，唯有李龙川眼睛看着刘鹗，但他的思绪早已飞走了。

李龙川想到自己的师傅周太谷，当初也是个不拘小节的人——一个瘦瘦的老人，双目有神，衣着随便，趴在地上学着狗叫，四周几个小童，拍手雀跃，全然不知这是一个有数千弟子的学者；一个瘦瘦的老人，双目有神，衣着随便，端坐在讲坛之上，口若悬河，神采飞扬，下面听者甚众，无不露出惊奇和钦佩的神色；仍然是这个老人，双目有神，衣着褴褛，被捆绑着，躺在两江总督的大狱之中……

黄葆年一口气读罢刘鹗的拜帖，颇为不解地看着师傅何以愣愣地坐在那儿，似乎全然没有听到自己的声音。但他仍按惯例，稍一停顿之后大声说："谨请夫子训言。"

人们鸦雀无声，他们不知李龙川如何处置这个敢于在"谒师礼"上不遵礼法的人。

刘鹗屏住呼吸，静静地等待着那四个字。

可是一反常态，李龙川没有说话，他陷入沉思，全然不顾人们的等待。黄葆年连连对李龙川示意，但他仍然默不作声。

刘鹗跪在那儿，他感到额头上似乎有些汗水出来了，背上也似乎有些凉意。他告诫自己，不可轻浮，不可莽撞……

李龙川一反常规，站了起来，在房中走了一圈。黄葆年的头上也开始出现了亮晶晶的汗珠，这个做过大挑知县的学者，虽说三十多岁，但阅历极广，为了追随李龙川，他弃官而去。十多年来一直在师傅身边，从没有见过师傅如此情形。接着，李龙川不顾众弟子的反应，他回到座位上，低下头看了看刘鹗。

桀骜不驯的刘鹗竟然一动不动地趴在那儿。

李龙川轻轻咳了一声。"该训言了！"大家都聚精会神地看着李龙川的嘴，仿佛惊天动地的事将会从那里发生。"同入桃源"，一些弟子在想；"逐出门去"，更多的弟子在想。"凡事皆有定数"，刘鹗也在想。

8

李龙川又轻轻地咳了一声，"铁云，你前后两次来谒见，足以见诚心之至。"李龙川的声音低沉，但字字送到了每个人的耳朵之中。

人们的兴趣来了。以往"谒师礼"上，李龙川绝不多说话，何以今天一反常态呢？

李龙川用眼睛扫视了一遍房间中的每一个人，他感到，这些弟子们都在屏息等待着下文。他微微摇摇头说："但你盛气未脱，苏、张之流也。倘不实心改正，不可升孔孟之堂。"

说到这里他顿住了。

李龙川的话显然是对刘鹗的不满。毛庆蕃急得似乎连跪也跪不稳了。周围站着的人想：行了，大局已定。这次"谒师礼"的结局将是把刘鹗逐出师门。黄葆年对师傅的脾性是熟悉的，但是今天师傅的言行为何与平常不一样呢？

黄葆年知道，李龙川对刘鹗是颇为满意的。他曾说过：孔子弟子三千各色人等不一，对弟子的要求也不能一样。而且对人从来是和颜悦色，哪怕是对不满意的人，也是以礼相待。怎么今天对刘鹗却出此重言呢？难道就因为刘鹗刚才那唐突的一句话吗？

此时，最紧张的莫过于刘鹗了。他猛地抬起头来，刚要张口，只见李龙川的两只眼睛紧紧地盯住他。他感到这目光是如此尖锐，使人望而生畏，但从中似乎又感到有无限的信任，无限的期待。他感到这眼睛中有许多无法用语言表达的意味。他又立即垂下头去，把头紧紧地贴在毡毯上。

李龙川见刘鹗又低下了头，一丝笑意从脸上掠过。但他不受刘鹗刚才那举动的影响，也不顾弟子们催促的神态，微闭着眼睛。停了片刻，李龙川忽然睁开了眼睛，清清楚楚地吐出了四个字："超凡入圣。"

这四字一出，黄葆年的脸上露出了极为惊喜的神色；毛庆蕃张开了嘴，他似乎没有明白李龙川说了些什么，愣在那里，不知所措；四周的人更是瞪大了眼睛，好像李龙川说错了话。

在周太谷的弟子中，得到"超凡入圣"训言的，只有两个人，一个是张积中，一个是李龙川。在李龙川的弟子中，直到这次谒师礼，也只有两人得到此训言，一个是黄葆年，一个是蒋文田。为何这样一个不遵礼法、不守绳墨的人能得这一训言呢？

<h1 style="text-align:center">9</h1>

然而在这些人中，最感惊喜的是刘鹗了。他猛地直起上半身，但仍是跪在那儿。

不会听错的，是"超凡入圣"，他想。"士为知己者死"，他脑子里忽然闪过这么一句话。他庆幸自己没有投错师门。他张着嘴，想说些什么，可是他说不出来。他知道自己是能言善辩的，也知道自己从不在大的场合怯场。可是此时此刻，他忽然感到自己是如此的笨嘴拙舌，竟然什么词汇也没有了。

"超凡入圣"，自己是"超凡"的，他坚信。但"入圣"倒未必。然而不论怎样，自己还是会有所作为的，"以天下为己任"是早已确定的志向。在与那些仁人志士的交往中，在贾鲁河边的交游中，不是早已定下了这个志向吗！

父亲刘成忠在世时，对自己管束甚严，也寄予了希望，但没有给予这么高的评价。而今天才拜李龙川，就得到这么一个评价，怎不使他惊喜呢？

他跪在那儿不知如何是好，毛庆蕃也跪在那儿不知所措，黄葆年张大嘴不知该说些什么，四周的人更是感到茫然，看着李龙川，似乎等着听他再说些什么。

李龙川缓缓地从椅子上站起来，三步两步跨到了两个跪着的人之间，他一手扶着毛庆蕃，一手拉着刘鹗的胳膊，说："请起吧。"

毛庆蕃和刘鹗站在李龙川面前，只听到李龙川又说了一段话："孔老夫子叙书、传礼、阐诗、正乐、序易，弟子盖三千焉，身通六艺者七十二人。颜子渊为弟子之首，然端木子贡岂可忘乎？"

子贡是孔子的弟子，比孔子小三十一岁，口才颇好，料事多中，善于经商，家有千金，帮助孔子名布天下正是这个子贡啊！

周围的人对李龙川的一反常态，本来就颇感奇怪，这一段话更使人莫名其妙了。

可是刘鹗听了这句话，似有所感，似有所悟。他看着李龙川，嘴里轻轻说道："弟子谨记夫子教诲。"

听到刘鹗的这句话，喜形于色的李龙川抓住刘鹗的胳膊轻轻地一摇。

就是这轻轻地一摇，使刘鹗终生难忘！

10

这一摇之后，刘鹗感到李龙川似有话要跟他说，于是他把身体向前凑了一下，轻轻地说："夫子，我在这儿，你尽管吩咐吧。"

李龙川感到疲惫，可是他努力睁开双眼，看了看刘鹗，又示意黄葆年和蒋文田走过去。他费力地抬起身子。刘鹗用一只胳膊抱起他。只见他把手抬起来，费力地向黄、蒋二人指了一下，喘着气说："你，你二人，以教……教……教天下，为己任。"这句话说完，他大声地咳了起来。毛庆蕃马上递上一碗参汤。李龙川又费力地看了刘鹗一眼，喘着气说："铁云，你，你可记得'谒师礼'上我说的话？"刘鹗一时惶恐，但是很快地回答："夫子是指的'颜子渊为弟子之首，然端木子贡岂可忘乎'？"

听到刘鹗说出了这句话，笑意漾上了李龙川的眼角和嘴角。他感到欣慰，他没有看错人，这个弟子不但没有忘记六年前的这句话，而且看来他能够理解自己说这句话的含义。于是他觉得没有多说的必要。他尽力对刘鹗笑了笑，把那瘦如柴秆的胳膊举起来，指了指刘鹗，又指了指毛庆蕃："你……你们二人，以养……养天下，为己任。"

四个人听到师傅把要说的话说完了，于是齐声说："夫子稍息，夫子放心。弟子都明白了。"

李龙川闭上了眼睛，静静地躺了下去，似乎再也没有力气说话了。四个人互相望了望。黄葆年微微点了点头，另三个人明白，黄葆年是让他们退出去，于是缓缓地转过身，抬步向外走去。

忽然，李龙川又轻轻地咳了一声，稍微动了一下。四个人同时回过头去。李龙川似乎有什么事要做。黄葆年忙俯下身去，李龙川把头向枕头内侧动了一下，示意黄葆年动一下他的枕头。黄葆年立刻明白了，他伸手到枕头下，稍一摸索，拿出了一个小小的锦盒。李龙川点了点头。黄葆年立刻把锦盒打开。

啊！里面是一个只有拇指大小的纯金的小佛像。小金佛栩栩如生，那眉眼，那翘起的小嘴巴，煞是使人喜爱。

黄葆年、蒋文田、毛庆蕃是长年追随在李龙川身边的，他们虽然没有亲手摸过这个小佛像，但不止一次见过李龙川把它取出来。他们知道，这是一个价值连城的宝物。师傅说过，将来谁得到这个宝物，谁就必须对整个学派的生活负责。他不一定要自己传道，但是，他必须保证传道者的生活安定。

弟子们都知道，黄葆年、蒋文田二人德高望重，满腹经纶，自然是传道者。他们不是小佛像的得主。那么，夫子将把这一重任交给谁呢？

黄葆年把小佛像捧在手中，刘鹗是第一次见到它。这是一个微型的禅定坐佛像，神态庄重含蓄，体态健硕匀称，特别是面部端庄俊秀，嘴角微微含笑，深沉恬静。真是不多见！刘鹗想。他早已知道这是师傅珍藏的宝物，虽不是秘不示人，但也不轻易把它拿出来。如今这是要干什么呢？

黄葆年是深深了解李龙川的，作为首座弟子，他知道今后传道的重任将落在自己和蒋文田的肩上。而维持整个学派的生活、活动的重任，将由这个比自己小十二岁的师弟来完成了。所以，他看了看李龙川，向前跨了两步，双手捧着那锦盒，送到刘鹗的面前，说："铁云，这是夫子的心意。你珍藏吧！"

刘鹗先是一愣，他看了李龙川一眼，只见李龙川脸上显出满意的神色，然后慢慢地合上了眼睛……

"夫子——"几乎是同时，黄葆年，蒋文田，毛庆蕃也看到了那安睡了的李龙川，他们一起大声喊："夫子——"

四个人同时跪了下来，一起把头重重地垂下去。刘鹗的前额紧紧贴在自己的手掌上，而手上正是那个珍贵的纯金的价值连城的小佛像。

"以养天下为己任，以养天下为己任！以养天下为己任！……"这七个字仿佛一直在刘鹗的耳边响着，响着。

窗外刮过了一阵风，波涛拍打着岸，发出啪啪的声响。一阵风过，地上的黄叶随着风飞上了天空，突然噼噼啪啪地一阵雨点打了下来，可是房子里的人谁也没有觉察到。

"以养天下为己任！"刘鹗默默地说着。

第二章

1

一波未平一波又起。

李龙川去世之后，黄葆年、刘鹗等人将他葬于仪征县西乡青山紫泥洼。一晃已近深冬，天气虽非太冷，但人们已是缩手缩脚。天气整日阴沉沉的，虽然未曾下雪，但树木凋零，使人心里感到无限压抑。

刘鹗去年严父弃养，今年严师又撒手西归，接连两个打击，心中甚是不快。从仪征返回扬州，他决计不再去六合，而打算回淮安去看看。再说年关在即，也应该回家看看了。想到此，他也不与任何人打招呼，带上随身仆人刘贵，顺着运河北上了。

一路上他沉默不语，这倒使刘贵感到不解。

这刘贵长刘鹗一岁，原是刘成忠的小厮。因为人颇为干练，又忠心耿耿，因此刘成忠便让他跟了刘鹗。

刘贵跟了刘鹗十七八年，对刘鹗的生活起居，各种嗜好，无所不知。刘鹗有事也尽由刘贵去办。

刘鹗常年奔波于外，刘贵自然时时跟随左右。刘鹗从来是谈笑风生，无忧无虑。为何这次倒是沉默不语呢？

小船在运河上漂漂荡荡，缓缓而行。刘贵灵机一动就想出话题来了。"二少爷！"刘贵轻轻地叫了一声。他见刘鹗并无反应，便站起身来去翻那行李，一会又轻轻地说了声"咦？"

刘鹗见他东翻西翻，并不理睬他。刘贵忽然又叫了一声："糟糕！"他知道，这必引起刘鹗的注意。

果然，刘鹗呆望着河水的目光收了回来，奇怪地问："怎么了？"

"丢了！"

"什么丢了？"

"就是，就是……"刘贵皱紧眉头，咧着嘴不知所措地说。

"什么大惊小怪的？"

"锦盒丢了！"刘贵紧张地说。

"哈哈，哈哈哈哈……"刘鹗大笑起来。刘鹗笑着，手伸到袖筒中，一眨眼，那只小锦盒托在他的手掌上。

刘贵见目的已达到，就伸出手去抓那锦盒。

"慢！"刘鹗的手猛地缩了回去。"你早已看过了，又来抓什么？"

"二少爷，这小佛像看是看过了。但是那么小，实在不值多少钱的！"刘贵说。

"啊！不值钱？"刘鹗笑道："钱有何用？得以温饱足矣！多少钱也比不上我这小佛像！"说着，他把锦盒放在腿上，打开盖子，把那佛像捏在手中。

"这佛像，非同一般。相传是当年唐高宗将它与四个佛舍利一并藏于陕西法门寺地宫之物。那法门寺地宫至今早已不复存在。这小佛像自然也就成了稀世珍宝了。"刘鹗一边说，一边用一块小红绸轻轻地擦拭着。那佛像原本就是笑嘻嘻的，如此一来更是金光闪闪。

"二少爷，这恐怕也是杜撰吧！"

"姑妄言之，姑妄听之。只是这佛像一是纯金雕成，实在稀罕。又是夫子遗物，自然更是珍贵。"

"小的刚才找不到它，不禁大吃一惊！"刘贵又故意说。

"我昨夜也想，将它随身带着才会万无一失。所以自今晨起床便把它揣在袖筒之中了！"说着，刘鹗笑嘻嘻地看看那个锦盒。又说："将这锦盒收好吧！我只用这红绸包裹起来便可以了。"

刘贵接过锦盒，转过脸去，抿着嘴一笑。

刘鹗把那红绸摊在手掌上，然后小心翼翼地把佛像放在上面。刘鹗看着那佛像，又想起了李龙川临终时的嘱咐。他心里想到：养天下为己任，身体力行并不易。

刘鹗想到此，忽然听到外面有人在高喊：到了，到了！他伸出头一看，果然船已开始靠岸了。

2

船停了。一条踏板搭在岸上了。

刘鹗下船来，关照刘贵先回家去。之后便顺着河岸，往前走去。

停船处并不在淮安城中，而是离城三四里的一个集镇，名为"满蒲"。可是，沿街百姓都称此处为"河下"。"河下"虽是小镇，但是商店鳞次栉比。想当年，漕运正盛之时，南北物资均在此集散，甚是热闹。如今虽然不再繁荣，但是人来人往也并不冷清。

刘鹗并不东张西望，他一直向前走。可是走不多远就站住了，然后又往回走。最后，他停在一个铺面前面。

"咦！"他断定自己没有错，可是现在这个不大的铺面，没有开门。那一排门板紧紧挨在一起，挂在门上的铁锁似乎已许久没有开过了。刘鹗不解地看了看门，又抬头看看招牌。招牌没有了。他走上前去，用力敲了敲门，没有人应答。他更奇怪了，可是马上又笑了起来——门都锁了，里面当然没有人啦！

烟草店不开门，里面没有人，都可以理解。可是，为什么招牌也没有了呢？

是啊！那高悬在门楣上的招牌，可是刘鹗亲自题的啊！"旦巴哥"，"旦巴哥"，刘鹗睁大眼睛又看了看上面，的确，自己颇为得意的几个大字真没有了，只剩下一个与招牌相同大小的黑框子。"招牌呢？"

3

招牌被取下来了，因为烟草店倒闭了。

这烟草店原是刘鹗所开。只一年就倒闭了。

刘鹗愣愣地站在店门前。那一年前的一幕又闪现在眼前了。

河下南市桥边上的一个双开门面店铺，曲尺柜后面是一排排药柜。那是春节前的几天，彩灯高挂，人来人往好不热闹。看热闹的人挤在门口，小孩子们跑来跑去，围观的人群嘻嘻哈哈又说又笑。

"开烟草店了！刘道台家开烟草铺子了！"小孩子们在叫。"刘二少爷开的！"一些不加评论的人沉稳地说。"二乱子开烟铺，不出三年就得关门。"

此时，外面嘈杂一片，在烟铺的后房里坐着两个人，一个矮矮胖胖的，就是刘鹗；另一个清癯的脸，瘦瘦的个子。

"二弟，你我手足。你既不愿意出仕，我也不勉强你。你能开个小小的烟铺，今后大哥我自然会全力支撑。只望你能妥善经营，给自己以立足之地。"那瘦个子的人用手轻轻地抓住被称为二弟——刘鹗的手。

"大哥放心。小小烟铺，我定能管好！"

那被称为大哥的人，是刘鹗的兄长刘渭清。"是啊！以你之才，岂止这小小烟铺！"他轻轻地叹了一口气，"我知你志不在此啊，"他又顿了一顿，"只是今天开市，你这烟铺字号尚无，亦未见你请人题写匾额，实在使我放心不下！"他两眉紧锁，仍是忧心忡忡地说。

"大哥放心，区区小事，何需大哥操心。烟铺字号马上便见分晓，何需别人题写。堂堂刘二少爷，这几个字还写不成吗？"刘鹗轻轻地笑了起来，那么自信，似天下事没有能难倒他的。

他又对刘渭清说："大哥放心，大哥放心！今天不管来人多少，这字号总要挂出来的！"他边说边站了起来，看了看外面，深深地吸了一口气，"刘贵，刘富，放鞭！挂匾！"刘鹗大声地喊！

"噼噼啪啪""嗵""嗵嗵"爆炸声响起来了。门外的人群笑着喊着。这时只见刘富和刘贵两人抬出了一块用红绸遮盖得严严实实的长匾来。

"大哥请你把那红绸取下来吧！"

刘渭清看了看那个横匾，无可奈何地摇了摇头。他想这一揭，恐怕就定下了这个唯一的亲弟弟的一生。

他最熟悉自己的这个兄弟了，聪颖过人，时发奇想，饱读诗书，不守礼法。对仕途，他全然不放在心中，但对于杂书杂学又无不融会贯通。就像今天这烟铺开张吧！准备了几个月，可是这刘鹗什么人都不肯请，商会会长，附近字号的老板，他都不请。倒是把自己弄来，又让来揭开这红绸。

4

刘渭清是刘成忠的长子，忠厚规矩。刘成忠京官外放时，他并没有跟随父亲到任上，而是留在老家。他比刘鹗大十岁，于诗、书、礼、易、画、碑、帖亦是无不精通。但与这个弟弟完全是两种人。一个是循规蹈矩；一个是无法无天。如今，父亲去世了，只有这个兄长还能说他几句。此次开烟铺，亦是自己的主意。起初，这喜欢东跑西跑的小弟弟不太愿意。但毕竟还是听从兄长的意见了。为此，刘渭清特地将跟随自己多年、老成稳重的刘富派给了弟弟来帮助管理烟铺。可是，这关系烟铺兴衰的字号名称，刘鹗却不让人过问。问他几次，他都诡秘一笑。就是那做匾的匠人也遵照店主人刘鹗的吩咐，不肯说出一个字来。

刘渭清伸手轻轻捏住那红绸的一角，心中想，开店也不过是"茂源""泰安"之类吧！不过，他又想，这个怪事极多的兄弟，常办些出人意料的事，所以才得了个"刘二乱子"的诨名。

这烟铺，里里外外被修饰一新，曲尺柜台擦得锃亮，里面布置也颇气派，可是门外连副对联也没有。

刘渭清正在想，跟在他身边的刘鹗大声说："大哥！揭吧！"事已至此，刘渭清只好收回思路，轻轻地把那红绸取了下来。

匾额一下子展露在大众面前。

可是，当匾上的字呈现在人们的眼前时，一般店铺开业时的那种大声吟诵的声音今天一个也没有。人们全都愣愣地盯住那块匾。几个老人擦了擦眼，又互相对看了一下，一个个把嘴噘了噘，谁也没有出声。一片沉寂。刘渭清低头一看，也以为自己看错了——怎么会用这三个字呢？

不错，就是这三个字。太阳照在上面，三个字闪闪发光！

"旦——巴——哥"猛然一个十岁大的孩子大声读了出来。

"旦巴哥？"

"旦巴哥！"

"旦巴哥！"

人们面面相觑，不知究竟是自己看错了？还是匾上的字写错了？还是取名取错了？谁也不敢相信，这竟然是一个新开张的烟铺的字号。不雅，不俗，可是谁也看不懂。

这时，只有刘鹗一个人高兴地笑着。他不管别人的反应如何，只是一个劲地催着："快！挂上！挂上！"

5

刘鹗愣愣地站在这摘掉招牌的店铺门口，感到有些茫然。他向四面看看，希望能问一下。可是，他发现附近店铺的人似乎都有意地避开了自己的目光。

过去，自己到这儿来，一路上打招呼的人不断。而今天，从上岸到走到这东新桥下的店铺门口，竟然没有一个人打过招呼。不过，自己脑子里一直在想"以养天下为己任"没有在意而已。

他向旁边一家布店走去，才走了两步，他看到那店铺的伙计转过头去了。那个正在抽水烟的老板，也若无其事地转过身，向店铺里面走去了。

刘鹗此时感到有无数只眼睛在看他。这些无形的目光在他的背上，肩上，以及脸上划过来划过去。可是当他用自己的目光迎上去时，这些目光马上又都收回去了，似乎从没看到他一般。

他知道，此时去问他们也是徒劳，不如回家去。

他转过身，不顾那些目光仍在他身上扫来扫去。他慢慢地走着，到了桥边上，他停了一下，登上了桥。桥上没有人，只有一个孩子趴在桥栏杆上看那些远去的白帆。刘鹗认出来，这个孩子就是在烟铺开张时大声读出"且——巴——哥"的那个孩子。他便向孩子走了过去。

孩子感到身后有人，回过头来。当他一看是刘鹗，脸上显出惶恐，不知所措。他向后退了两步，想最好马上离开。可是刘鹗正在看着他，他无可奈何地，怯生生地喊了一声："刘……刘二少爷！""别走！"刘鹗严肃地喊了一声。可是他得到的回答，是那个孩子咧开的嘴和顺着脸颊流下的两行泪水。刘鹗不知如何是好，急忙说："别哭！别哭！"说着蹲在那孩子面前。刘鹗给他擦了擦眼泪，问："你怎么了？你哭什么？"

孩子并不回答，只是抽噎着。"你害怕了？是吗？"刘鹗又问。"嗯！"孩子轻轻地承认了。

"你怕什么啊？"刘鹗感到奇怪。他又感到那些目光在身上划来划去了。刚才这孩子的目光，不也是在他的脸上划了一下吗？

"死了！"孩子轻轻地说。

"死了？什么死了？"刘鹗奇怪地问。

"刘富死了。"孩子低下了头。他不敢再看刘鹗。

刘鹗站起身来。他看着河水，河水静静地流着。他忽然感到一阵寒意。这时，他才想到，已是年关了，天是该冷了。

他不知刘富为什么死。但是他毫不怀疑这个孩子告诉他的这个使他吃惊的消息。刚才那些人的目光不都是在告诉他这个消息么！现在不过是窗纸被捅破了而已。

"一波未平，一波又起"，他看着河水，忽然想到了这么一句话。

父亲去世了，师傅去世了，烟铺关门了。这一切都发生在这短短的十几个月里。命运是在捉弄自己吗？

他又想到了"以养天下为己任"。刚才在船上，他忽然想到了"烟铺"。他对这个烟铺并没有寄很大的希望。可是刚才在船上，他忽然感到说不定这烟铺就是自己"养天下"之始。顿时，他感到这个从未引起他兴趣的烟铺是如此亲切。他想到了子贡。说不定这烟铺就是自己成为子贡之始。

可是，这个想法就如同肥皂泡一样，刚才还是五颜六色，现在忽然就破碎了。它不管你心里怎么想，一下子，啪！碎了，碎得无影无踪。

刘鹗站在桥上，忽然一阵冷风吹来，他不禁打了一个寒战。回过头来，那个孩子早已无影无踪了。

6

"二少爷，这是才炸好的岳家茶馓。"刘贵捧着一盘茶馓，进了刘鹗的书房。

天已完全黑了，刘鹗才从大哥刘渭清的书房回来。下午他从河下回到家里已是晚饭时分了。他没有急于去看自己的妻子王氏、小妾衡氏。他先去看大哥，因为他实在不知刘富为何死去，烟铺何以倒闭。

结果使他大吃一惊。虽然大哥说话仍是慢条斯理，声音不高，而且毫无谴责之意。可是刘鹗细想，责任竟然还是在自己。所以，他在大哥处吃了饭后，回到书房来，要安静地想一想。

他看到刘贵放在书桌上那盘菊花形的茶馓，细纤纤、黄亮亮，煞是喜人，这是他平时最爱吃的小吃之一。有时回到家来，连饭也不吃，便吩咐刘贵去买茶馓来当饭吃。如果时间略有闲暇，他干脆自己到镇淮楼边上的岳家茶馓店去，等着吃那刚炸出来的茶馓。

可是今天，这盘茶馓丝毫未引起他的兴趣。大哥讲的话，一直在耳边作响。刘富那忠厚的样子，也在眼前晃动。

刘富是上吊自杀的。

那是十天以前的事了。烟铺没有开门，一直到下午也不见动静，有人感到奇怪，便去敲门，但毫无声息。

等消息传到住在地藏寺的刘渭清耳朵时，已是该睡觉的时候了。

刘渭清带着人来到河下，打开房门，只见那曲尺柜台擦得干干净净，一把算盘摆在哪儿。那里面的烟草也摆放得整整齐齐。可是推开里面卧室的门，不禁吓人一跳，刘富已高高地挂在房梁上了。待解下来一摸，早已气绝多时了。

到处搜了一遍，也不见什么绝命书之类。仅有一个账本在枕头底下放着。当时人们也并没有注意什么。告到官上，派了仵作来查，确系自杀身亡。问了隔壁一些店铺人家，回答说：烟铺每天人来人往，生意也不错。

何以会出这个结果呢？

刘渭清第二天一查那账本，恍然大悟了。

原来，这账本记得详详细细，进了多少烟叶，付出多少银两，一笔笔是极清楚的。在卖出多少上也笔笔记得清楚。但那"欠""赊"两个字却是占了全部的一半以上。再一看这些"欠""赊"的人，或是地方上的流氓无赖，或是衙门里的衙役之类，这些人平时与刘鹗称兄道弟。还有一些便是刘鹗写了纸条，命刘富给某人取烟叶多少。

总之，前后不到一年，烟铺非但分文未得，连本钱也贴上了。就是按月规刘富应得的几钱银子，刘富也未曾拿到一文。

刘富忠厚老实，他不愿将此种情况告诉刘渭清。倘一告状，岂不是在大少爷的面前说二少爷的坏话吗？

他曾向刘渭清提出回到家里来。因为自己不善经营，万一赔了钱，恐怕无法向东家交代。他没有把真情告诉刘渭清，所以刘渭清并未同意他，而只是说，开这个店的目的并不是为了赚多少钱，只是为了让自己的这个弟弟能由此收心，做些有益的事。

刘富不知如何是好，看到刘渭清如此态度，也不便再多说什么。回来将烟叶盘点一下，心里甚是着急。可是每天早上烟铺一开门，他仍同平日一样，尽力多做几笔生意。可是这卖出的一点钱，毕竟够不上那些"欠""赊"的，而且这些人若不是地头蛇，便是刘鹗的一班朋友，又得罪不得。

这忠厚老实的人就是因为这样一时想不通，从而走上了绝路。

刘鹗将那账本摊在桌上，他的眼睛虽然在那一行行的字上扫过，可是，他什么也没有记住。

果然是自己的责任吗？自己都交了一些什么朋友呢？烟铺倒闭了，今后干些什么呢？刘富的一家该怎么办呢？

他忽然看到刘富的孩子哭着向他走来，向他伸出一只手，那只手忽然变成一把烟叶，烟叶大把大把地撒了下来，绿的、黄的，落在自己的脚下，越积越多，几乎要把自己埋在里面。他一伸手，抓住了那一只手，那是刘富的手。刘富张开大嘴，大喊：旦——巴——哥。是那个孩子在喊，一边喊一边走上桥去。他尽力去追那个孩子，可是他追不上，想喊又喊不出来。他想喊刘富，可是却喊出了"旦——巴——哥"。他看到了大哥，大哥站在水中，水漫上来了，好冷啊！

他浑身一颤,睁开了眼睛。眼前仍是一个账本,还有一盘茶徽。他明白刚才自己做了一个梦。

该去睡了,一切明天再说吧!

7

第二天,刘鹗将刘富的兄弟找来,他不愿意看到刘富的妻子,更不愿意看到刘富的孩子,虽然他没有见过他们。但是昨天晚上的梦,使他感到自责。

那个孩子伸出的一双手,一直在脑子里晃动,他感到自己该冷静地想一下,想想怎么才能"养天下"了。他吩咐把河下的店铺和所剩烟草全部给了刘富的家属。虽然刘渭清早已替他做了安排,但当刘富的兄弟来拿了钥匙,千恩万谢地走时,他仍然不知如何是好!

"谢谢,谢谢!谢谢二少爷!"刘富的兄弟给他跪了下来。"别……别……"善于辞令的刘鹗竟然不知说什么好了。

"谢谢,二少爷,我回去一定让我嫂子和侄子来当面道谢!"刘富兄弟的话才说出来,刘鹗更是感到紧张。

"别……不,不要让他们来!"他不禁感到背上的汗把衣裳湿透了。

刘富的兄弟才走出门去。

刘鹗一转身,大叫:"刘贵,刘贵。你告诉他们,不要来,不要来!"

烟铺倒闭了。刘鹗真正感到生活艰难。

过去生活依赖父亲,父亲去世了,如今生活的担子压在了兄长刘渭清的肩上。自己确实应该干些正事了。

几天来,刘鹗闷在自己的书房中,一反常态地哪儿也不去。

他把父亲生前编的《韩文百篇编年》手稿取了出来,一篇一篇地圈点着。把刘成忠写的《河防刍议》放在手边，随时翻阅。

他看着刘成忠的《河防刍议》，不由得又想到了那些年在开封古吹台的旧事来。

一次他看父亲指挥工人制作龙尾水车。

开封附近的田地，常常遭到水淹。如何排水，确是大事。刘成忠就仿制龙尾水车。

那龙尾水车并不难造，按《泰西水法》先造了一辆，一试，果然可以把水车造出来。

刘鹗一高兴，也和那些人一样爬了上去，两只手搁在横木上，两只脚一上一下地踏起来，果然那水就哗哗地流了出来。刘鹗兴致一来，两只脚就用力地踏了起来，一开始水出得挺快，哗哗地流出来。可是踏不多久，头上的汗珠就流下来了，再看那些水也流得慢了。没有抽一袋烟的工夫，他已感到两腿酸了，可是他咬着牙继续踏下去。突然，他一脚踏空，人差一点儿摔下来。

刘成忠知道这个小儿子调皮，当时也未阻止他。可是他这一踏空，刘成忠倒也吃了一惊。旁边的人立即上前，把二少爷扶了下来。

刘成忠先是一惊，看到儿子安然无恙，也就放心了。但是他显得并不高兴。他走到水车旁，定定地看了几眼，转身就回去了。

人们不知道道台大人为何闷闷不乐。

是为二少爷摔下来吗？未必，一是人并未摔下来，二是这位二少爷向来调皮，干什么事兴趣一到不顾场合，不顾身份，早已习以为常。

刘鹗看到父亲转身而去，起先不知什么原因。他也学父亲走到水车旁边看了一阵，忽然拍拍脑袋，大喊一声：有了！回过头去，撒开两腿，去追父亲。

那些跟随的人，虽然不明白是怎么回事，也跟着二少爷往回跑。刘贵自然跟在刘鹗身边，一边跑一边问：二少爷，咋回事？

刘鹗一边跑一边喊：是了，是了，就是这么回事！

原来，刘鹗自己踏了几下水车，感到两只脚踏在水车上，需费很大的力气踏下去，那水才能车出来。每踏两步，水才往外庠出一点。人费力太多，车出水太少。水未车出多少，人已筋疲力尽了。

刘成忠是为此而思考。

刘鹗也想到了这一点。

8

刘鹗想到龙尾水车，不禁心中暗暗得意。因为，就是从那一次开始，父亲以为他可以帮助自己做些事了。

那天回到衙门，刘成忠直接去了书房。

刘鹗匆匆跟回去后，到自己房中先画好了一张新图，到晚上点灯之后，他命刘贵先到刘成忠书房中去探视一下。

刘贵去了回来说："二少爷，老爷正在忙着，连晚饭也没有吃，不知在画些什么还是不要去打扰他了吧。"

刘鹗听到此，心中更感到高兴，说："刘贵，你去厨房告诉他们做些好吃的，半个时辰后送到书房来。"刘贵自然不敢违背，只是不解地看了看这位心血来潮的少爷。但又忍不住地问："二少爷，老爷的饭……"不等刘贵说完，刘鹗说："我保证，半个时辰后老爷就吃饭。"

刘鹗轻轻地走进书房，站在父亲背后。两支蜡烛点得通明。刘鹗伸头一看，刘成忠正在那儿画图，只见大大小小的齿轮，互相咬在一起。

刘成忠知道背后有人，但并未回头。稍等了一会儿，刘成忠嘴里说了一声："茶！"

刘鹗稍稍咧了一下嘴，悄悄地把手中的一卷图纸递了上去。刘成忠顺手把图纸接了过去。他忽然愣住了，看了看手中并不是茶，而是一卷纸。这时，他才回过头来，一看，身后是刘鹗，大为不满地说："你在此何事？"

刘鹗虽屡遭父亲斥责，但在父亲面前仍然是毫无所惧。说道："刘贵告知父亲尚未用晚膳，孩儿特来请父亲用膳。"

刘成忠感到纳闷，这个儿子平时的一切都由别人照管，何以今天倒管起自己吃饭的事情来了？转念一想，儿子已十五岁了，或已稍懂人事，不觉心中又感到欣慰。所以，把刚才那不满的神色收了起来："我尚有些事，你先去吧！"

刘鹗说："父亲的事，孩儿已办好了！"

刘成忠笑了笑说："小孩子家，懂得什么？！"

刘鹗调皮地一笑说："父亲的心思，全在这图上！"说着用手指了指刘成忠手中的那卷图纸。刘成忠这才想起手中所拿的不是茶杯。他疑惑地把那卷图纸打开。

原来那图纸正是刘鹗所画的龙尾水车，几个齿轮咬合在一起。刘成忠看了看，若有所思地把图纸平铺在桌上，和自己所画的图对照着看。

只见刘鹗那张图，虽然粗糙，不甚整洁，但在几个齿轮旁都写明了每个齿轮的情况。齿的多少，齿的大小。再看自己的那张图，画的整齐、正确，但从数字看，和儿子所画的相差无几。

他感到儿子长大了。他并不怀疑有别人代他画。因为，从龙尾水车处回来方才两个时辰不到，找人也来不及。再说，他也知道自己这个儿子固然顽皮，但亦聪颖过人。今天能和自己想到一起了，心中不禁十分高兴。他一边看一边点头。

刘鹗见父亲高兴了，胆子大了起来，也趴下身来和父亲头碰头地讲起图纸来……

刘贵吩咐厨房备饭后就在门口候着。一开始看到刘成忠满脸不悦，也有些提心吊胆。可是后来看到父子二人认认真真地谈起来，心中的石头落地了，就大胆地走了进来，轻声说："老爷，饭已备好了。"

刘成忠并没有抬头，可刘鹗却大叫："是啊！父亲，孩儿肚子早已饿了，吃饭去吧！"

刘成忠此时心中高兴，看了看儿子，轻声说："好吧，先吃也行！"说着，在儿子头上轻轻地拍了一下。

果然，三天之后，那新的龙尾水车又在试用了。刘鹗还是不顾一切地爬了上去。一踏果然不错，两脚轮换一次，那水车吐水三次。人用力少了，而戽水多了。刘鹗高兴地在上面踏啊踏，刘成忠站在旁边看着，他此刻觉得这个小儿子真是太可爱了。

想到这里，刘鹗心中不禁一阵高兴。从那次制作龙尾水车之后，父亲倒是让他干一些事情了。可是自己只是凭一时兴趣办事，虽然办的一些事情让父亲感到高兴，但是，让父亲心烦意乱的事也不少。

他看了看手中的《河防刍议》，还打算继续看下去，只听见"铛"的一声。他回过头去，一看那挂在墙壁上的大钟，嘀嗒嘀嗒地响着。"啊！已近子时了！"

他站起身来，想到该睡了。把书轻轻地放在桌上，把两个拳头向上举起来，伸了个懒腰。可是他忽然又想到，到哪儿去睡呢？

"已子时了！"他嘴里叽咕起来，但并未移步。因为，他虽然已回到家里，但却不知今晚睡在何处为好。

9

"到哪儿去睡呢？"刘鹗犹豫不决了。又坐了下来，那荒唐的一幕幕又闪现了：

刘鹗十七岁时，娶了妻子王氏，两年之后，并没有生子，仅生了一女。过了四年，刘鹗又纳衡氏为妾。此虽并无不可，但不是被人所赞扬之事。幸好，王氏、衡氏尚能和睦相处。此后王氏又生一子，衡氏又生一子一女。家里倒也没有后顾之忧。刘鹗依然时时出游。

那年，刘鹗去南京应乡试。尚未终场，这位不在意于八股，不愿入仕途的少爷，便弃场而去了。

他并不急于回家，在南京转了一天，便乘船去了镇江。镇江本是他的老家，但已无人了，所以并无人管束他。

那天，他从金山游览下来之后，颇觉无聊，便邀了两位朋友，在一个小酒店小酌。刘鹗本无意于科举，但又苦于无他事可做，所以颇觉无聊。这两个朋友也是萍水相逢的，闲谈无非是何处风景如何好，何处烟花柳巷如何有趣。这样三杯酒下肚，三个都不觉有些醉意，说话便不觉放肆起来。三个人都说自己可以干出别人不敢干的事来，而且一办便成。三个人正在比攀，只听到旁边桌上两老者在闲谈。

"茅公之事不知您老办得如何？"一个身着长袍马褂一脸胡须的老汉问道。

另一个一把白胡子的老者并不急于回答，他摸了摸胡子，端起酒来呷了一口，清了一下嗓子说："此事急不得，茅公之女，虽说年纪大了些，人却长得极标致。茅公又是个不肯低就之人。所以尚未找到合适的人选。"

"话虽如此说，可是毕竟年已二十有一了。您老想一想，再不嫁出去，恐怕……"长袍马褂说，

"不！这是天意。我见此女不俗，总得找个官宦人家方可！茅公托我，我岂可草率？"白胡子仍是不慌不忙地说。

那长袍马褂见白胡子并不着忙，便又说："那茅公虽如是说，但，实在是口是心非。您老想，一个女孩儿家过了二十尚无婆家，便是左邻右舍的闲话也是受不得了。何况其他？"

这两个人本是闲谈，谁知边上三个半醉的人都听了进去。这时刘鹗对边上两个人笑了笑，站了起来。这两个人并不知他要干什么。只见刘鹗三步两步走到老者面前，双手抱拳，深深地作揖，嘴里说道："晚辈有礼了！"

两位老者正在窃窃私语，忽见这么一个人来打招呼，也都站了起来，"不敢！不敢！敢问客官大名？"

刘鹗尚未回答，边上的两个朋友早已走了过来，抢先答道："这位大爷姓刘名鹗，字云抟，是官家之子，家住淮安。本是镇守镇江之刘光世的后人，这镇江沙洲不少土地便是刘家的。"

两位老者连忙招呼他们坐下。刘鹗亦不客套，马上说："适才听两位在议论茅公之女，不知如何？"

两位老者不想才坐下来，刘鹗就提出这么个问题，不禁相对而视，不知如何对答。

刘鹗并不等他们回答，又说："适才所说，此乃天意，实在不假。二位为我做媒如何？"说着又站起来深深作了一揖。

他的两个朋友也并无深交，只是凑个热闹，也添油加醋地把刘鹗介

绍了一番。

　　两个老人此时看看刘鹗，看个子不高，但身上透出一股精明的神态。一个大头，圆圆的脸，浓浓的眉。特别是前额突出，使人感到相貌聪明不俗。再细加盘说，竟然是个天文地理无所不晓的人。二位老者此时确信，在他们面前的人并非骗子。由刚才不知所措，到疑疑惑惑，又到从心里佩服，不觉心中大为满意，把一切看得皆是天意了。

　　倘是俗人，必先打听我等的住处，然后备上厚礼，登门来求做媒。敢于如此求婚，豁达大度的不是奇人吗？一个老者这么想。

　　茅公的女儿眼界甚高。所以，左提亲不成，右提亲不成，拖了几年，仍是高不成低不就。何以今天在这小酒店里会有人来求亲呢？此不是天意又是什么？

　　两个老人不知为何竟然想的一样。于是答应了刘鹗去为他提亲了。

10

　　千里姻缘一线牵。

　　刘鹗酒后戏言，回到旅店睡了一夜，把昨日之事早已忘得一干二净。一个懒觉直睡到中午，起床后正在漱洗，只听得门外有人在问，刘大爷住在何处？

　　刘鹗伸出头去一看，正是昨天的两位老者，请他去茅公家中一坐。而且告诉他，昨日晚上他们去一说，谁知那茅公的女儿马上回答：一切由父母做主。显然是对这桩奇缘极为满意。倒是那茅公仍不放心，说需自己亲见一下才行。

　　刘鹗本是个嘻嘻哈哈的人，也不修饰打扮，约了两个朋友，当晚去茅公家蹭了一顿晚饭。

刘鹗对此事本是当作游戏，因此更是谈吐自如，非常大度，天南海北地谈了一阵，哪知这茅公倒是亦把他当作奇人看了。

两位媒人的意思，是刘鹗回到淮安去，和家里谈谈，尽快地迎娶过去。刘鹗一想，回家一谈岂不坏事，便说自己需到北方去干事。这么一来，两位媒人怕刘鹗一去不回，便催促他把婚事办了再走。

这不依礼仪的做法，谁知茅公竟也会同意了。

刘鹗本是个好色的人，再加上推却着实不恭。此事也就匆匆订下了。第三日，便在旅店中与茅公的女儿拜了天地。

此后的事，自然可想而知。茅公着着实实地与刘鹗大闹了一场。两个媒人也对刘鹗诸多责备。回到淮安，父亲的责备更是避免不了。

所幸那茅氏通情达理，认为事情已到了这步田地，也只好如此。再加刘鹗对她倒也曲意奉承，夫妻之间倒也没有什么矛盾，于是决定茅氏不回淮安，在外另立门户。

如今刘鹗坐在书房之中，现在已是深夜时分，妻妾早已安睡，想起自己的一些作为，也颇有些感慨。

11

年关一到，那烦琐的仪式实在使刘鹗感到厌烦。所以，除了必去的祭礼之外，他就躲在自己的书房中。

除夕之夜。在一片爆竹声中，各家各户都开始守岁了。刘鹗回到自己的书房里，顺手翻开了《翠微山房丛书》。这是一部研究弧三角的算学书。刘鹗特别欣赏这部书中的《梅氏丛书》，所以近些日子，总是在解这些题目。

刘鹗正在津津有味地做这些题目时，刘渭清悄悄地走了进来。

这些日子，刘渭清对这位胞弟颇为满意。因为他一改从前那种满处闲逛的习性，能安心在家中住些日子。可是，自己却整日为这一大家五六十口的生活而操心，平日与刘鹗交谈亦不多。今日除夕，大家守夜，他便来到刘鹗的书房。

刘鹗埋首在弧三角术中，嘴里不停地说，手中不停地写。刘渭清伸头一看，只见那张纸上画着两个图，上有乙丙丁三个字，旁边刘鹗写道：

第一题

设乙丁丙斜弧三角形。有丁角，有相对之乙丙弧，又有乙角。求相对之乙丙弧。

如图：乙丁丙形无论其三角为钝为锐，但有一角

未等他写完，刘渭清见刘鹗并不知背后有人，便轻轻地咳了一声。可是刘鹗并未回头，只是嘴里说："大哥，稍待，稍待。"手里的笔还不停地写下去：

及其对角之一弧，则其余有一角者可以知对角之弧，而有一弧者可以知对弧之一角。

写到此，他方把手中的笔放下。

刘渭清笑嘻嘻地坐下说："云抟，何事把你忙得如此？"刘鹗笑着说："大哥，小弟近日读得诸家讲弧三角之书，均言为勾股六术。小弟以为可括为三术，故将其写下。"

刘渭清知刘鹗聪颖，不少学问无师自通，亦知其并非夸口，便问："这弧三角术有何用？"

"可以算日月之交食，可以算五星之顺逆，可以算洲岛之经纬，航海可以算口岸之远近……"刘鹗一口气说出了不少弧角的作用。忽然，他住了口，眼睛眨了一眨说："慢，慢！大哥，我给你看一样稀罕的东西。"说着从抽屉中取出一支似笔非笔的东西来。

刘渭清一看，那只笔头上是薄薄的两个铁片，两个铁片用一个螺丝连在一起。只见刘鹗把那螺丝轻轻地拧了一下，两个铁片便稍稍分开了一些。刘鹗用毛笔沾了些墨，轻轻地送入两个铁片间，顿时两个铁片中间夹满了墨水。刘渭清不知他有何用，亦不开口，只是看着。

刘鹗用那笔在纸上一画，一条墨线留在纸上，他嘴里说："大哥，你看怎样？"刘渭清想，画一条线而已，有何稀奇？但并未作声。刘鹗也不等刘渭清的反应，用手拧了拧螺丝，然后又在纸上画了一条线，只见这条线比原来一条细了许多。两条线一粗，一细。但每一条线从头到尾确是一般粗细。

刘渭清此时方才对它发生了兴趣，把笔接过去，仔细看了一看，问："此笔何用？"刘鹗高兴地说："这是铁镘笔，专为画线之用。"

刘渭清用手拧了拧那螺丝，细看，螺丝进则笔细，螺丝退则笔粗，他不无羡慕地说："法至巧也！"刘鹗也说："这洋人，近年来颇有些花样，我皆可借鉴之。"

刘渭清感叹道："父亲在时，亦有此说。为近年来，凡用洋人洋法者，往往被人视为汉奸，殊使人畏惧。"说着他摇了摇头。

刘鹗颇不以为然，也摇了摇头说："何谓汉奸？纯为一己之利，将民众之利售予外洋者；或倚仗外人之势，欺诈我同胞者，则可视为汉奸。凡借用洋法，有利于我朝我民者，则不可视为汉奸！"

刘渭清是同意刘鹗这一看法的，他又说："洋人船坚炮利，方才敢于北攻天津，南袭广州。倘我朝亦有此坚船利炮，当不至于如今日。"

兄弟二人原本是闲谈，谁知从算学谈到国事，都不胜嘘唏，再也谈不下去了。只是默默地坐着。忽然刘鹗深深地叹了一口气说："今日之事，实在于民失其养。养天下之任，便该由我辈来承担啊！"

<h1 style="text-align:center">12</h1>

春节已过，天气转暖。刘鹗如此在家中一住已三个月了。那天闲来无事，到街上闲逛，他从镇淮楼走到胯下桥，自然想到当年韩信漂母之事，又想到韩信被拜为元帅之事。他一边走，一边想，忽然听到一片吵闹之声。

刘鹗本是个喜欢热闹的人。在家三个月足不出户，弹琴、读书。今天听到吵声，他那性子又被挑起来了。回头对刘贵说："刘贵，去看看，前面为何吵嚷？"说着自己便先走了过去。

这时只见一个人家门前围了一堆人。门口有一个老汉，满脸赔笑地站在那儿，另一个人在他旁边，态度强横地说："弹琴比试有何不可？李大少爷的琴，恐怕这淮安城里也无人敢比。你那区区女儿何足挂齿！"

刘鹗听到此，兴趣来了。因为刘鹗本人非但能弹琴，而且于乐理亦无不通。原来，刘鹗的母亲弹得一手好琴，刘鹗的两个姐姐也能奏曲。何况那太谷学派又以琴学为养性之术，李龙川便是此道名手。所以，刘鹗弹琴亦是既有家传，又有师传。

刘鹗又听下去。只听那个老汉说："老汉只这一个女儿，只能嫁给那知书识礼，琴艺超众之人。凡来提亲者，均需比琴方可。"

另一个人说："李大少爷的琴，在这淮安城中是数一数二的，你刘老汉又不是不知道。比琴，比琴，如何由你一人判别高低？"

刘鹗听到此，感到有趣。又是提亲，又是比琴。他那好胜之心被激了起来，便叫刘贵去问清是怎么回事。

其实，刘贵不用打听，也知道此事。

13

原来，这位老人亦姓刘，有个女儿长得很标致，更绝的是能弹得一手好琴。这在街坊邻里之中，无人不知，无人不晓。久而久之，她的本名已不被人所知，大家均呼之为"琴琴"了。

琴琴长大了，自然是父母的一桩心事。嫁给一个普通人家，自然舍不得。嫁个官宦人家，又自知高攀不上。因此，老夫妻商量之后，便提出要嫁个会弹琴并知书识礼的人。因为他们认为，能弹琴之人，定非一般人家。

刘老儿自己并不会琴，却又定出个要比琴的方法。便是为了自己有个选择余地。凡是他不满意者，均以琴弹得不好而拒之。

可偏有巧事。这淮安城的李大少爷长得一表人才，又弹得一手好琴。可是，此人品行不端，亦为人所熟知。但是，却无人敢当面说穿。他早已想得到这琴琴了，因此携了琴来求婚。

刘老儿明知李大少爷的琴弹得好，但他一口判定：弹得不好！不肯将女儿嫁给他。所以，这李大少爷派人来争论此事。

刘老儿亦是无理强说有理，反正就是不允此婚事，因而吵吵嚷嚷。

此事，已非一日之事了，淮安城里人人皆知。只是刘鹗长期在外很少归家。此次回家，又一反常态，安分守己地在家待了三个月。所以，并不知有这么一件事情。

现在经刘贵这么一说，他笑了起来。两步跨了过去，对那个吵着要比琴的人说："比琴，比琴，需得两人相比，何必在此吵吵嚷嚷？"

那个人一看，眼前站的是刘二少爷，便说："不是小的吵嚷，这刘老儿说比琴招亲，可又无人来比，如何是好？我家少爷……"刘鹗并不等他说完，回转身对那老人打了一躬说："不知老丈可有此说？"

刘老儿是认识刘鹗的，客气地说："确有此事。小女待聘家中，必得会弹琴者方可应见。"

刘鹗笑道："即是如此，小子便与那李家少爷比较一番如何？"

刘老儿见此，便说："亦好，今晚便请二位于舍下比琴。"

那个在门口吵吵嚷嚷的人听此说，便回去报告李家少爷去了。

当晚，那李大少爷果然来到刘老儿家。一进门，见刘鹗已端端正正坐在那儿，面前放着一张琴。他回手一招，下午那吵吵嚷嚷的人也捧着一张琴来，放到桌上。

刘老儿此时坐在中间，开口说："二位比琴，不知如何比法为好？"

两个人同时回答："听凭老丈做主。"

刘老儿说："两位各奏一曲如何？"

那李大少爷急不可待，说："小子不才，愿先奏一曲。"不等回答，说着，把那琴弦叮叮咚咚地调了一阵。

刘老儿看看刘鹗，只见刘鹗微闭双目，似在沉睡。自己亦便闭上双目。

此时，只听李大少爷的琴声响起来，起先只觉得朦朦胧胧，似是一座山峰，四周云雾缭绕。再听下去，又觉得一江春水烟雨蒙蒙。只感到一叶扁舟漂于江面之上，漂漂荡荡，风风雨雨。

李大少爷也沉浸在自己的琴声之中，随着那手指的弹奏，一会又感到烟消雾散，水天相接。他稍稍一顿，琴声渐渐急促。似风声渐起，水声哗哗，使人感到如乘舟漂于风急浪涌的水面之上。

弹到此时，李大少爷抬头看了看端坐的另外二人。毫无反应。他又缓缓地拨动琴弦，一时只觉得风停浪静，水天一碧，一轮明月照在江面之上。

忽听"叮咚"一声，李大少爷两手猛地一抬，琴声停了下来。

刘老儿把眼睛睁开，只见李大少爷正在等他说话，脸上一副得意扬扬的样子。他再转过头来，见刘鹗也睁开了眼，面带微笑。

刘老儿说："刘二少爷，请评价一番如何？"

刘鹗亦不客气地说："李大少爷此曲可是《潇湘水云》？"

李大少爷一听，马上得意地说："对，对，这正是《潇湘水云》。"

"不知此曲所言何事？作于何时？"刘鹗问了一句。

"此曲所言，湘江上，水光相接之状。乃是古曲。"李大少爷说了这么两句，没再说下去。

刘鹗笑了笑说："此曲系南宋琴师郭楚望之绝唱，似是弹奏江水，江风，水光相接，实言南宋国事飘摇，民族垂危之状。倘只言江水，江风，只需刚才所奏即可。但要奏出郭楚望之忧国忧民之想，尚需时日。"

李大少爷听了之后，虽然并不服气，但亦无法开口。刘老儿听后不断点头，并向刘鹗示意。

14

刘鹗把琴弦拨了几下微微低下头来，把左手按在琴上，右手高高抬起来，然后慢慢下垂。此时就听到似有一股小溪先是缓缓而流，山间风停林静，唯有那涓涓细流，潺潺水声在空山中回响。忽然琴声停顿，使人感到，那水流遇到顽石阻塞。猛地琴声又急促地响起来，只听到那流水冲过顽石，快速流下。涓涓细流汇集成滚滚洪流，在山间冲刷而下，如山泉泻出，风涌水发，湍湍不绝地流淌，冲破险滩暗礁，大有不可阻挡之势。

刘老儿闭目坐在那儿，感到似乘舟行于群山之间，水过三峡，惊心动魄。

琴声急促，但铿锵之势渐弱，然而声音更加洪亮稳健。刘老儿觉得自己的船已进入广阔的水面，虽然仍是水势汹涌，但是船已平稳许多。水势浩浩荡荡奔向大海而去。

突然，琴声急转。刘老儿觉得这船似又卷入旋涡之中，但立即又缓缓而行了。

琴声渐弱，又是几个泛音。刘老儿仿佛感到，那一开始的涓涓细流汇成的滔滔江河，此时已流得很远很远……

琴声停了。刘鹗的手微微抬起来，轻轻地吁了一口气。

刘老儿睁开眼睛，只见那李大少爷仍端坐不动。门外的人亦无声无息，都在等待下文。

稍静了一会，刘老儿开口说："李大少爷，有何高见？"

李大少爷张了张嘴，只说了一句："此曲是《流水》。"

刘老儿说："弹奏至此，想来二位心中已明了。下面比一下'说琴'如何？"

李大少爷刚才已知自己比输了。倘对手是一个普通人，他自然可以撒一下泼，无理也可搅三分。但面前这刘二少爷，也是个惹不得的人。只得问："这'说琴'又如何解释？"

刘老儿说:"我这儿有两个字。"他说着把手一抬,手中现出两个字,一个"龙",一个"凤"。"两位各取一张,即以此字,说出名琴数张,如何?"

刘鹗不等刘老儿说完,便说"好!好!李兄请!请!"

李大少爷无可奈何地先伸出手,拿了一张,一看是个"凤"字。刘鹗自然是"龙"字了。

这次,李大少爷不再争先了。刘老儿也为了公平,说:"此次,刘二少爷先谈如何?"

刘鹗见此,说:"这以'龙'字为首的琴,为数不少。但以时间计,最早之'龙首'系周召公之后姬刚所作。于琴之两额之间突出二尖,各有二寸半长;此后,鲁国之谢涓子又有'龙腰'琴,此琴腰间作半月形;几乎与此同时,鲁国之贺云制'龙额'琴,顶肩处斜生一寸二分。"刘鹗说到此停了下来,得意地看了看李大少爷。

刘老儿看了看李大少爷,等他说话。李大少爷两只眼睛翻了翻,半晌才说了一句:"凤,凤凰……"便再也说不出什么来了。

刘鹗看李大少爷说不出什么,便说:"我代李兄说两个。一个是'凤台',卫国秦钰制;'凤嘻'魏师雷所作……"

刘鹗刚说到此,那李大少爷也不再说话,忽地站了起来,也不打招呼,抬起腿来就走了。

刘老儿和刘鹗先是一愣,后来便相视大笑起来。

15

刘老儿看着李大少爷狼狈而去,心中才放下一块石头。他兴奋地站了起来,朝里面喊了一声:"琴琴!"随着喊声,只见里面走出一个漂亮的姑娘来，看上去也就十六七岁，虽说并非倾国倾城沉鱼落雁之容貌，但在这淮安城中，却也是上乘人品了。

刘鹗见了，双眼紧紧地盯着看，直看得那姑娘不好意思地低下了头。

刘老儿刚才落下的一块石头，一下子又压在心上了。那李大少爷固然是他所不愿，这刘二少爷恐怕也并不理想。虽然相貌尚可，但毕竟已年近三十岁的人了。想到此，一阵不快又袭上心头。他烦恼地说了一声："琴琴，看茶。"又无力地坐回到自己的座位上了。

刘鹗是何等精明的人，怎会感觉不到刘老儿在这一刹那的情绪变化，他只是笑哈哈地看着那里间。

琴琴端了一杯茶出来，恭恭敬敬地送到刘鹗的桌上，嘴里说："二少爷，请用茶。"刘鹗并不接茶，仍是两眼紧紧地看着她。琴琴见此，无可奈何地把茶放下，便回头走了进去。

刘鹗的目光直把她送到门口。然后回过头来，笑哈哈地说："刘老伯，小侄不才，今日琴弹得如何？"

刘老儿有些不悦地回答："琴是弹得极佳，对琴史也极熟悉。不知还有些什么高见？"

"这琴为诸般乐器中最难学者，手法极繁，……"刘鹗才说了一句，抬头一看，那刘老儿闭上了眼睛。他心中一阵不快，因此不悦地说："老伯，时间已晚，小侄本当告辞……"

刘老儿一听，刘鹗要告辞，他并不提琴琴之事，心中一喜，马上站了起来："老儿感谢二少爷大力帮助，今后……"

刘鹗也打断他的话，说："今后，倘八字合适，小侄我将成为老伯之乘龙快婿也！"

刘老儿没有想到，刘鹗比那李大少爷说话更是露骨、干脆，所以心中更是不快，但又不便发作，只好吞吞吐吐地说："二少爷，你我同姓同宗，此事恐怕不妥，不妥……"

刘鹗笑道："有何不可，只要生辰八字合适，我便来提亲。请将琴琴的生辰八字交与小侄吧！"

挤在门外的人们听到此，又一阵起哄，刘老儿此时已无可奈何，只好说了一句："小女同治丙寅八月生人。"

刘鹗听了此话，便又坐了下来。只见他嘴里叽叽咕咕地说了一阵，又用手指捏捏掐掐。然后闭上眼睛，把手伸进袖筒，这时他又摸到那个小金佛了。然后，他站起来，笑哈哈地说："看来，小侄这乘龙快婿是做不成了。老伯之岳丈也是没有希望了。"

刘老儿听刘鹗这么一说，又不免一愣，心中想，这个"二乱子"不知又在要些什么滑头。便又接了一句："请道其详。"

"老伯岂不听那些算命的说吗？只为白马怕青牛，羊鼠相交一断休，蛇虎配婚如刀错，兔儿见龙泪交流，金鸡玉犬难则避，猪与猿猴不到头。"刘鹗一口气背出了这么一段只有算命瞎子才能说出的话。

刘老儿说："请问，二少爷……"

"小侄丁巳九月生人。岂不是'蛇虎配婚如刀错'吗？"刘鹗不等刘老二答话，便作了一个揖，说了声："小侄告辞，告辞。"然后招呼了一声："刘贵，回家。"便大踏步地离开了刘老儿家。

刘鹗突然离去，让刘老儿吃惊不小，连那两边看热闹的人也未来得及起哄。更感到莫名其妙的是那跟随刘鹗多年的刘贵了。他跟随刘鹗多年，知道刘鹗每到一处要寻花问柳，何以今天却因一首他从不相信的顺口溜而打退堂鼓呢？他紧跟在后面，几乎贴在刘鹗的耳朵上问："二少爷，您从不相信什么生辰八字，为何今天……"

刘鹗听到刘贵问，停止了脚步说："便是八字相合，我亦不会来提亲！"

"为什么？"

"你看，茅氏夫人之事，至今方才平息。我又何必在自家门口惹是生非？再说……"说到此，他住了口，不再与刘贵说什么，又向前走去。

刘鹗与刘贵只说了一半。这不吃"窝边草"，固是刘鹗不肯来说亲的原因之一；另有一个原因，是刘贵再也不会想到的。

原来，刘鹗近日总在想着"养天下"之事。

他见到那些洋人新印的长江地图，觉得这石印的方法当是一项职业，所以已向大哥筹得几百两银子，他已打算离开淮安，准备到上海去办个石印局。今天与李大少爷比琴亦只不过是一时兴到而已，并非真要提亲。他见到那琴琴之时，虽也心中一动。但一见那刘老儿的神态，才动荡了一下的心便又收了回去。何况小金佛又时时揣在袖筒中呢！

第三章

1

在上海的石昌书局八个月就倒闭了。

刘鹗又碰了一鼻子灰。

那是八月，秋风才起，经过一个酷暑之后，刘鹗兴致勃勃地回到上海。三月，他在上海办了个石昌书局，一开始生意委实兴旺。此书局一是承印书籍，采用石印方法，印出的书籍，图录清晰。因此要印书籍的人纷纷而来；二是做些经营书籍的生意，主要是自己印的一些书。生意甚好。刘鹗见书局才三个月就赚了不少银两，一高兴，便把父亲的《因斋诗存》一书也印了出来。

他捧着《因斋诗存》，摇头晃脑地吟着自己写的《因斋诗存跋》，又顺手翻开诗集，看到一首《闻李寨为毫捻所屠感赋》，不由顺口读了出来："浩劫尘沙血尽红，去年曾此宿秋风。但知地少重门险，谁识身眠众鬼中。已兆杀机悲蠡蠡，频来噩梦怪重重。徙薪曲突吾曹责，惭愧当年渤海龚。"他又接着看下去，下面还有一段话："李寨墙甚卑，余宿时得梦甚奇，有戒心焉。"不由得想起那少年时代跟随父亲戎马倥偬的岁月来。"是啊！是啊！那捻匪所到之处，民不聊生，不剿不灭如何可行。"他自言自语地说。

他把书合上，正巧《跋》最后一句："男刘梦熊、刘鹗谨志"闪入眼帘。他忽然想到诗集已出了，应该将诗集送回淮安去。想到此，他喊了一声："刘贵！"

刘贵正在门外闲坐，听到主人喊声，马上进来问："二少爷，干啥？"

"你明天回淮安一趟。"刘鹗手中拿着《因斋诗存》对刘贵说："把这诗集送回去。"

刘贵说："是！"

"你回去，嗯——先到太太房中去问一下……"说到这里，刘鹗顿了一下。

刘贵见刘鹗停了下来，马上抢上来说："二少爷，刘贵有句话……"

"说，怎么吞吞吐吐的？"

"不是小的吞吞吐吐，也不是小人想偷懒。其实少爷这一出来有三个月了，何不回去看看。二少爷自己把诗集送回去，不更显得心诚吗？"刘贵是熟知刘鹗脾气的，所以并不隐瞒自己的想法。"再说，再说，那比琴之事……"

刘鹗打断了他。"不提比琴之事，回家看看也无不可。你准备一下吧。"刘鹗用手指了指书，说："既是我亲自回去，就带上五十本吧！也好分送亲友。"

　　这是六月初的事了，那时正值酷暑。

　　现在已是八月了，眼看又是中秋。刘鹗从淮安乘船到了南京，又从吴淞口进了上海，从十六铺上岸，他没有雇车，沿着黄浦江走去。乘船进来时，看到岸上房舍似乎较过去多了一些，虽然凌乱，但是沿着江堤已连成一片了。下船之后，再看那水面上的船也似乎比过去多了一些。天气仍然很热，他手中拿着一把折扇，一边走一边扇。他在江边上站了一会儿，然后沿着铁马路走了进去。

　　刚一拐进铁马路，他忽然有一丝不祥的预感。因为远远地看那石昌书局的门口，一个人影也不见。那烟铺倒闭的景象，忽地一下子闪过脑子。他站了一下，然后又向前走去。此时，紧跟在后的刘贵也似乎感到有一些不祥的预兆，他加快脚步，超过刘鹗走到前面。当他三步并作两步走到书局前面时，先是愣了一下，然后大声喊："二少爷，看！"他用手指着书局。刘鹗疾走几步，首先映入眼帘的是门板整齐地排列着。只一霎间，他看到了斜斜交叉在门上的一幅宽宽的白色纸条，上面是一个浓浓的黑字"封"下面的落款是"上海县丁亥八月"。

　　刘鹗忽然觉得头上的汗冒了出来，他感到八月的日头仍是那么酷热，自然也口渴起来。

　　真是莫名其妙！何以两个月前红红火火的一家书店，忽然如此下场？究竟发生了什么事情呢？烟铺开了一年，而书局亦仅半年。为何我的事业总是功败垂成呢？倘若说烟铺倒闭，是我无此诚心，是上天的惩罚，我则可以自责。如今这书局确是我一片真心想做的事业，为何亦落得如此结局呢？

　　想到此，他招呼了一下刘贵，回转身便向上海县走去。

2

赔了三百两银子，刘鹗总算把这铺面赎了回来。

原来，刘鹗兴致勃勃地携带这五十本《因斋诗存》返淮安之后，那店铺中的伙计便以为有机可乘。先是把卖书的钱都入了腰包，再一想这不是长远之计，最后携带着已印好的书一走了之。前后一个多月，书局中已是空空如也。那些印书的和要代卖书的人，发现此事后，那些伙计已不知去向。上海县也无可奈何，先把门封了再说。

刘鹗去上海县，自然是"自投罗网"，被抓住，先要他赔出那些书款。

刘鹗本是个慷慨之人，倒也不计较这些。忙派刘贵回淮安去要了几百两银子。还清了书款，上上下下打点之后，倒与那上海县交上了朋友。这么一来，那门上的封条自然可取下来了。

刘鹗书局也不开了，把个铺面当成了落脚的地方。因无书局亦无其他事业可干，白天到各处游逛，晚上则在铺面中看书。

一日，他读《孟子》时，又读到了："天将降大任于斯人也，必先苦其心志，劳其筋骨，饿其体肤，空乏其身，行拂乱其所为，所以动心忍性，增益其所不能。"一时感到此说确是实在。

幼时随着姐姐亦读此书，虽解其意，但终不如今日读来亲切。

他把那油灯拨亮，又轻声诵读一遍。想到，孟夫子此言莫非对我所说。"行拂乱其所为"真是说得恰到好处啊！他又想到李龙川临去世时所说，自己应以养天下为己任。想到此，对于烟铺的倒闭，书局的封门，他倒以为是"天助我也"！

至此，他便一切释然了。所以，第二天仍然兴致勃勃地到各处去游玩。

凡事皆有定数。

若书局不倒闭，刘鹗也做不出后来这些使他扬名的事情来。

那天，刘鹗与上海县在一起饮酒，无意中谈到自己当年随父亲在河南治水之事。上海县告诉他一个惊人的消息：八月中旬，郑州上南厅黄河决口三百余丈，全河断水，缺口水深达一丈七尺。

"老父台，"刘鹗轻轻地把酒杯放下，筷子尚在手中，吃惊地问，"这黄河决口，非同小可！不知如今圣上如何安排？"

上海县并不知刘鹗为何如此关心此事，顺口说："详情尚未可知。已见上谕，知李鹤年已着理河东河道总督，会同河南抚台倪文蔚筹办云云。"

"豹岑先辈于河工尚知一二。这李鹤年不知如何？"刘鹗不客气地说。

上海县见他出此言，亦不明了刘鹗何以对李鹤年做如此评价，也不便插嘴。只听刘鹗又问："原河督如何处置？"

"原河督？原河督，……原河督……"上海县已记不起这原河督是何许人了。

"便是那成孚。"刘鹗提醒了一句。

上海县听到这个名字，长长地"唉"了一声："对，对，就是成孚，成孚。上谕云：成孚获咎甚重，现值堵筑加紧之际，未便令其置身事外，着留之效力，以观后效。"

刘鹗并未注意到，上海县对此话题并不感兴趣，又紧问一句："除李鹤年之外，还奏调了哪些人去？"

上海县对此真是一无所知了。他张口结舌，不知该如何回答才好。心里不禁想道：此真是一怪人，何以对河工如此关心？

3

刘鹗确实关心河工。

当年随父赴河南任上，他不止一次见过河水所造成的灾难。那一片汪洋，淹没庄稼，毁坏城镇的情景他是记忆犹新的。正因为如此，他潜心于河工不是一天两天了。

对黄河他是熟悉的。他了解黄河，这是一条十年九决口的河。两千年来，黄河大的决口有十九次，几乎是每百年一次。

他更熟悉近年来黄河决口的情况。这些他都做了详细的记录。他不必翻开自己的记录，那八行纸上的字迹，几乎是印在他的脑子之中。

光绪五年，河决历城南岸之搔沟；

光绪六年，河复决搔沟；

光绪八年，河决历城北岸之桃园；

光绪九年，河决下游利津北岸之十四户；

光绪十年，河决历城南岸之河套，又决下游北岸齐河之李家岸陈家村；

是年，河决齐东县南岸萧家庄；

是年，河决历城南岸霍家溜，又决利津县南岸张家庄，又决利津县北岸张家滩，又决利津县北岸十四户；

光绪十一年，河决齐东县之萧家庄；

是年，河决历城县之搔沟，又决齐河县南岸之赵庄；

光绪十二年，河决北岸之王家围。

刘鹗在铁马路的小小阁楼上苦苦地思索着，这七八年来，黄河几乎年年决口，基本都在山东境内。

"铜头铁尾豆腐腰，铜头铁尾豆腐腰。"刘鹗一个人仰面朝天地躺在阁楼上，他自言自语地叽咕着。他的脑子此时紧张地思索着。

郑州黄河决口，全河断流，河水势必向东而来，河南、安徽、江苏亦将成为一片泽国。

用什么方法堵筑呢？筑帚？设坎？须知五百五十余丈，水深近两丈啊！用什么方法呢？

朝廷上又檄调些什么人去呢？山东按察使潘俊文是一个治河干员；山西布政使邵诚亦可调用；还有……还有……

想到此，他笑了起来，还有，还有，丹徒刘鹗。是个什么官员呢？一介书生而已，谁也不会来奏调。让谁来推荐呢？上海县？官职微小，人微言轻。还有谁可以推荐自己呢？没有了，没有了。

毛遂自荐，对了。毛遂可以自荐，我又有何不可？

不可，不可，治河能员荟萃于彼，自荐又有何用？大丈夫行事，必得重用。不得重用，去又何益？

不去吗？拯救灾民于水火之中，义不容辞，此所谓养民之举也，岂可不去！

去！如何去法？不去，固于此阁楼之中，又有何益？

这小小的阁楼里，一盏油灯从夜里点到了天明。生平无忧无虑的刘鹗，这一夜竟然无眠了。直到远处传来了鸡鸣，他才昏昏然地睡去。

第四章

1

　　黄河，发源于青海巴颜喀拉山，约古宗列渠是无数渠流中最大的一条。它奔腾呼啸而下，汇合了四十余条渠河，还有千万条溪沟涧川，喧腾咆哮而下。在宁夏境内，它呈现了自己的雄姿，波涛翻滚，声势骇人。从内蒙古，它又向北、向东，又一掉头向南，成为陕西、山西分界的河流，一头扎进了河南。

　　进入河南的黄河，惊涛澎湃，横冲直撞。从南三门峡至山东利垦黄河入海处，黄河成了"黄害"。每年夏秋季，黄河带着十二亿吨黄沙，在这儿沉积，铺垫。无数次的浸溢，无数次的央口，无数次的改道，使得大片土地荒芜。骇人听闻的灾害，无数次地在此地重演。

　　雄才大略的汉武帝曾无可奈何地悲叹："为我谓河伯兮何不仁，泛滥不止兮愁吾人。"

可是，刘鹗，又出现在黄河边上了，跟随他的还是刘贵。

2

光绪十四年初秋。

郑州姚家堡附近的黄河大堤上，死寂一片，几乎看不到什么人。

残破的大堤之上，散乱地放着尚未用完的秸料、苇料。大小旗号已不再按丈量的规定插于某处，而是散乱地扔在地上。远远望去，那高耸的旗杆还是矗立在那儿，横吊在旗杆上的风旗，无力地垂下来，旗上的"四防二守"四个大字依稀可见。

太阳下山了，虽说天气不太冷，但河上吹来的风，使人感到一阵阵的寒意。

一年前，那黄河水夺口而出的骇人声势，此时不见了。

一年来，那成堆成堆的苇料、秸料也不见了。黄河堵筑一次一次地失败了。

决口处的水吼声，此时显得单调、沉闷。

在河堤背风处，有四个民夫聚在一堆。一只大粗碗里，盛着满满的一碗酒。边上一个酒坛，已被倒去了一大半。四个人都席地而坐，轮流捧起那只大碗，一口一口地喝着。

"俺说，猜拳也比这喝闷酒有趣。"一个满脸疙瘩的中年汉子说。

另外两个年轻人看看斜靠在堤边上一堆木料上的人，并不答话。

这靠在木料上的人，大约四十来岁，看上去个子不高，人虽然不魁梧，但胳膊上的肉却一疙瘩一疙瘩的。特别是那双眼睛，使人觉得他极为精明。

满脸疙瘩的人并不看那两个年轻人，"歪宝叔，"他别过头问那个人，"你说呢？"

被叫作歪宝叔的人并不急于答话，他慢吞吞地动了一下身子，轻轻地咳了一声才不紧不慢地说："你猜么！就来雷对拳吧！"

那满脸疙瘩的人一听，似身上一下子来了劲，大声说："来！来！咱们来打个通关。"他也不管人家愿意不愿意，伸出一只大手抓住一个青年的手说："来！来！"

那青年此时也似乎来了劲，大声喊了一声："来！"也举起一个拳头。

两只拳头相对，上下一晃，两个粗粗的嗓子同时喊了出来："高高山下一铜杯，两人喝酒大不雷对，雷对大大不雷对，不说雷对罚三杯！"

说到这里，两个人都憋足了劲，同时喊出了自己的令。一个伸出三个手指，喊出："八马双杯一个雷对！"另一个伸出一个拳头，喊道："宝拳一对一个雷对！"几乎是同时，两个人都看到了对方的手指不合自己的喊数，紧接着一个伸出了一个手指喊："哥俩好一个雷对。"另一个伸出一个手指喊："八匹马一个雷对！"

"啊！喝！"满脸疙瘩的汉子大喊了一声，兴奋的脸上几乎绽出油来。而那个青年无可奈何地摇了摇头，迟疑了一下，笑了一笑把碗端了起来。

死寂的大堤，只有这时才显出一点生气。

四个人无所顾忌地喝着，喊着，似乎天下什么都没有了。四张脸在灯笼光下是一片白，一片红。

突然，歪宝摆了摆手，眼睛翻了翻，说了声："有人！"听到这一声，另三个也紧张地张开了嘴。

这初秋的黄河边上，又有谁来呢？

3

歪宝没有听错，此时三个人都听到了，不是说话声，是马蹄声。但这声音时响时停，逐渐向这边走来。

"什么人？——"歪宝对着东边大声喊着。

"什么人？"另外三条粗粗的嗓子几乎同时喊出威严的声音。

马蹄声停了。远处黑暗中似乎有人窃窃私语。

稍后，远处传来了回声："过路人——老乡——"声音不太响，但显然带有河南味。

四个人站在那没有动。只听见马蹄声走近来，同时听到人的脚步声。

"两个人？""两个。"两个青年人先发现了。

黑暗中的人影清晰了，走近了。

满脸疙瘩的提着灯笼向前跨了一步。灯光下，先显出来的是一张瘦瘦的脸，在他的后面是两匹马。

"老乡，看堤哪？"牵马的人先开口了。

"你哪？"满脸疙瘩的人问。

瘦脸人并不答话，回过头去。这时后面的一个人走了过来，矮个子，大脑袋。

这两人都身着长袍，但把大襟撩了起来，扎在腰间。浅色的长裤，腰间扎着带子。因为天气凉的关系吧，两个人都身着坎肩，所不同处就在马甲上。牵马的马甲只是黑色的并无任何装饰；而后头人的马甲有深色的大宽边，绣着蝙蝠类的图案。

牵马人回过头来，等后面人近了时，说了一声："二少爷，是看堤的老乡。"

那人并未答话，走到四个人面前，拱了拱手，客气地说："诸位，在下刘鹗有礼了。"

见此人挺客气，那满脸疙瘩的人也拱了拱手说："不知，不知……"

"这是我们二少爷。"

少爷？少爷在这秋夜到这荒凉的河堤边上来干什么？几个人几乎同时这样想。四个人都没有说话，但那两个青年都有些紧张；满脸疙瘩的人有些不解；只有歪宝冷冷地看着，不动声色。

刘鹗也不管四个人的态度如何，不管地上是什么，就一下子坐了下来。他见地上有酒，嘴里说着："刘贵，酒！"

刘鹗向四个人都敬了酒，使气氛顿时融洽了许多。

"二少爷，您老这是干什么来了？"满脸疙瘩的人眼睛看着刘鹗和刘贵两人满腿的泥，奇怪地问。

刘鹗也不答话，反而问了一句："这决口何以久堵不合？"

"这——"满脸疙瘩的人拖长声音，回头看看歪宝。

歪宝把眼睛看了看天上的星，顺手拿起一根小秸秆放在嘴里，慢吞吞地说："这，得请二少爷去问问抚台大人和李河帅。"

刘鹗并不计较歪宝的态度，又问了一句："吴宪斋吴大人到了没有？"

"到了，到了。昨天到的。"一个年轻人急急忙忙地回答。可是刘鹗并不听他说的，而是把眼光扫向歪宝。

歪宝显然是感到这一点，他仍慢吞吞地说："吴大人，倪大人，李大人的事，只好去问大人们。小百姓如何知晓。"

刘鹗何以这么关心吴宪斋呢？

4

刘鹗这一年来都在注意郑州河工，可是他所得到的消息，几乎没有使人感到愉快的。

原来，去年郑州黄河决口，新任河督李鹤年九月才到任。正值秋汛，自然无法堵筑。到冬天黄河枯水期，又因缺料而未能克期完工。虽然此时已派了大学士李鸿藻来督办，但已无济于事。到了冬天，直隶总督李鸿章派大名镇总兵徐道全，率部下奔赴大堤，可是又因经费无处筹措而未能完成。

夏汛一过，正该抓紧时间，可是河南巡抚倪文蔚和河道总督李鹤年之间意见不合，那宝贵的时间一晃而过。

时光匆匆，一年过去了。郑州大工的堵筑依然不见任何成效。

刘鹗虽身居东海边，来往于上海、淮安、南京、扬州之间，可是对这河南大工却了如指掌。并且，已想好了一套堵筑方法，正想大显身手。

正在此时，他从上海看到了一则上谕：

> 本日据李鸿藻等奏，伏秋汛至，请停缓大工，俟秋汛稍平接办一折。览奏，殊深愤懑。
>
> 自上年八月郑工漫口，迭谕该河督等迅筹堵筑，先后发给工需银九百万两。明旨曾谕三令五申，朝廷轸念民生，筹措不遗余力，乃河督等迁延观望。节经严旨催办，至岁杪始行开工。李鹤年身任河督，责无旁贷……李鹤年着革去顶翎与成孚发往军台效力，赎罪。……

李鸿藻，倪文蔚革职留任，降为三品顶戴。……

读到此，刘鹗已深深感到郑州河工任务之艰巨了。可当他读到"现已简派广东巡抚吴大澂署理东河总督"一句时，拿着那份抄来上谕的手不由得抖了一下。然后，他猛地把上谕往桌上一放，抬起头来，长长地吁了一口气，然后大声说："天助我也！"

他得意地摇了摇头，转过身去走到门口，又转过身来匆匆地走回桌边，他用手抓起毛笔，一只手按住纸，当笔尖将点到纸上时，他又说了一声："不！机不可失，时不再来。"他放下笔，又长长地吁了一口气，闭上了眼睛。那些年几次见到吴大澂的情形又浮现在眼前了。

他伸手把那个小金佛拿了过来，轻轻地拭着，拭着。

5

刘鹗带着刘贵风尘仆仆地赶到郑州来了。

他踏上了黄河大堤。他熟悉这里的一切，因此并没有到附近的客栈去休息，而是趁着暮色到了这大堤之上。

大堤的残破现状使他心里不禁有些难过。但继之一想，倘不是这样，我也无须披星戴月地赶来。

歪宝的冷漠并未引起刘鹗的反感，倒是那个青年人的话引起了他的注意。他急切地问："吴大人是从广东来吗？几个人？"

"人不多。几骑快马来报信后，听说，是河帅去接的。"青年人说。

"后来，后来呢？"

"后来，后来……"青年人说不下去了。他回过头去看看歪宝，似在向他求援。

　　刘鹗隐隐感到，歪宝是这四个人的中心。于是他也转过头，"歪宝叔，"他随着他们的称呼，也称了他一声，"歪宝叔，吴大人来了吗？"

　　歪宝仍然不动声色，但他的心里在想。奇怪，这个少爷不顾夜色赶到这残破的大堤上，这已经使人感到奇怪。来了之后似又没有架子，随地而坐，这又是不合惯例的。现在突然称自己为"歪宝叔"，这更是怪事。但"人敬我一尺，我敬人一丈"他想着。终于动了动靠在秸料堆上的身子，客气地说："不敢，不敢，吴大人昨天来的，下午来了大堤一次。"

　　听说吴大澂已到了大堤之上，刘鹗的兴致更高了。"吴大人说了些什么？"他真希望歪宝能说些使他感到振奋的消息。

　　"这——吴大人来到堤上，前呼后拥，我们哪敢靠前……"

　　"是啊！是啊！"刘鹗不禁感到自己的可笑了。堂堂河督，朝廷的二品大员说些什么，这个小小的民夫又如何能清楚呢？他不禁感到自己问的可笑了。于是他不顾对方的态度如何，自己伸出手去抓起了那个大粗碗，喝了一口。

　　歪宝似乎感到了这个少爷与自己的距离一下子近了许多。他回头向一个青年人叽咕了几句。那青年说了声："中！"站起来向黑暗中走去。他又回过头来，说了声："二少爷，夜里风大，您老靠这边坐坐。"说着，他自己挪动了一下身子。又对刘贵说："这位大哥，您也靠里边坐坐。"

　　刘鹗确实感到有些冷，他也顺势朝里靠了一下，问："刘贵，还有吃的吗？"刘贵连忙说："有，有！"他站起来，向马走了两步，又回过头来，问了一句："二少爷，不进城了吗？"

　　刘鹗笑了笑，大声说："城是要进的，先和歪宝叔喝上几口，交个朋友。"

　　歪宝看到刘鹗如此不拘小节，连忙说："大哥，不必拿，不必拿。我已叫人去取吃食了。"他又回过头来，对刘鹗说："二少爷，不知您老今夜里来这里，没有什么招待，实在……"

刘鹗拍了一下他的肩膀："我这是不速之客，正有许多问题请教……"

6

连续几个晴天之后，天气一下转凉。

吴大澂到了黄河边上之后，一晃十天过去了。

这是平静的十天，似乎什么事情都没有发生过。

刘鹗曾想去拜见吴大澂。谁知这十天，这位新上任的河督大人什么人都不见。刘鹗颇有些扫兴。在黄河决口处，他与歪宝闲谈了几次，很感到这个黄河边上船民的儿子对水情非常熟悉。歪宝倒也逐渐感到这位从江苏赶来的少爷对治河颇有见地。

这天河边上刮着风。这一对新朋友又见面了。不过这次不是几个人，大堤下面一片熙熙攘攘。

"二少爷，这是干啥啊？"歪宝两只胳膊交叉抱在胸前，侧着身问站在稍前的刘鹗。

刘鹗并没有回答他，两只眼睛紧紧地盯在大堤上的几座帐篷。

这几座帐篷是昨天匆匆支起来的，帐篷四周是手持刀枪的士卒们，将要发生什么事呢？

乌云密布，那帐篷顶上的旗帜呼啦啦地响着。

大堤上，帐篷四周静悄悄的，没有任何声响，空气似乎凝固着。

大堤下，离帐篷二十多丈的地方，围着一群被驱赶来的衣衫褴褛的人们。他们几乎都是附近的灾民，男女老少的，个个面露菜色，疲乏不堪的脸上露出惊奇的神色。好奇心驱使他们看着那早已熟悉的大堤，因为那上面新支起的帐篷是如此的华丽。

刘鹗就站在这人群的最外围。他和刘贵是这人群中仅有的穿戴整齐的人。刘贵精明的眼睛向四处看看，他摆出一副见过世面的神态，似乎在告诉人们，这几顶帐篷有什么稀奇。刘鹗双手放在背后，眼睛紧盯在帐篷口上，脸上的神色是沉思。所以，当站在身侧的歪宝问他话时，他并没有注意。

有大事。刘鹗想着。他感到气氛不寻常。

这些帐篷的主人绝非一般人物。你看那帐篷四周的旗帜，刘鹗似乎从没有见过。二十多年来，他见过的市面也不少了。四五品的官员是常见的，二三品的官员他也熟悉。可是今天的气派……

他忽然回头，问刘贵："刘贵，今天是十几了？"

"十三，二少爷。再过两天就过节了。"刘贵答。

"十三？"刘鹗一惊。

"十三？对！是十三。一年了。"歪宝说。

是啊！整整一年了。一年前那惨状又在歪宝的脑子中显现出来了。没有了，什么都没有了，只有一片汪洋和漂在水面上的木材、死尸。歪宝就是抱着一块木板，又凭仗着自己的水性，在水中漂了一天一夜才爬上一块高地的。他记不起家人的情况，因为水来得那么突然。当人们听到狂吼的水声时，已来不及思考，更来不及相互叮嘱。那水就从上面盖了下来。当他浮出水面时，什么都看不见了，什么都没有了。从此他就成了孤身一人。

在河边上，他把全部精力都用在堵决口上。可是，他失望极了。因为，他没有见到一个有效堵住决口的方法。他虽然觉得自己的方法是可行的，可是有谁来听他的呢？

啊！一年了。刘鹗也在想。

郑州决口已经一年了。刘鹗也已经准备了一年了。如今自己风尘仆仆地赶到了这决口之处，在决口处，他反复察看了水势，又实地丈量了决口的长度。使自己满意的是在偶然间结识了歪宝这么个船民，使自己原来想的方法更坚定了。今天，是不是该我一显身手的时候了？想到此，他感到身上有些发热。

他要看看，今天从那帐篷中将会走出怎样的人物。

7

天气阴沉沉的。才卯时，只见那守在帐篷前的兵丁忽然离开了帐篷，向前走来，在人群前面排成了一个弧形。他们一个个面无表情地站在这儿，看着这些被驱赶来的人群。忽然又一个向后转，在人群的前面形成了一道人墙，使这人群与帐篷之间有了一片空阔的广场。

这时，只见一个人快步走到侧旁帐篷门前，大声喊了些什么。然后，他侧过身站在帐篷门口，用手撩起了那挡在帐篷门口的门帘。

稍停了一下，从那一个帐篷中走出几个人来。为首的一个走出来，才站了一下，微微地摇了一下头。人们注意到，这是一个老人，头上红色珊瑚顶珠，后面插着一支双眼花翎，项挂朝珠，身穿蟒袍，外罩着仙鹤补服。他走出有三丈远便停住了脚步，双手放在背后，脸色阴沉地站住了。紧跟在他身后的一个人，瘦高个子，五十出头的年纪，起花珊瑚顶戴和锦鸡补服穿在身上很得体，但他的脸色亦是阴沉沉的。随后两人并排走在一起，穿戴和瘦高个子一样，起花珊瑚顶戴和锦鸡补服。这两个人看上去也都是五十岁左右，但无一点精神，垂头丧气地停了下来。

这几个大员的出现，使下面的人群起了一阵骚动。

"喂！今天这是唱的哪出戏啊？"一个瘦高个子的汉子问边上的人。

"总不是刘备招亲吧！"边上的人硬邦邦地回了一句。

"球！"那汉子口吐粗言"锥子上旗杆——你冒了尖啦！俺不懂，你也不懂。"

"唱戏也唱不到俺这块来！"后面那人并不计较他的话。

"唱戏？唱戏有啥看头？今天这个戏啊……"第三个人说到这儿忽然顿住了，他压低了声音："听说，听说皇上发脾气喽！要砍头哪！"说着他伸出手在自己后脖子上比画了一下。

"砍头？砍谁的头……"人们议论开了。

可是刘鹗并没有去听那些人的议论。他颇感失望，他等的人没有出现。他已经认出来了，那老者，就是李鸿藻；那瘦高个是倪文蔚；后面那两个虽然他分不出来，但无异就是成孚和李鹤年了。

吴大澂呢？怎么不见这位自己急于见面的人呢？

刘鹗正在想着。忽然歪宝轻轻地说了声："看！"顺着他的手，刘鹗向东看去，只见一匹快马狂奔而来。

只一眨眼，那快马已到了帐篷前边。那马上的人猛地勒住马，顺势一滚，两脚才着地便快步跑到四个大员面前，朗声报道："禀大人，新任河督吴大人已连夜从开封赶来！"他说得极响，刘鹗听得清清楚楚。

那老者听到此话，脸上稍稍露出了一丝笑容，轻声问："吴大人现在何处？"

"吴大人已过了东坎，还有四五里路！"

"豹岑，"李鸿藻回过头去对那五十多岁的人说："清卿到了，你、我……"话没说完，那倪文蔚也露出了笑意，似乎松了一口气。

"大宗伯！"后面那两位官员也插上话来，"吴大人一接任，你我便可以卸差了吧！"

他们的轻声细语下面听不到，但刘鹗听到那报信人的话后心中不禁一阵激动——一展身手的时机到了。他仿佛看到自己站在大堤之上，指挥着堵口的兵弁民工们在奋力搏斗着……

刘鹗正在想着。又见几骑马已到了堤上。

骑在中间的一位稳稳地坐在鞍上，矜持的神态，使人感到他的威严。刘鹗首先注意到的是他头上的起花珊瑚顶戴和身着的锦鸡补服，心中一乐。

"吴大人！"刘贵用手指着吴大澂在刘鹗耳边轻语了一声。

被称为大宗伯的李鸿藻快步走了上去，双手拱在一起满脸笑容地说："恪斋，等你多时了。"

李鸿藻是礼部尚书，曾任南书房行走，当过同治皇帝的师傅，又是清流领袖，此次又以督办身份来督察黄河堵口。因此在同是二品官员的身份上，他自然是高人一等。所以他与吴大澂见面并未行大礼。

李鸿藻是去年来河工的。他原以为，以自己的身份，大旗一竖，振臂一挥，定能马到成功。所以出来时，他意气风发，踌躇满志。那时，他满脑子想的是回京时的场面，皇上的赏赐，众官员的捧场。

谁知，一年过去了。缺口依旧，合龙无期。他不但被这滔滔的黄河卷了进去，而且被倪文蔚和李鹤年之间的矛盾搅得无法脱身。

他心灰意懒，但又无可奈何。几次上谕的斥责虽然并未直接涉及他，但他感到每处罚一个官员，就如同拆掉他脚下的一块基石。眼前，他已感到脚下的基础是摇摇晃晃的了。幸好，就在此时，新任河督吴大澂到了。

8

吴大澂，也称得上是朝廷倚重的一位干员。他十天以前就按圣旨赶到郑州了。可是，他匆匆拜见了李鸿藻之后，又与倪文蔚晤了一面，匆匆又离开郑州去了开封。与前任河督成孚、李鹤年亦只是在李鸿藻处见了一面。原来，他是知道这抚台、河督之间的矛盾，所以他匆匆而来，又匆匆而去，以免卷入这矛盾之中。

我是来治河的，这决口堵塞不住，朝廷自然唯我是问。但你们这两位抚台、河督之间的矛盾切不可卷入。倘我待在郑州，势必要为之打圆场。言多必失，不如先避开这矛盾，安下心来考虑一下如何招募人才，如何堵河之事为妙。吴大澂是这么想的。

可是前日忽然接到李鸿藻的信告：八月十三日将于大堤之上聚会，朝中钦差届时亦会赶到。所以他才连夜匆匆从开封赶来，直奔大堤之上。

当李鸿藻向他拱手时，他亦顾不上和站在后面的倪文蔚、李鹤年、成孚打招呼，急忙问："兰翁，今日钦差为何而来？"

听得此一问，方才露出一丝笑意的李鸿藻脸上蒙上了一层霜，才想接口的倪文蔚亦不好再插嘴了。

吴大澂看到此，心中也不免一沉，感到今天是凶多吉少。但自己才上任，当不会有什么灾难降临吧。

李鸿藻阴沉着脸站着，他昨天一夜未眠辗转反侧，一种恐惧笼罩在心头。他无法入睡，只好坐起来，打算写一封报平安的家书。谁知这封信并未报什么平安，他的烦恼尽在字里行间吐露了出来："……此处事极糟糕，万无合龙之望，奈何？奈何！我终日愁急，不知作何了结。……"写到此，他轻轻地叹了一口气，把笔放下，自言自语地说："不妥，不妥！"

轻轻把信纸揉成一团。

他又提起了笔，可是不知写什么是好。只好一个人呆呆地坐着。

天未明，他就赶到大堤之上了。几乎是同时，倪文蔚、李鹤年、成孚也赶了来。

吴大澂的问话，使他本来稍微放松了一下的心情又猛地抽了一下。是啊！钦差来究竟是为什么呢？这位钦差究竟是何人呢？

大堤之上，风呼呼地吹着，密布的乌云使整个大堤显得灰蒙蒙的，偶尔闪开一条缝来，猛地射出那么几条金黄的亮光，使人感到刺眼，更令人感到惨淡。

马上就是八月中秋了，此时的江南还如同夏天一般。但在这大堤之上，强劲的风吹来，人们不禁感到一阵阵寒意。那些官员们虽然身着官服，也禁不住那河风的劲吹，身上脸上一阵阵地起鸡皮疙瘩。而围观的灾民衣不蔽体，此时已开始嘘嘘唏唏，有些人已开始蹦跳跺脚来驱逐寒意了。

倪文蔚站在李鸿藻的后侧，看着他那微驼的背及顶戴下露出的花白的辫子，暗自叹了一口气：唉！这一年不到的时间，兰荪年兄实实在在地老了不少啊！

这几位大员按品级高下井然有序地排在那儿，现场死气沉沉，他们眼巴巴地看着东边，似乎那儿会出现什么奇迹。

堤上是死一般的寂静。

围观的人却叽叽喳喳地议论不停。

刘贵用手指捅了捅歪宝说："我们老爷要是在世，今天也该和那几位站在一起了。"

歪宝这时也感到有些冷，他缩了缩脖子问："你们老爷……"

刘贵得意地打断了歪宝的话："我们老爷和上边这几位是同科进士，平日称兄道弟可亲热呢！"歪宝点了点头，不知是表示明白，还是完全同意刘贵的话。

刘贵又在刘鹗耳边轻轻地说："成败在此一举了！"

"舍我其谁！"刘鹗轻轻地，但一个字一个字地说，同时也点了点头。刘贵轻轻地笑了笑。

歪宝不明白他们说些什么，只是斜着眼睛去看了看这主仆二人。他感到今天刘鹗要做些什么。

<h1 style="text-align:center">9</h1>

半个时辰过去了，风似乎比刚才小了一些，但人们心中的不安却有增无减。倪文蔚不时向李鸿藻投去问询的目光。李鸿藻却头也不回地向前望着，一脸忧郁。倪文蔚悄悄地向前挪了一步，他站到了吴大澂的边上，两片嘴唇微微地动了一下，可是到嘴边的话又收了回去。因为，他看到了吴大澂一脸的麻木表情。

站在稍后的成孚去年被撤了职，虽然仍是二品大员，但实在已无职无权，只不过是戴罪做一个陪衬而已，心里一直不痛快。今天站在这儿，一等便是半个多时辰，心中无名之火被压着，耐不住对旁边的李鹤年说："不准太监出京，是老祖宗的规矩。怎么派太监当钦差？……"站在他旁边的李鹤年去年踌躇满志地来接任，谁知一年了，亦未能把缺口堵上，又因和倪文蔚意见相左，被上谕斥责了几次，不免感到前途茫然。此时，他对成孚的遭遇深表同情。听了成孚的话，忍不住接了上去："本朝尽改前明之失，不准太监出京是极为圣明之法，如何随便破得？"说着他故意提高了声音，转过头来希望看看李鸿藻有何反应。谁知李鸿藻如同没有听到一般。

　　站在前边的倪文蔚虽然在堵口上与李鹤年意见不合，但此时却又极同意李鹤年的看法。所以，他见李鸿藻没有开口，就借此机会发泄般地说："唐太宗定宦官监军与国不利，明代却设'镇守太监'，此前明之非，怎会又现于我朝？"

　　吴大澂匆匆赶来，本不愿卷入这一是非。但又想在此时顺便了解一下这几位大员的态度，同时也为了不让人们说自己拒人于千里之外，特别是河督所居属于河南抚臣属地，今后还要打交道，不能得罪倪文蔚，所以他回过头向倪文蔚颔首点了点头。倪文蔚极愿与吴大澂接谈，见吴大澂如此，便觉胆子大了一些，又说了一句："同治年间丁宝桢之斩安德海于山东，是否又要重演于今日。"

　　可是，才说出口，他立刻感到为这句话后悔，这句话弄不好会惹来杀身大祸。

　　见李鸿藻始终不开口，成孚有些沉不住气了。他总感到钦差此来凶多吉少，因此他故意说："我等戴罪之人，立于大堤之上饱餐些西北风本也应该，为此大宗伯也在晨风中……"

　　李鸿藻在此群人中年龄最长，职务最高，长居京城，对京城之事自然比这几个人清楚。今天到大堤上接钦差，他本已感到圣上必另有用意。他努力在脑子中搜寻过去历朝历代迎接钦差的前例，所以对边上几个人的言论都装作听不见。现在听到成孚直接点到了自己，不得不开口了："诸位大人，望慎言之。当今圣上年轻有为，又兼圣母皇太后辅佐，一言一行，一举一动皆三思而行。你我只当听命而行，勿得胡思乱想。"

　　成孚见李鸿藻回答不着边际，马上又说了一句："那太监出京……"

　　"前年李莲英随同醇王爷巡阅海军之事，想必未忘记吧！"李鸿藻打断了成孚的话，威严地说。同时，他用眼睛扫了倪文蔚一眼，"隔墙有耳，还是耐心等待吧！"

倪文蔚听得李鸿藻这几句话，如同五雷轰顶，立刻浑身冒汗，再也不敢出声了。可是再转念一想，李鸿藻这句话并无恶意。他用眼睛的侧光看了看李鹤年，所幸李鹤年并未留意他。

李鹤年看到李鸿藻终于开口了，他亦往前挪了一步，在李鸿藻耳边轻轻问了一句："宗伯大人，这……为何要来大堤上接旨呢？"

李鸿藻，刚才脑子中一闪，似乎明白了今天将会发生的事情。他的脸色顿时变了。听李鹤年这么一问，脱口便是一句："天威莫测！"同时眼光向倪文蔚、李鹤年、成孚扫了过去。

倪文蔚又是一惊，虽然他并不知李鸿藻所说的含义，但是，从李鸿藻的眼光，他感到了事态的严重性，李鸿藻说话闪闪烁烁也不是好兆头，因此也不敢再问什么了。

大堤之上又恢复了刚才的沉默，寂静。

10

大堤之下两人的对话如同耳语一般。

"刘贵，今天有好戏看。"刘鹗说。

刘贵不解地看了看主人，急急地问："二少爷，什么戏？"

刘鹗回过头来看了看歪宝，问刘贵："记得那年我给你讲过道光年间河督张文浩的事吗？"

"记得，不是枷号河干吗？"刘贵回答。他得意地看了看歪宝。

歪宝并不知这主仆二人谈的什么，可是他看到刘贵笑嘻嘻的脸一下抽紧了。那笑眯眯的眼睛亦一下子瞪了起来。他猛地转过头，看了看刘鹗："二少爷，难道今天……"

"今天，"刘鹗得意地摇了摇头，"张文浩之事又重演于今日矣！"说完了他咂咂嘴，似在品味自己的话的分量。

"看！"歪宝轻轻招呼了一声。顺着他的手看去，只见西坝上一骑飞驰而来。那四只马蹄几乎拉成了一条线，只一眨眼工夫，那喷着气的马已到了帐篷边上。那马上的人猛一勒马嚼，那马霍地将两条前腿举了起来。未等它的两条腿落地，马上那人轻轻地一纵已站在马下了。他大步走到李鸿藻的身边，单腿跪下，"启禀大人，钦差王公公已出城门，即刻便到。"

倪文蔚看了李鸿藻一眼，轻轻地一挥手，只见帐篷中几个十五六岁的清秀少年，抬着香果走出来，小心翼翼地放在离帐篷两丈来远的地方。

官员们一阵骚动，不过很快就安静下来了。大家的眼睛都盯着大坝的东方。

不一会儿，果然大坝前露出了两匹高头大马，再隔一段距离，是两行缓缓而来的队伍。

见到远来的队伍，李鸿藻先慢慢地抬起两手，正了正顶戴，颇为稳重地向前走去。后面几位大员亦照样按品级迎了上去。虽然各人心情不一，但个个都显出虔诚的神情和威严的神态。

两匹马停了下来，但人并不下马。见李鸿藻等人迎上来后，两匹马又调转头分左右向后走去。这时，那随后而来的钦差仪仗队伍则如龙吐水一般地左右分开，转身朝来的方向走去。

打头的是八面猎猎作响的青旗，紧跟上来的是两面飞虎旗，再后面是两面杏黄旗，两顶青伞；隔一段距离，又是十六名侍从，有赤手空拳的，有手持刀剑者，有身扛木槊者，有手持旗枪者。这十六个人一个个除了两条腿在动之外，身体如同泥塑木雕一般，脸上毫无表情。这十六个人过后，是手持四块红地黑字的木牌，"肃静""回避"四个字清清楚楚地呈现在每个人的眼睛里。

见到如此排场，李鹤年似乎忘记了这是什么场合，惊诧地说了出来："啊！一品大员出巡！"

成孚不知趣地叽咕了一句："钦差么！"

这些家伙简直不要命了，仅隔两步远的李鸿藻听得这两个不知礼法的家伙如此大胆，气得回过头去："放肆！"他轻轻地但极威严地说，也不顾这两个人的身份了。这两个人也忽然感到自己的话出格了，才止住了话头。

仪仗过完了。此时，那八乘大轿才稳稳地出现在人们面前。李鸿藻早早地跪了下来，其他人也分两边恭恭敬敬地跪了下来，额头紧紧地贴在地上。

那乘大轿并未停下，从夹道而跪的官员中穿行而过，直抬往香案之前。轿子停下了，一名戈什哈上前撩起了轿帘，这时只见一个太监手捧一个黄缎包袱跨出轿子，头也不回地，径直向香案走去。他走到香案和帐篷之间，回过头来。细细的小眼睛向天上瞄了一下，并不看前面的人，把手中的黄缎包袱置于香案上。

"圣旨！"四周围观的人一阵骚动。这些从未见过如此场面的黄河边上的人们，感到一阵阵的紧张，也感到一阵兴奋。

"圣旨！"跋涉千里而来的刘鹗脸上透出一丝笑意，——刚才的预测果然不错。他得意地回过头去看了看刘贵，可是刘贵和歪宝并没有注意刘鹗，而是伸着脖子在看那远远的香案。

"圣旨！"那些跪在地上的大员们感到浑身的每一根神经都抽紧了……

11

那个太监并不考虑下面的反应，他轻轻地解开包袱，一个朱漆描金盘龙匣子呈露在香案上。他轻轻地吸了一口气，伸出如同鸡爪一样的手抓住一卷黄绫暗龙的轴卷。他两手一拉，同时大声喊道："李鸿藻等人听旨——"这声音尖而细，但并不响，可是那细细的颤音如同霹雳一般使人不寒而栗。

这群官员们早已知道这是要宣旨了，但是当太监的"旨"字飘上空中之后，他们一个个才恍然大悟猛地又跪了下来，如同听宣判书一样。

那太监并不看下边，重重咳了一声，有板有眼地读道：

奉天承运，皇帝诏曰：据李鸿藻等奏，伏秋汛至，请停缓大工，俟秋汛稍平接办一折，览奏殊深愤懑。自上年八月，郑工漫口，迭谕该河督等迅筹堵筑，先后发给工需银九百万两，明旨曾谕三令五申朝廷轸念民生，筹措不遗余力。乃河督等迁延观望，节经严旨催办，至岁杪始行开工。幸自春徂夏水势极平，为向来所未有。前据奏报，仅余六占未进，不日可望合龙，满冀早臧全工，俾数百万灾黎同登衽席。讵自六月二十一日，西坝捆镶船失事，阻碍不能进占。又不先期放河引流，以至口门淘刷日深，秋汛已临，不克堵合。该尚书等办理不善，咎无可逭。但据奏称种种棘手情形，仍令勉强趱办，终归无济。着其暂行停缓，一面固守已成之工，一面添集物料，俟秋汛稍平迅速接办。

那太监一口气读了这么长的一段，将个"办"字又拖得长长的。李鸿藻听到此，不禁松了一口气。这个上谕不是早已传下来了么，为何又要在这大堤之上重新宣读呢？他的头碰在地上纹丝不动，静静地等待着下文，但是心中却如海水在翻腾着。

成孚听到此，似乎觉得风险已过去了，迫不及待地抬头来看了一眼。谁知，此时王太监那一双混浊的眼珠正在看着他，他忽然感到一种莫名其妙的惶恐，急忙又低下头去。王太监的目光在成孚的身上停了一下，慢慢地移到了李鹤年的身上。虽然李鹤年的头紧紧贴地并没有动，但王太监感到他浑身瑟瑟发抖。他得意地点了点头，一股傲气从心头升起。

"李鹤年！"王太监用尖尖的声音喊了一声，这声音一下子刺进了每个人的心里。王太监的目光收回到了圣旨上，他又尖尖地读道："身任河督，责无旁贷。陛辞之日，自翊克日就工。讵到任奏报，词气全涉推诿。嗣后并不竭力催办，一味敷衍取巧，致功坠垂成，误工糜帑，与成孚厥罪维均，纵令留工，难斯后效。"读到此，王太监的眼光射向李鹤年，虽然看不到他的脸，但那顶戴却在瑟瑟地抖动。紧挨着李鹤年的成孚，也看不到脸上的表情，但全身却在抽动。

王太监并不急于读下去。他轻轻地咳了一声，看着这一群伏在他面前的人，感到一种说不出的快意。他看着李鹤年和成孚，就像那才捕到兔子的狐狸一般，又得意地摇了一下头。

虽然这仅是一瞬时间，但伏在地上的人感到时间之长度日如年。

"李鹤年、成孚着革去顶翎，枷号河干三日，发往军台效力赎罪——"王太监的声音尖而细，如同一细丝飘在空中，向远处传去……

12

"二少爷果真料事如神！"在下面的人群中发出了一阵骚动时，刘贵凑近刘鹗的耳朵边上耳语着。歪宝也凑过来，他刚要张嘴只见刘鹗把手轻轻一挥。

他们往前一看，只见刚才顿住的王太监又把圣旨抬到脸前，那尖尖的声音又从他嘴中吐出来了："李鸿藻系督办之员，倪文蔚系兼辖会办之员，督率无方，主见不合，亦难辞咎。李鸿藻、倪文蔚均着革职留任，降为三品顶戴。"他喘了一口气，"现已简派吴大澂署理河督，勿稍懈怠。钦此——"他把"钦此"两个字抬高拖长，使人感到语气中那种得意，不可一世的神情。

待他慢慢地将圣旨恭恭敬敬地放在香案上之时，下面的官员们一个个叩头谢恩，山呼万岁。

此时最惹人注目的是李鸿藻和倪文蔚。

"天恩浩荡！"李鸿藻嘴里轻轻地叽咕着，虽然他此时脸色苍白，可是他想，总算渡过这一关了。顶戴摘去容易，但常在天子脚下行，只要处处小心，再戴上也不难。想到此，他挺直了腰，但并不站起来，双手颤巍巍地把顶戴取了下来。倪文蔚，也颤巍巍地举起双手，他知道，李鸿藻的顶戴虽也取下，但与自己并不相同。可是他转念一想，比上不足，比下有余，自己仅是二品降为三品，而李鹤年……想到此，手也忽然不抖了，平平稳稳地把顶戴取了下来。

王太监转过香案，急走两步，口中说道："李大人、倪大人受惊了，受惊了！"同时伸出两只手抓住两人的胳膊，把他们搀了起来。不等两人站稳，王太监又急忙对早已立起身来的吴大澂拱了拱手说："今晨已知吴大人赶到，只因钦命在身，未能远迎！"吴大澂也拱了拱手："下官知有圣旨到，直接上了大堤，未能拜见钦差，恕罪，恕罪。"

众官员见为首的几人已在寒暄叙旧，知道接旨之事已告一段落，纷纷站了起来，一阵乱拍乱打，弄得灰土飞扬，钦差不禁皱了一下眉头。

倪文蔚回头对后面的人狠狠地瞪了一下，大家立刻不敢再动了。此时，倪文蔚才注意到还有两人跪在那儿没有站起来，他刚要伸手，忽然一想，又在李鸿藻耳边轻轻地咳了一声："李大人——"他轻轻地叫了一声，又用眼睛向那瞄了一下。

李鸿藻回头一看，只见李鹤年和成孚还是头贴在地上一动不动。他只得回过头去，用询问的目光看了看王太监和吴大澂。

未等李鸿藻开口，王太监也注意到两个伏在地上的大员，他猛地喝道："来啊！"那尖厉的声音使旁边的官员个个心惊胆战。跪在地上的两个大员，顿时吓得脸色煞白。随着这一声喊，只听到"喳"的一声，四个佩着腰刀的戈什哈从后面上来，两人夹持一个，毫不费力地将两人提了起来。紧跟着后面上来两个戈什哈，手持黄绸封裹的木枷，先将两人的帽子取下，熟练地把木枷"咔"地拉开，不等人们回味过来，李、成二人的两双手已伸在木枷的小孔之中，而头已卡在木枷里了。此时这两人头发散乱地披在身后，身上的泥土又无人为之拍打，更是显得狼狈不堪。

王太监并不去看这两个人，而对李鸿藻说："老佛爷口谕，这是援引前朝张文浩之例。官至河督而特令枷号河干，慈圣亦实不忍。但民命至重，设官本以为民，今乃荡析离居，实为朝廷之辱，是以特予严谴。"

李鸿藻听得如此一番议论，原本为这二人说情的话全都堵在喉咙口了。心中默默念道：万幸，万幸，倘在于此逗留下去，终有一日这木枷也会套在自己的脖子上。两片嘴唇动了动，但没有发出声音来。

吴大澂在旁见此插了上去问道："枷号河干，不知时日如何？"

王太监瞥了李、成一眼，慢吞吞地说："张文浩当年枷号河干半月，每日卯时即始，酉时收监。本钦差特奏请老佛爷稍有减免。"说着他得意地摇摇头，见李、成二人在注意地听他说，又重复了一遍，"本钦差特奏请老佛爷如今枷号河干五天。这是老佛爷的恩典。"

李鹤年、成孚听到此，虽然知道他是满口胡诌，心中不满，但无可奈何，仍然双双跪下，面向东北方高呼："谢太后、皇上恩典！"

王太监不等他们站起来又说："朝廷王法，咱家不敢徇私。"对戈什哈吩咐道："送两位大人去，今日不算，共计五日，每日辰时开始，酉时收监，五日后发往军台。"

"喳！"十二名戈什哈大声呼着。

眼见两个人去远了，王太监回身对李鸿藻说："圣旨尚需供奉，在下先走一步！"李鸿藻急忙说："钦差请便，钦差请便！"

13

看着远去的仪仗和大轿，李鸿藻轻轻吁了一口气。他回转身来对吴大澂说："恪斋、豹岑你我也回去吧！今晚尚需宴请钦差，两位自然是要早到了。"三人边说边走。

围观的百姓见此，又是一阵骚乱。虽然刚才王太监和几位大员说些什么他们没有听仔细，但两位大员忽然被上了枷，其他人垂头丧气，唯独王太监得意扬扬的神态都收入眼底了。因此先是窃窃私语，后是大声喧哗，有的茫然，有的惊诧，有的沉默，有的鼓掌。一见大轿远去，纷纷朝前涌去。散在各处的兵丁依然阻拦不准前进。

此时，最急的是刘鹗。他头上微微地冒出了一些汗珠。"成败在此一举，成败在此一举！"他默默地念叨着。

这些天他在大堤上察看了决口，和歪宝谈了几天。他心中已有数了。他想到这几天的遭遇。

先去走吴大澂的门路，结果探知，吴大澂匆匆而来，仅在郑州住了一天便去了开封。

去拜访李鸿藻，谁知吃了闭门羹。

去拜访倪文蔚。倪文蔚的抚台衙门更是难以接近——倪大人正为堵河之事往返奔波，不见客。

呸！不过是没有带门包而已。我刘二少爷哪能给你们这些奴才递门包。不见就不见，我刘二少爷自有办法。

办法想了也不少，可是没有一个能行得通。到郑州十天了，今天才算见到了这几位大员。刚才是接圣旨，自然不敢轻举妄动——岂可拿脑袋开玩笑。而现在，机不可失，时不再来。

"闯！"他下了决心。他回头向刘贵示意了一下，刘贵还没有反应过来，只见刘鹗两手一伸，拨开前面的人群，拼命地向前挤去。

歪宝见了，也急急地跟在后面向前挤去。虽然他并不知道这位少爷要干什么，但几天的接触，他见到，这位少爷有些不同于一般。他要看看这位少爷今天要干些什么。

刘鹗挤出人群，用力推开阻拦的士兵，往前闯去。

"站住！"几乎是同时，几个手持刀枪的士兵大声喊着，将歪宝堵在人群的最前边，把刘鹗紧紧地围在中心。顿时刘鹗的两只胳膊已被紧紧地抓住。

这一小小的闹剧，顿时把人们的视线吸引了过来。

李鸿藻等人也停了步，注意着这边的动静。

刚才心情尚感到紧张的刘鹗，此时忽然觉得没有什么可怕了。他大声喊道："请诸位大人留步！"

可是他的声音太轻了，并未引起几位大人的注意。

倪文蔚的一腔火一下子爆发了。他阴沉着脸，声音不响，但狠狠地说道："拉下去，收审！"

"喳——"声嘶力竭的一声呼应。

刘鹗并没有想到事情弄得如此严重。他奋力一争，同时又大声喊道："诸位仁伯留步！"

好大的胆子，敢在此时狂呼乱喊，藐视本官到如此地步，岂能饶过他。倪文蔚的怒火从眼睛里喷了出来。他大声喊道："砍了！"似乎只有这么一喊，才能把刚才的气发泄完了。

李鸿藻对此并不关心。我该回去了，该回京了。他脑子想，对倪文蔚的一腔怒火似乎并无反应。

吴大澂感到奇怪，他轻轻地摇了摇手："豹岑，且慢。"说着，他向前跨了一步。

刘鹗的耳朵里清清楚楚地听到了"砍了"两个字。

再不努力，莫说"养民"就连性命也难保了。他更不顾一切地高声喊道："诸位仁伯大人请留步！"

"仁伯大人"李鸿藻感到有些莫名其妙，倪文蔚根本不去听这个人喊些什么。

吴大澂把头向前伸了伸，"仁伯"？"仁伯"？这是谁啊？不是河南话，不是北京话，但听了也颇耳熟。

那几个手拉刘鹗的士兵也奇怪了，"仁伯"？莫不是哪位大人的亲戚？他们的手也自然地松了下来。

借此机会，刘鹗猛地快步走到那几位大员面前，口中朗朗地喊道："小侄拜见诸位仁伯大人！"李鸿藻没有看清面前是谁。才说了"砍了"的倪文蔚也吃了一惊。"小侄？"这是谁呢？不由得向李鸿藻看了看。

刘鹗此时心情一松，抬起头来笑嘻嘻地看着这几位大员，伸手摸了摸自己的耳朵。

"铁云！"吴大澂先认出了刘鹗，脱口喊了出来。

"正是小侄。"刘鹗马上接口，同时又叩下头去："小侄给吴老伯、李老伯、倪大人请安！"

"铁云？"李鸿藻轻声问道。

"铁云……"倪文蔚正要发问。

"正是小侄！"刘鹗高兴地站起来，不经意地用手在腿上拍了一下，顿时一阵灰尘扬起。倪文蔚不满地皱了皱眉头。

吴大澂倒不介意刘鹗这些，他眉开眼笑地问："你如何到此？"

问得好。刘鹗心里想。等的就是这一问。心中憋了多时的话竟然不知从何说起，急切间，他只大声说道："小侄远道而来，投效河工！"

"噢！"李鸿藻恍然大悟一般，用手轻轻地在头上敲了一下，"你是子恕年兄的次子对否？"他亦不等刘鹗回答，"老了，老了，不中用了。故人之子，故人之子……"

"正是，老伯可还记得小侄？"刘鹗见李鸿藻的态度很亲切。刚才的那一点拘谨已荡然无存了。那随便的神态又表现出来了，"老伯曾拎过我的耳朵，还记得吗？"

李鸿藻并没有理会刘鹗所说的事情，他哈哈地笑了起来，大声对吴大澂说："恪斋，恪斋，天祝尔成，天祝尔成。故人之子远道而来，你岂不似虎添翼！"

吴大澂一脸笑容，他没有急于答话，稍一沉吟，对刘鹗说："此处不便说话，晚上到我处来。"

"是！"刘鹗高兴地答了一声。

第五章

1

李鸿藻美美地睡了一个午觉。虽然恢复了昨夜陪钦差大人宴席看戏直到午夜的疲劳，但他仍不愿起来。他两眼看着帐顶，脑子里的事情一桩桩又向他袭来。

近一年了，这些事如同磨盘压在他的身上。昨天大堤上宣旨，无疑是宣布他的无能，使他受到一次打击，但无论如何吴大澂来了，自己总算从苦海中解脱出来了。"皇恩浩荡"，他想，总算除降了一品外，没有什么损失，严责也不一定是真心——不严责自己无以平民心。想到此，他如释重负地斜靠在床上，深深地吁了一口气。

对了，倘不在大堤上严责自己，恐怕事后倒会有人弹劾自己。如此一来，自己没有什么损失，但众人之口也堵住了。想到此，他不禁深深叹服当今圣上的一片苦心了。自己为官多年，已至暮年方才懂得了这么一个方法。他叹服地对自己说："皇恩浩荡，皇恩浩荡。此种方法确可为为官之道，真可传于子孙，传于子孙啊！"

想到此，他觉得那一个磨盘就如同被搬了下去，顿感浑身轻松。

他翻身看着窗外，纸糊的窗户上，不知什么时候破了两个小洞。他忽然感到，这两个小洞就像两只眼睛。一下子，昨天王太监那两只眼睛又跳进李鸿藻的脑子里。

王太监的眼睛一直盯着那个饰孙玉皎的小旦的情形，又浮现在眼前。李鸿藻心里骂道，难得出趟京城就如此胡作非为，哪里还有一点体统。他又想到，倪豹岑也鬼得很，一见王太监那神态，他便叫那小旦到席上给王太监敬酒，乐得王太监脸上那老太婆一样的肉一抖一抖的，眼睛都睁不开了。

虽然想到这群太监，他便有一种蔑视的火，就气愤异常，但李鸿藻此时又想，什么王太监、李太监，都一边去吧，我明日就走。

他看着那两个小洞，忽然又似乎看到了曾孙的两只眼睛。想到昨天夜里，梦中的曾孙扑入自己的怀中，叫着"太爷爷"的情形，他又轻轻地笑出声来了。吴大澂已到，那千斤重担扔给他了。想到此，他摸了摸那一把山羊胡子。

他伸手摸了摸双腿，天气又开始转凉了，腿又有些微微地疼。他又想到昨天河堤上的一幕，虽然当时极为难堪，特别是王太监故意拖长声调使自己跪得双膝生疼，使自己怨气直冲。跪在皇帝面前是为臣之道，跪于一个太监面前，实在是奇耻大辱。可是这一切都已过去了，他又想到了自己回京的事。

为官四十年了，所见所闻，亲身经历都太多了。宦海沉浮，今日升官晋爵，光宗耀祖，明日撤职罢官，抄家灭族，全凭皇上一句话。俗话说"伴君如伴虎"是不假的，他深得此中三昧。自己慈眷、圣眷均隆，此次虽降了一品顶戴，尚不致一蹶不振。何况王太监昨日独对自己客气至极，便可知他出京之时已得知内幕。想到此他似乎放下心来了，呷了一口茶，转念又想到，王太监也太会仗势欺人了，什么"卯时、酉时"，不都是他自己胡诌的吗？栅号河干，前朝确已有之，但什么"半月"之类，实在闻所未闻，不过是王太监杜撰而已。想到此，他又叹了一口气，太监猖狂若此，足见朝政之混乱。此次回京，不如急流勇退。

<h2 style="text-align:center">2</h2>

"倪大人、吴大人过访。"李鸿藻正在一个人遐想，童儿阿福掀起珠帘禀报。

"好，好！请书房稍候，书房稍候。"李鸿藻忙不迭地说。他早已想好，这是最后向吴大澂交代一下堵口工程，然后自己就脱尽干系，再也与这郑州河工没有什么瓜葛了。

可是当李鸿藻跨进书房后，首先听到的是吴大澂说出的出人意料的话。

"兰翁，我将刘铁云带来了。"

"哦——现在何处？"李鸿藻不置可否地问了一句。

"我让他候在外厅了。"

"唔——刘鹗。"李鸿藻似在沉思。他并不急于坐下，用手摸摸胡子，然后撑住下巴："子恕年兄的次子，我见过几次，少时博闻强记，聪颖过人，只是听说不太安稳。"

"是啊！此子不太安稳。昨日在河干上乱闯便是一例，毫无体统！"倪文蔚不以为然，急急地说。

三人沉默了一阵，还是吴大澂开口了。他笑吟吟地说："二位所说正是。然朝廷眼下正是用人之时，郑州大工亦急需人才，所以下官方才注意到此人。"吴大澂看了看两人的反应，李鸿藻似在思考，倪文蔚大不以为然。吴大澂继续说下去："今日上午他与我大谈河工，见解颇有独到之处，与昨日顽劣情形判若两人。"

李鸿藻看了看倪文蔚，又沉吟了一阵方才说："子恕当年在开封治理水患颇有建树。只是这孩子当时还小，不知如今他为何要投效河工？"李鸿藻顺着自己的思路在想。自己对这河工是唯恐躲避不及，如今竟有自投罗网的，岂不怪哉？倘是一般人自然听其自便，但这刘鹗系故人之子，自己本应照顾一下才好。

"兰翁不妨见他一见。"吴大澂说。"今日上午他口若悬河，颇有一番议论。"吴大澂极力推荐刘鹗。

"恪斋，如今你是河督，你定夺便是了。"李鸿藻希望自己早早从河工中解脱出来，他此时是不愿再与人谈论什么河工了，准备把球推到吴大澂处去。这样一来吴大澂自然不能在李鸿藻的官邸召见刘鹗了。

可是吴大澂并不罢休，他口气极恳切地说："兰翁，小弟此次赴河工，也是迫不得已。上谕是'接奉电旨后，立即启程，勿稍迟缓'。弟为朝廷命官，自然不敢抗命。于河工治理，弟自当不敢稍有疏忽，京城之事，尚需兰翁口角春风。望在返京复命之前，能有所指点。"

李鸿藻听得吴大澂的一番话，陷入沉思。

倪文蔚脸上毫无表情地看了看这两人。

吴大澂期待着李鸿藻开口。

3

吴大澂与李鸿藻虽然谋面不多，但因两人都曾上奏请停修圆明园，所以尚有共同语言，亦可引为"同志"。吴大澂此次突然奉旨赴河南大工，实在一筹莫展，但又不能显得无能，因此很想得到李鸿藻的帮助。一是李鸿藻可以告诉他这一年堵口的情形，二是希望他在返京面圣时为自己美言几句。

现在他见李鸿藻沉默不语，觉得不能过于勉强，同时他不免有些后悔，贸然把刘鹗带到这里似乎不太合适。可是他又转念一想，上午刘鹗所说的颇有道理。如若自己独断专行，万一失败则罪责难逃；但若趁李鸿藻尚未离去，多听听他的意见或许将来能为自己美言几句。想到此，昨天在河堤上那一幕幕又在脑海中走马灯似的转了起来。他甚至觉得不出半年自己也会站在那寒风之中任人唾骂。越想越觉得无论如何也得争得李鸿藻对自己的支持。

吴大澂顿了一会儿，又再次提道："故人之子远道而来，本是投奔兰翁。不见一面，传将开去，岂不使人心寒？"这句话似乎有了一点作用，李鸿藻轻轻地"嗯"了一声，但仍未明确表达，只是转过头去看了一眼倪文蔚。

吴大澂也趁此机会对倪文蔚说："豹岑兄以为如何？"

倪文蔚为此次黄河决口，上下夹攻已受了不少气。听说吴大澂到了真是喜出望外。他的打算是，以后无论吴大澂用何法堵口，自己都不表示异议，倘再久堵不住，则可将责任一推而光；倘大堤合龙，河督之功自然不可埋没，作为地方大员之首，受惠则是必然的。此时吴大澂极力说动李鸿藻召见刘鹗并不构成对自己的威胁。帮吴大澂说几句话，倒是两面讨好，于是低声说道："兰翁德高望重，见一下故人之子，倘确有高论，返京面圣之时亦好有所交代。"

李鸿藻此时正处在矛盾之中。一是自己可以推掉干系轻松愉快，早早离开这是非之地，见不见刘鹗与自己无关。再一转念想到，这大堤决口，早晚总有合龙之日。倘在吴大澂手中合龙，则显得自己无能，而此时若见见这刘鹗，将来一旦决口合龙，自己为吴大澂觅得人才之说就可以成立。即使不能合龙，能面奏慈禧及皇上的只有自己。现在见一下刘鹗亦无不可。

想到此，他深深地叹了口气，摇了摇头说："二位有所不知，老夫近日颇感不适，昨日大堤之上已是勉为其难了，又陪钦差……唉！这些都不必再谈。不是老夫不欲见故人之子。子恕年兄谢世已久，想来徒生悲伤。"说到此他对门口轻轻说了一声："阿福，请刘二少爷到书房来见面。"

4

阿福侧着身，一手撩开了珠帘。刘鹗快步走了进来。距李鸿藻三步远时，他左脚向前跨了一步，右膝一屈跪了下来，口中朗朗说道："小侄刘鹗给年伯大人请安！"一边叩下头去。

李鸿藻坐在那儿，欠了欠身子，伸出两手做出要扶的样子，口里说道："免礼，免礼！你我世交，不必客气。请起，请起。"他用手指了一下下首椅子说道："坐！"

"谢年伯！"刘鹗不慌不忙地站了起来，在椅子角上斜身坐了下来，其态度倒也不卑不亢。李鸿藻见此，心中觉得满意。

李鸿藻仔细打量了一下刘鹗，虽是中等个头，但也壮壮实实，显得有些微胖。圆圆的大脑袋，一双眼睛虽然不大，却也炯炯有神。再看其神气，气度颇为不凡，行动中规中矩。一顶瓜皮小帽戴在头上，粗粗的辫子，一件马褂颇为合身。全无昨天在大堤之上那种大大咧咧、毫不在乎的神情，不由那恶感又去了几分。"铁云，有三十了吧！"这句话是脱口而出的。

"回年伯，小侄三十有二了。"刘鹗规规矩矩地站起来，回李鸿藻的话。

李鸿藻不禁也站了起来，走到刘鹗面前伸手拍了拍他的肩，回过头对倪文蔚说:"豹岑兄,眼见儿辈长成,你我确实老了。"

"世上白发让青丝,长江后浪推前浪。但愿后继有人啊!"倪文蔚见此,亦不禁感叹地说。

此时刘鹗从怀中拿出一本书,双手捧到李鸿藻面前说:"这是今年二月,小侄与家兄渭清所刻先父《因斋诗存》两卷,请年伯笑纳。"

"好极,好极!"李鸿藻伸手接过《因斋诗存》,随手翻了翻,轻声读道:"宿平与故城,有怀张朗斋方伯改官事感赋。"

"改官,改官",李鸿藻轻声吟了两遍,心中不觉一阵惆怅。他回头说道:"张朗斋改任到山东任上,官职虽未降,日子仍不好过哪!豹岑兄以为如何?"

倪文蔚上午已见过这本《因斋诗存》,顺口说道:"兰翁不见下句?'太息升沉尽如此,岂为李广不封侯',与你我今日如何?"

李鸿藻并不答倪文蔚的问话,背着手在房中走了一圈,把书卷了一卷捏在手中,对刘鹗说:"我们与令尊在翰林院唱和的情景,如今还历历在目,谁想令尊已归道山……"一种淡淡的念旧之情突然从他心底升起,不由得对子侄辈的刘鹗增了几分好感。

倪文蔚轻轻叹了一口气:"兰翁,子恕若在,你我也许不至于有昨日之狼狈了。"

李鸿藻把眼睛微微地闭了一下,他极力要把昨日河堤上受斥的情景从脑子里赶走。

刘鹗见二位年伯一个劲儿地怀旧,就看了吴大澂一眼。吴大澂此时与李、倪二人的心情决然不同。是加官晋爵,还是身败名裂,在这几个月里是要见分晓的。他曾与俄国人为边界交涉而为大清国扬了威,自己也因此而扬名,成为公认之能员。如今正因为他是能员,才被檄调至这黄河岸边来，是福？是祸？此时他心中全然无数。重担在肩，他是急于将话题转入河工来的。见刘鹗以询问的目光看他，便轻轻地点了一下头。刘鹗见已得吴大澂的同意，便趁李、倪二人稍一停顿之时，插嘴道："小侄此次远道而来，正是为这河工而来。"

李鸿藻此时最不喜提的就是河工，谁知倪文蔚的话又引出刘鹗谈来此的目的。他冷冷地说："我已知你来意。我们与令尊非泛泛之交。黄河大工非同儿戏，稍有差错，可有身家性命之忧。"

刘鹗并没有顾及李鸿藻冷淡的态度，而是恭恭敬敬地回道："小侄深感年伯眷爱。只是小侄自小酷爱杂学，近年来读《禹贡》《治河防略》《河防一览》及先父之《河防刍议》诸书，稍有心得。这郑州大工之事，也许正是小侄报效朝廷的机会，望诸位年伯栽培。"

李鸿藻的为人本是很有胆气的，任工部尚书时，曾上书反对修圆明园，后来又策动过一些大臣弹劾李鸿章。虽然几经磨炼，近来已圆滑多了，特别是在这河工之上又一次栽了跟头，所以已失锋芒。但如今刘鹗这后生的大胆之言，又激发了他，心里对刘鹗又不免有了几分亲切之感。

"铁云，"他轻轻叫了一声，"我近日要返京面圣，你可随我进京，谋一差事。"他想，这样做，既是对子侄之辈的照顾，又可告诉别人，自己虽然势景不利也并非不认亲友之辈。

但是，李鸿藻的好心被刘鹗误会了。他以为李鸿藻把自己看作是来攀交情钻营差事的纨绔子弟了，心里很不高兴，但又不能表露出来，只好一字一顿地说："铁云唯愿将所识所学报效朝廷，以养天下为己任。至于其他差事，均非所愿也。"

吴大澂见此，深恐刘鹗莽撞使李鸿藻感到不快，马上接上来说："铁云，你有养天下之志，李年伯岂能不知，但李年伯之一片盛情，你要三思而行。"

李鸿藻见刘鹗毫不领情，虽然心中稍有不快，但又想到刘鹗如此固执，甚至有些狂妄，全不把治河之艰难放在眼中，倒也不妨问他一问。便笑吟吟地对吴大澂说："恪斋，你以为如何？"

吴大澂此来的目的是要让刘鹗说话，见李鸿藻退了一步，借此机会对刘鹗说："铁云，将你所想详陈给李年伯。"

刘鹗见终于可以直抒己见时，深深地呼了一口气，脸上不禁露出了笑容，正色说道："小侄当年随侍先父于开封一带，于治河之事耳濡目染，此后又读得一些河工之书。此次自淮安前来，到郑州数日于河干反复踏勘，管见已成，欲陈于诸位年伯，以求教海。"

李鸿藻见刘鹗有长篇论述的样子，用征询的眼光看了看倪、吴二人，然后靠在炕几上，伸手把盖碗端了起来，用嘴吹了吹茶叶，说："老夫便洗耳恭听了。"

5

黄河大堤上的背风处聚集着六个人。

最靠里是刘鹗，他一身短衣短裤，腿上全是泥水。紧挨着他的是歪宝，围坐的还是那三个年轻人，刘贵挨着那满脸疙瘩的人。两盏纸糊的灯笼放在地上，透出一片昏黄，照着摊在地上的两个土碗和一堆乱七八糟不知何名的下酒菜。

满脸疙瘩的人端起碗来轻轻地呷了一口，用手抹了抹嘴："二少爷，歪宝叔说了，这两天您老准要来。这不，歪宝叔料事如神啊！"他为自己用上这"料事如神"不由得咂了咂嘴。

歪宝听到这里脸上露出满意的笑容，看了看刘鹗。

刘鹗也笑了笑："在大堤上走了一天，只有到这儿歇歇脚。"他似乎是无意识的来到这里的。

"二少爷、二少爷，"刘贵插话，"您不是说要找歪宝叔吗？"

"正是。歇歇脚，也正好和歪宝叔聊聊啊！"

"不敢，不敢。"歪宝心里得意，但表面上仍极客气，"不知二少爷找小的有什么事？"

"想听你说说，为何这河口一年了，仍未堵上？"刘鹗开门见山。

歪宝轻轻地咳了一下："二少爷既然问了，那小人就班门弄斧了。"他见刘鹗颔首，就伸出一只手，"这黄河的水是来有来时，去有去时，俺们河边人是极有经验的。立春之后，河边人候水，初至之水一寸，到夏秋之时则是一尺，年年如此。俺家老人……"

"对，对，此水极有时节。这立春之水是否叫'信水'？"刘鹗问。

歪宝看了一下刘鹗："对，就是信水。"似乎怕刘鹗再说下去，歪宝一口气说了下去，"二三月叫'桃花水'，三月末叫'菜花水'，四月末叫'麦黄水'，五月叫'瓜蔓水'，六月中旬叫'矾山水'，七月叫'豆花水'，八月叫'荻芦水'，九月叫'登高水'，十月叫'复槽水'，冬月腊月叫'蹇凌水'。"

"好！"这常随歪宝在大堤之上的三个人不禁为歪宝这一口气报出黄河的水名叫好了。

歪宝得意地呷了一口酒，"这光知道水还不行，还得知道'汛'。"他顿了一下，刚要说下去，谁知刘贵插嘴了："慢，歪宝叔，听我说得对不对？"他一不等歪宝说什么，也不看刘鹗一眼，"这黄河有四汛。叫凌汛，桃汛，伏汛，秋汛。"刘贵笑了笑，"伏汛和秋汛是大汛，是防水之关键。"

"对，对。"歪宝高兴地用手拍了拍大腿："刘贵也知道许多，二少爷更是对这黄河了如指掌了。"

刘鹗不急于开口，对歪宝说："你再说下去。"

歪宝感到今天遇到了知音："酒逢知己千杯少！来，二少爷，我敬你一杯。"他用手端起了一个大碗。

满脸疙瘩的人把手一抬，把碗接了过去："歪宝叔，您这是什么杯啊！土碗一个。还是听刘二少爷说吧！"

"请歪宝叔说，请歪宝叔说。"刘鹗仍不急于说什么。

"二少爷您想，这些大人们，今年堵口定在六七月里，合龙时间放在七月。六七两月正是'矾山水'和'豆花水'之时，正在'伏汛'和'秋汛'之时，人力如何挡得住这黄河水啊？！"歪宝说着感到一阵阵的气愤，"一年之工全白费了。那么多的材料，让大水一冲，全都没了。还谈堵什么河啊！"

是啊！这时间选得可是太不对了。刘鹗想，前几天他不是也这样对几位大员讲的吗？！可是倪文蔚却说："部文一催再催，奈何？"自己当时一时冲动说出了："'部文'只知'民命之重'，却不知'河工之难'。不合时宜，以卵击石，谈何合龙？"此说虽不是针对倪文蔚所议，但倪文蔚的心里总是不乐意的。

"对啊！"想到此，刘鹗对歪宝说："对啊！这黄河缺口，要堵只有在那水枯时节，一鼓作气方可成功。前次未能堵上缺口确是时不妥！时不妥。"

他感到高兴，歪宝这个生在水边的人最明了黄河的水性。他所说的六七月不能堵口不正合自己对倪文蔚所说的"时不妥"吗！

"对啊！"歪宝也这么说："时不妥！时不妥！"

"喝！"刘贵得意极了。二少爷平常讲的事没想到今天在这儿用到了，何况歪宝和刘鹗的看法正好相同呢！他伸手抓起了一碗酒，对满脸疙瘩的人大声说。

"喝！"他的对手早已等不及了，此时他听得刘贵的话，一仰头，一大口酒吃得他几乎喘不过气来。

刘鹗和歪宝并不急于喝酒。虽然他们的看法一致，可是那些大员的看法又如何呢？

6

此时，吴大澂在河督府，面对那满案的文书在沉思。

李鸿藻是走了，万斤重担全落在自己身上了。这不能不使吴大澂感到有压力，他吃不香，睡不稳，刘鹗的议论时时响在耳边。

虽然，这个年轻人口出狂言，但静下来思考，他说的却也在理。吴大澂不禁又想到那天刘鹗与李鸿藻的一番议论了。

李鸿藻问了刘鹗的看法，他先提出了堵口时间不妥。这李鸿藻和倪文蔚都已想到了。他又提出了第二个问题是"法不妥"。刘鹗见李鸿藻没有打断自己的话，就接着说："小侄已去河干察看，满地皆是秸料，别无他见。当决口之时，全河断流，漫口达三百余丈，待堵筑之时，东西进占，龙口仍达三十余丈，几块大石，几捆秸料，如何能挡住势如千军万马之滔滔黄水。"他停了一下看了看三位大员，感到自己所说已吸引了他们，便继续说："倘黄河如此易于驯服，千年黄害之说早已平矣，何待今日？"

吴大澂听了刘鹗这话，虽然觉得口气未免太大，但亦不能说没有道理。李鸿藻看了看倪文蔚，他感到刘鹗虽不是指责他们，但是这实在是自己的责任，心中并不舒服，两人对视了一下，都没有做声。

　　吴大澂亦感到刘鹗所说过于直率，恐怕得罪了李、倪二人，自己反而达不到目的，就解围道："河工所需物力财力人力，均非一省之力能解决。堵口材料不齐自然难以使龙口绝流。你不在其位，不知其难。"他看了看李、倪二位，故意把话头引开，"你说的固然有理，但此皆人所共知。于今之后，你又有何想法？有无妥善万全之计，说一下无妨。"

　　刘鹗听到此，知道吴大澂是要他说下去，心中一喜，但又转念一想，刚才所说已过于直率，已惹得倪文蔚与李鸿藻心中不快。因此他心中虽如同沸水一般上下翻腾，但表面却相当冷静，缓缓说道："河帅垂询，小侄不敢不答。但此河工大事，小侄何敢多言。"

　　果然，刘鹗这以守为攻的说法，引起了李鸿藻的兴趣，他问道："你刚才侃侃而谈，何以忽然缄口？"

　　刘鹗见李鸿藻这次主动发问，心中大喜。但得意之色不敢表露出来，便恭恭敬敬地站了起来："小侄此来，原欲效力河工，岂可缄口。唯此事关重大，小侄不敢参越。铁云虽亦常习河工，但于诸前辈前怎敢说有万全之计？"

　　吴大澂心中明白刘鹗这是引而不发，他担心李鸿藻把话题转了。马上接上说："但说无妨，不必顾忌。"

　　刘鹗见吴大澂在为自己帮忙，便想"此时不说，更待何时"！于是说："恕小侄狂言，略述己见，望诸位仁伯大人教正。"说到此，他那桀骜不驯的神态已荡然无存，态度极为严肃。

<h1 style="text-align:center">7</h1>

　　"小侄这一年虽身居淮安，但心在黄河，于郑州大工之所有消息，莫不细心搜罗，于诸位大人所上奏折，无不细心拜览，于圣上所颁谕旨无不

细心体味。闲居淮安，将前人所著河工著作一一拜读，将先父当年教诲潜心回味，于今略有心得。"刘鹗喘了一口气，见三位大员都在听自己说，劲头更大了。"小侄以为于今第一要务为河中筑坝。试想，黄河大流皆于漫口而下，水势骇人，势不可当。唯有筑坝分流，使漫口水势稍减，水势减一分则漫口合龙易一分。河中筑坝分流，虽不直接堵口，但缓减水势，则为当务之急。"

"此说有理。"倪文蔚轻轻地拍了一下桌子说。

"其次呢？"吴大澂紧接着问。

见态度一直比较冷淡的倪文蔚表示赞同了，刘鹗的兴致又增了一分。

"这第二是派兵弁去下游搜集苇料以易秸料。试想以二丈之苇料易六尺之秸料，孰优孰劣，此三岁小儿亦明其理。苇料愈多……"

"慢，"李鸿藻打断了刘鹗的话，笑了一声："书生之见，书生之见。苇料与秸料何需比较。只是河决已有一年，堵塞缺口亦已十余月，民生凋敝，秸料筹集已十分不易，何来大批苇料？"李鸿藻悲伤地摇了摇头。

倪文蔚刚才还听得挺有味，此时亦无可奈何地笑了起来："此无须河工之人，三岁孩童也想到。不经河工，不筹物料，何知筹料之难！"说罢先是一阵大笑，又是一声长叹："唉！想到而做不到，奈何！奈何！"

吴大澂听到此也不禁一愣，特别是见到李、倪二人齐声反对，也露出了为难的脸色："贤侄，这也算治河方法吗？"

可是刘鹗听到此，脸上反而露出了得意的神色，他轻咳了一声："诸位仁伯所言甚是，但只知其一不知其二。民生凋敝，物料难寻自是正理。不过此物何需取自民间，天赐良物何不取来，不费朝廷分文，取之不尽，用之不竭……"

刘鹗尚未说完，吴大澂道："铁云，岂可在此戏言！"

倪文蔚也插嘴道:"诸葛孔明一夜得箭数千支,借的是东风。贤侄莫非亦有此计。"口气中不无讽刺的意味。

刘鹗见此,正色说道:"诸位仁伯,小侄不敢以诸葛孔明自诩,亦无东风可借。但取得物料决非狂言!"

李鸿藻这次没有急于插嘴,他平和地说:"说下去!"

"小侄此来郑工,沿途踏勘。黄河决口已有一年,百姓流离失所,惨不忍睹。黄害之说并非虚言。决口有百害而无一利,水到之处一片泽国。水深之处固一无所有,但水浅之处均可见芦苇丛集,小片之处一二亩不等,大片之处已是芦花飞扬,一望无际。试想,再过一两个月,大片芦苇岂不长成,届时只需派出兵弁加以砍伐,不费朝廷一分一元,亦无与百姓争市压价之弊,何乐而不为!不知年伯以为如何?"

听到刘鹗这么一说,三位大员互相看了一眼。没有想到,自己没有想到的,却被这后生小子想到了,心中不免一惊,这刘鹗确是个有心之人。吴大澂一高兴,也站了起来,轻轻地拍了一下刘鹗的肩膀说:"铁云,坐下——说来。"

"闻说西洋有塞的门土(cement,水泥。下文同此)拌之以灰沙,以水浇之坚硬无比。小侄前在沪上已亲见了,确是结块坚硬不怕水浸。若以此土筑堤建坝则可保无虞。以郑工之大,堵口之急,奏请圣上将上海、盛京之塞的门土悉数调来以堵合龙口之用,必能应允。"

"果然有理。"那刚才还对刘鹗抱怀疑态度的倪文蔚此时已全无反对的意思了。

吴大澂想到此,不禁微微一笑,总算得到一个助手了。

那天只是谈到堵口前的事情,具体堵口的方法尚没有谈到。用什么方法堵口呢?

8

"用什么方法堵口为好呢?"此时此刻刘鹗也正在与歪宝谈论此事。

"是啊!事关重大。且须一举成功!"歪宝也这么说。

一阵沉默,两个人谁也没有说话。一阵风刮来,不觉一阵寒意上来。几个人几乎同时想到喝酒了。

"猜一拳如何?"络腮胡子探询似的问。

"来!"刘贵把袖子卷了卷。

"螃蟹拳!"络腮胡子高声说。

"螃蟹拳?"刘贵不解地问。

"螃蟹拳。歪宝叔,"络腮胡子对歪宝,"你说一说。"

歪宝并不理他,只是静静地听着,眉头也皱了起来。见歪宝这样,几个人都奇怪起来。可是一会儿,他们都明白了,远处似有隐隐约约的马蹄声,时而急奔,时而缓行。马蹄声越来越近了。隐隐约约可以见到是一匹白马在夜色中,马上是一个身材魁梧的汉子,虽然人还看不十分清楚,但背上斜插着一把大刀,那飘在后面的穗子已能看到了。

"喂!老乡!"那马上的汉子大声喊。

"哎!"络腮胡子接口了。

只见那马一下子窜到了这几个人面前。那汉子也并不下马,在马上大声问:"哎!老乡。可曾见有两个人从这儿走过?"听声音,似有急事。

"啥样的人?"还是络腮胡子问。

"这——"马上的人拖长了声音,犹豫着,似乎不愿说。

正在这时,忽然刘贵大声喊了一声:"五爷!"一下子站了起来,回过头，"二少爷，二少爷！这是王五爷。"

这时刘鹗也站了起来，大步跨了上去，口中喊道："五爷，五爷！"急急向马走去。

马上的人先是一愣，一个翻身下了马，大喊了一声："二少爷，王五给您请安！"也疾步走了过来。

"不敢，不敢！五爷如此，铁云无论如何是不敢受的。"

"哈哈！果然在大堤上见到您了。"

"五爷如何到此？"

"押一趟镖路过此地。"

"五爷如何知道我们在这里？"刘贵奇怪地问。

"哎，甭问。五爷的朋友遍天下，找个把人还不容易！"刘鹗说。

王五笑嘻嘻地拉着刘鹗的手："在下马上得走。只是听说二爷来河工，才赶来见上一面。"

"不能叙上一叙？"刘鹗殷切地希望。

王五摇了摇头："来不及了，镖车已过去两个时辰了。二少爷下次如果到北京，只要问一下源顺镖局就行了。在下这就告辞！"说完转过身去。

正在这时，歪宝忽然插了上来："五爷还认得小的吗？"

王五先是一愣，猛地一跺脚："啊！歪宝。行了，有你助二少爷一臂之力，这缺口是可以堵上了。"说到此又转过身对刘鹗说："二少爷，这歪宝也是我的朋友，二少爷有什么话尽管吩咐吧！咱们北京见！"说完转过身，也不知他如何动作，只见那匹马已箭一般地跑了。

来无影，去无踪。王五突然出现，又突然消失了。

刘鹗目送王五远去，脑子里不禁又翻腾起来。

然而最使歪宝惊奇的是，眼前这个二少爷倒真是不可轻视的人物了。

虽然，先前自己对他有些了解，是个少爷。能和自己这些人混在一起谈论河工，实属不易，但自己总不愿和他倾心而谈。因此与刘鹗总是若即若离，时时摆些矜持的姿态。可是刚才来的是闻名遐迩的侠客，一把大刀打遍天下的大刀王五。想那王五是何等人物，多少官宦大人都被他嗤之以鼻，却肯暂时离开镖车赶到这大堤上来寻找刘鹗，仅仅是为了见一面而已，又当面说了"有什么话尽管吩咐"。内情虽不可理解，但王五的话是可信的，因此，自己应该尽力而为了。想到此，他不禁转过身来，对着刘鹗一揖到底："歪宝不知二少爷是五爷的朋友，以前若有不当之处，请您老多多包涵。今后有什么尽管吩咐，我歪宝是万死不辞。"说完，他又回身一招手，络腮胡子等三个人一起走了上来，也向刘鹗深深地一揖。

刘鹗没有想到，王五的出现，竟然能使这歪宝如此变化。心中想道："养天下为己任固然不错，若无几个知心的朋友，岂不只是一句空话吗！"

9

吴大澂在努力搜索各种有关治河的方法。可是他仍想不出用什么方法去堵住那几十丈的缺口。他站在那缺口处，看着那如同千军万马倾泻的黄水，心里想，唉！也难怪李鸿藻等人了，朝廷三番五次要一年内堵住缺口，那么，时间也只能安排在六七月了。可是，"伏汛"已至，自然是以失败告终了。如今李鸿藻是远走高飞了，倪文蔚事事含糊，成孚、李鹤年此时亦不知情况如何了。河督，河督，平日倒是可以威风凛凛，可一旦发生了事情，这河督是好当的吗？他自己也称得朝廷一干员了，可如今一筹莫展……

吴大澂也确实是朝廷所依仗的干员。他曾有两件事使朝廷瞩目：一是当年在吉林七百里的林海雪原之中，有一条小小的山沟，名为夹皮沟。

这一地带有一地头蛇名韩效忠，武功甚是了得，又兼土生土长于此，对这吉林的风土人情极为熟识，所以在此占山为王。虽说他并无意与朝廷作对，但朝廷官员也奈何他不得，俨然是七百里的一个土皇帝。他有自己的军队，不吃朝廷的粮饷。他有自己的"衙门"，不受朝廷管辖。可是对远在北京的朝廷来说，如喉中骨、肉中刺不除去不舒服。然而以武力剿之，他是来无影去无踪；去招降，他又不是明显公然与朝廷对抗的流寇。所以历届大员均对其无可奈何。

吴大澂来此地，单人独骑去了夹皮沟，四日不归。人们都以为他必死无疑了，可是第五天，韩效忠竟然亲自把他送到了盛京，并由此韩效忠的军队亦受朝廷辖制了。人们并不知吴大澂去的这几日干了些什么，也不知他与韩效忠谈了些什么，但凭他敢于单人独骑闯进夹皮沟，便足以使其他官员相形见绌了，何况他又能使韩效忠真正归降朝廷呢？如此一来，吴大澂当然在朝廷中声名鹊起。

无独有偶。到咸丰十一年，为了中俄边境事，吴大澂又实地勘探。紧接着他与俄国代表为边界事进行谈判，舌战俄国使臣。最后在中俄边界的原处立了五座铜柱，铜柱上是吴大澂自篆的十四个字"疆域有表国有维，此柱可立不可移"。吴大澂本是个金石学家，那一笔篆字可称楷模，将其刻于铜柱，立于边疆，其影响之大怎不使人瞠目。谈判之事官方自有记载。而铜柱上的字，被拓下来呈上御览，顿使当时的咸丰皇帝大为赞赏。这是扬大清国威的好事，又为皇上在各国使臣面前争了面子。吴大澂的功劳簿上自然也就记上了大大的一笔。

有这两件事，一件免了内忧，一件除了外患，已足可以使吴大澂受到垂青了。所以，从此之后他便官运亨通，今年放了两广总督。谁知正在得意之时，一道旨谕下来，让他匆匆赶到这黄河边上来了。

可是吴大澂心中明白，这湍湍黄河，不是凭三寸不烂之舌可以说动的，也不是五根铜柱可以使之不再移动的。

倘使能治好这黄河，则内忧外患，天灾人祸，只要有吴大澂便可迎刃而解，他吴大澂便当然成为朝廷之中流砥柱了。其实，朝廷此时已把他当作中流砥柱在使用了。否则如何肯让他轻离广州呢？

现在摆在面前的棘手之事是如何堵住这几十丈宽的缺口。用苇料？长者不过二丈余，自然无法与三十余丈的缺口相比。用塞的门土，亦只能在堵上之后才好浇灌。

"难道我吴大澂就一筹莫展了吗！"他扪心自问，我死亦不曾畏惧过，却被这河水吓倒吗？

吴大澂用手揉了揉头，下定决心，还是把刘鹗找来谈谈为好。想到此，他大喊了一声："来人啊！"

10

吴大澂在官邸苦思冥想，终于想到还是要与刘鹗商量。可此时刘鹗还在河水缺口之处。

此时已是秋汛到来之时，那缺口处的水势排山倒海，轰轰鸣响，连旁边人的说话声也听不清楚。刘鹗已测量过了，这缺口近四十丈，水深三丈有余。河水倾泻而下，到缺口处猛地一拐弯，便形成了一个个旋涡。水中不时漂下来一些杂物，有倒下来的树木，淹死的牛羊，只是在水中打一个滚，一晃便顺水而下，便漂得无影无踪了。

刘鹗站在那儿，命旁边的人投下一捆苇料。这捆苇料连头带尾有三丈余长，四五抱粗，边上几个人领头的还是那歪宝。他们用撬棍撬着慢慢地移到缺口之处，歪宝把手一招，那几个人同时用力，那捆苇料沿着缺口滚了下去。可是一落到水上，刚才横着的苇料，猛地转了一个方向，顺着水势滚入水中。一会儿又猛地冒了出来，再往前一下子被水卷进了旋涡。只见它在那巨大的旋涡边上转了两圈，忽地一下滑到了中间，一眨眼，已被湍湍黄水吞没了，连一点影子也没有了。

刘鹗心中不免一惊！这么大的苇捆下去都无法停留一下，可见水势之急了。再有什么比苇秆更长的东西呢？大树？不行。木头浮于水上，根本不能沉底，何况又到什么地方可以找出近四十丈的大树呢？竖着打桩，在湍急的河水中根本无法立足……

刘鹗正在发愁的时候，站在身边的刘贵忽然在他的耳边大声喊着什么，虽然听不出来，他顺着刘贵的手指看去，只见上游漂来一个硕大无比的东西，在水中忽沉忽起，转眼间到了缺口处。还是刘贵眼尖，他又在刘鹗的耳边大声喊："船，一只船。"可是未等他说完，那只船也被卷入旋涡之中去了。

"船沉了！"刘贵又扒在刘鹗的耳边大声喊。

"船沉了！"刘鹗猛地一惊。他睁大眼睛盯着那个如同巨口的旋涡。可是，再没见那只大船浮出水面。

"沉船，沉船，沉船！"刘鹗嘴中不断叨咕着。他忽然又想到倪文蔚讥讽他时说的："诸葛孔明一夜借得羽箭数千，贤侄难道也会借得东风吗？"

是啊！诸葛孔明神机妙算，但是如今不是可以效法嘛！取得羽箭，借得东风，又施了连环之计。

连环？连环！连环！

虽然这只是一眨眼的工夫，可是刘鹗的脑子里已把这水边上的一切与诸葛孔明联系起来了。"我是否也可用上'连环'呢？"

刘鹗回过头来看看刘贵，刘贵还在盯着那旋涡。他看了看歪宝，谁知此时的歪宝也将两眼看着刘鹗。刘鹗感到在歪宝的眼中，似乎闪着些什么，而这正是自己所需要的。想到此，他向歪宝轻轻地点了点头。谁知歪宝也向他点了点头。

心有灵犀一点通。刘鹗从歪宝的眼神和点头中已感到歪宝已有了好办法，但是否和自己所想的一样呢？

歪宝是随刘鹗一起上大坝来的，自从见了王五之后，他便决心助刘鹗一臂之力。那滔滔黄水他是早已熟悉的，不止是在岸上船上看，而且不知多少次潜入河心，有时是为了捞取河中漂浮的一些东西，有时是为了一泄自己的激愤，有时是为了救助那些不慎而落水的人。今天来前刘鹗叫他准备几个大苇捆，他已琢磨过刘鹗是为亲自看看水的力量而来的。所以刚才他奋力将那大苇捆推入缺口之时，心中也在默默地祈祷，但愿这个苇捆能在水中停留一些时候。可是他心中明白，叫这个苇捆停在黄河缺口之处是不可能的。果然，没有什么奇迹出现。他感到有些失望，轻轻地叹了一口气。

可是当刘贵手指那只船自上而下漂来之时，他的脑子里似乎也有一种朦胧的想法。紧接着他看到那船被卷入旋涡而沉了下去，不禁又一次失望。他无可奈何地看了刘鹗一眼，谁知刘鹗沉思的样子使他有些迷糊不解了。"二少爷在看什么呢？"他想，"一只船沉了，在黄河边上还不是常常可见的么。"他向前跨了一步，又转念一想，这些识文断字的人，有时就是，看了什么都要想半天，"不过是一只沉船……"刚想到此，他的脑子也停在"沉船"两个字上了。忽然，他感到刚才那朦胧的想法似乎一下子清楚了："沉船！"

歪宝的眼光与刘鹗的眼光相对了。大家都从对方的眼神中感到办法有了。

11

刘鹗从大堤上赶回河督府，已是掌灯时分。一进书房只见吴大澂的书桌上放满了书，细一看几乎全是历代治河的著作。不过放在最上面和最引人注意的是一部乾隆年间武英殿刻本的《元史》，在他旁边是魏源著的《海国图志》，书已翻开，翻到了"元经世大典地图"。吴大澂正襟危坐，两眼盯住那"地图"正在发愣。

虽然刘鹗并非贸然闯入，但吴大澂并没有回头看刘鹗一眼，只是一个人在苦思冥想。

刘鹗见吴大澂如此也不敢打扰，只是静静地站在他的身后。可是当刘鹗见到那张"元经世大典地图"时，两只眼睛忽然一亮：莫不是吴大澂的想法与自己不谋而合？

刘鹗从大堤上下来后，想先和歪宝说说自己的想法。谁知不等刘鹗开口，歪宝已急急忙忙地先说了："二少爷，堵这个缺口，看来除了沉船法，其他方法是很难成功的。您以为如何？"说着他拉着刘鹗的胳膊摇了一下。

刘贵见歪宝竟然对二少爷如此无理，不禁大声喊了一声："歪宝叔，你！"这一喊倒使歪宝一愣，自然把两只手松了下来。

可是歪宝的两只手才放下，刘鹗的两只手却伸出来抓住了歪宝的手，大声说："对！对！英雄所见略同。我也想到沉船之法了。走！走！商量一下再说。"

这就是刘鹗所以拖到晚上才回河督府的原因。

"铁云！"刘鹗正在想着下午和歪宝的谈话，忽然被吴大澂的喊声一惊。

刘鹗猛地一愣："小侄在！"

"你在想什么？"这时刘鹗才看到吴大澂已站了起来，两手放在背后，正在慢慢地踱步，虽然与刘鹗说话，但他并没有看刘鹗一眼。可是他不等刘鹗回答又问："你读过'元史'吗？中国历朝历代黄河决口都用什么方法堵口？"

这两个问题似乎并无关联。可是，刘鹗更感到吴大澂所想和自己一样了。所以，他不慌不忙地回答："中国历朝历代河决之后往往任其改道。《元史》系明宋濂所著，小侄虽略有浏览但未细心研读。"

吴大澂停下脚步，看了刘鹗一眼。这个刘鹗本是个善言辞之人，为何今日却措辞谨慎呢？他微微一笑："铁云，你近日往返于河干之上，一定有什么良机妙策了吧！"

刘鹗见吴大澂已把话转入正题，就认真地答道："小侄以为河督于此早已深思熟虑，且已找到堵塞缺口之法了。"说着，他斜着眼睛看了看放在桌子上的一些书。

吴大澂听刘鹗这么回答心中不禁暗自感到高兴：老夫亦并非一介武夫，这些书也未白看。但他不动声色，转过身来坐回到他那紫檀木嵌花的太师椅上，拿出一个精巧的鼻烟壶来，狠狠地咳了一下，然后才缓缓地问："何以见得？"说着他也看了一眼摊在书桌上的那张"元经世大典地图"。

刘鹗见说话的机会到了，"河帅问小侄是否读过《元史》，自然不是无的放矢。足见老伯已想到元代之事了。"他顿了一下，看吴大澂点了点头，接着说道，"这'元经世大典地图'系魏源收入《海国图志》之中。虽说从此图中并无法看到治理黄河之事，但老伯定当想到，元至正九年贾鲁堵筑于黄河白茅决口之处使黄河返回故道之事，全记于《至正河防记》。"

吴大澂见自己所想已被刘鹗说破，马上接着说："贾友恒主张疏、浚、塞并举，使黄河返回故道，用的是……"说到此他猛地顿住。

几乎是同时，两人说出了四个字："沉、船、之、法！"

"哈！哈哈！哈哈哈哈……"吴大澂大笑了起来，他用手指着刘鹗："铁云，铁云啊！你是真知我心啊！好！我再问你，为何要用这沉船之法？"

刘鹗知道，这一方面是吴大澂尚有疑虑，另一方面也是考试自己。所以，稍一平静便答道："试想，筑坝分流仅去大流十之有二。苇料虽长，亦不过丈余而已，终不敌河水之势；塞的门土虽坚，但只有封口之后才可用。龙口宽达四十余丈，何处去寻如此之大物可入水阻流，且不被巨浪冲去？小侄以为只有大船方可。"

吴大澂平稳地说："沉船之法不妨一试。但，船虽大亦无处可寻四十余丈之大船啊！"

"小侄于此早已考虑。船大固无四十余丈，但首尾相衔，连成方阵，一声号令，大船同时沉入水底。纵有一二只被水冲动，但环环相扣，谅也无妨。"

"好！好！"吴大澂用手拍着椅背，"老夫早已想到用沉船之法，但尚未想到可用连环使之同时沉入。果然后生可畏，后生可畏啊！"

刘鹗听得吴大澂的夸奖，心中不免得意，但嘴上仍谦逊道："有世伯教诲，小侄不过信口胡诌而已，还望世伯教导。"

果然，吴大澂在一阵兴奋之后，又坐回到太师椅上，他稍一沉吟又说："用连环沉船之法，固可一试。但你尚不知此中亦有两难。"

刘鹗刚才亦是一阵兴奋，以为他的沉船之法已被吴大澂所采纳。可是见吴大澂的态度，他又不禁有些担心了。他伸手摸着那只小金佛，心中暗暗地说道："成败在此一举。我刘鹗养天下之心苍天可鉴。"于是又大着胆子问吴大澂："河帅，尚有哪两难，可容小侄一闻吗？"

吴大澂没有回答他，先是低头沉思，后来又抬起头来仰天长叹了一声："铁云，为官之难你有所不知。贾友恒惯用沉船之法，亦不被当时皇上所许啊！人道贾鲁治河，急于见功而不惜民力，招致民怨物议啊！此法实在令人不敢轻易上奏啊！"

刘鹗刚才还以为吴大澂早已决定了这一方案，谁知他忽然又变了态度。急切间他也顾不得眼前是朝廷二品大员了，一步跨上前，双手抓住吴大澂的椅子扶手，跪了下来，急切地说道："世伯，世伯，小侄已思虑再三，非沉船之法，恐怕难以奏效。再说，再说贾鲁用沉船之法当时虽遭民怨，但事后并非如此。后人诗云：'贾鲁治黄河，恩多怨亦多；百年千载后，恩在怨消磨。'一时之诽莫如百世之誉。造福河边百姓以答皇上知遇之恩，恐不可顾虑再三啊！何况，何况，龙口不合，一日不合，百姓流离失所一日不可结束。时日长久，圣上震怒，如同……如同……"刘鹗才想到把那"枷号河干"的事再说一遍，但他猛地刹住，岂可在此处提及此事。

吴大澂虽然也听出刘鹗是在指成孚、李鹤年枷号河干的事，但也没有计较。只是低头不语，许久才又说道："那就依你，不妨一试！你起来吧！"

刘鹗见吴大澂已松口了，站了起来，把衣服拉了拉说："世伯，小侄此次为治河而来，虽万死而不辞。刚才说有两难，尚有一难不知是什么？"

吴大澂问道："贾鲁堵塞白茅决口用了多少船只？"

刘鹗答："贾鲁一生多次用沉船之法，总数不下百余只。至正九年一次用了二十七只船。"

吴大澂道："一只船上敢死之人少至三人多则四人，二十七只船则最少也需六七十人。何处去寻如此多的勇士？"

对这一问题，刘鹗是早已考虑过了。他想到了王五，想到了自己，也想到了歪宝。他相信歪宝会不遗余力地支持他的。想到此，他说："此次堵口需多少只船只尚未精细计算，所以敢死之人数亦尚无法确定。但世上舍生取义之人自当不少，小侄也有些敢于卖命的朋友，再加上重赏之下必有勇夫。如此三项人选，无须费多少工夫。只要河督下令，敢死之人，小侄去安排好了。"说到此，他顿了一下，"何况敢死之人，并非必死之人啊！"

吴大澂听到刘鹗这么说，又沉默了许久，轻轻说道："你也休息去吧，容我再细细想一下。明日一早，你过来同我一起去抚台之处。"说着把手轻轻一挥。

刘鹗亦未敢多说什么："世伯早些休息吧，小侄明天一早便过来。"说完他弓着身子退了出来。

刘鹗才出河督府，便大叫："刘贵，备马！"

刘贵奇怪地说："二少爷夜已深了。"

刘鹗也不容他多说，骑上马，大声说："去，把歪宝找来，叫他连夜到大堤上来。"说完两腿一蹬，飞一般地消失在了夜色之中。

第六章

1

光绪十四年腊月。

深冬的太阳高高地挂在天上，虽无多少热量，但使人心中有股暖意。

在决口已一年四个月之久的龙口边上，聚集着一群群的人。龙口堤上，是一群头戴官帽身着官服的人们。稍远，则是一群衣衫褴褛的穷苦百姓。

身着二品官服的吴大澂立于一案几之后。案上果品不多，引人注意的是一个硕大的银盘，那银盘做工精细，其正中间，放有一块半个手掌大的碧玉。银盘的前边是一个古色古香的香炉。

这是河督、抚台率众官在堵塞龙口之前的祭河仪式。

就是昨天，也是这个时候，在稍上游的地方，刘鹗陪着吴大澂、倪文蔚来看大坝分流。申刻引河开放，大流立即从北面向东滚滚流去。正流冲向河槽，一下子就刷深了十丈四五尺。看到这种气势，吴大澂心中一震。吴大澂朝身边的倪文蔚点点头，倪文蔚乃忧心忡忡地说："河帅，水势之大，虽已分流，声势依然骇人，堵塞之时不可掉以轻心。"吴大澂勉强能听见倪文蔚的话，他此时的心情和倪文蔚相同。他回过身来，对站在他身后的刘鹗说："铁云，这第一步尚易，下一步不知如何。"浑身短装的刘鹗，一只手摸了一下自己的脸，一只手遮在嘴边，贴在吴大澂的耳边，大喊："河帅，此龙口方合龙十一。明日祭河，神灵显圣，必然大功告成，可保无虞。"

吴大澂站在案前，面对黄河，闭上了眼睛。他的两片嘴唇在微微地动着，慢慢地跪了下去。站在他身后的官员也都随着他，慢慢地跪了下去。刘鹗此时排在队伍的末尾，也跪了下来。随着司仪的口令，吴大澂虔诚地叩下头去。刘鹗也把头轻轻地直磕到地面上，他的心中默默地念道：列祖列宗，刘鹗此行，说动河督，效力河干。三月有余奔走于黄河大堤之上，上赖祖宗荫德，终有今日祭河之举。时至今日，是成是败，近日可见分晓。祈列祖列宗保佑。当他第二次把头叩下去时，心中又默默念道：想我刘鹗，河工系家传之学。幸吴清卿河督能分辨良莠，选拔人才，使我得以一展才干，愿众神保佑，使龙口一举合龙。河督可上报皇恩，我亦尽到养民之责。

当第三次叩下头去时，刘鹗忽然想道：我刘鹗一生三十多年，放浪形骸，从未如此认真，怎么今天也诚心拜于河神之前。心中又不免感到好笑。

刘鹗想到此，猛一抬头，只见前边的人都已站了起来，他也马上站了起来。只见吴大澂已点燃了一炷香，恭恭敬敬地插到了香炉之中了。然后他不慌不忙地走向龙口。虽然此时他的脸部毫无表情，可是他的嘴唇却一直在不停地动着，默默地念着些什么。

吴大澂走到龙口之处，站定了。一股风刮过来，吹动了他穿的衣袍，可是他丝毫没有感觉到。一个随从紧跟在他的身后，双手捧着那银盘。吴大澂缓缓地转过身来，他两眼对着银盘凝视了片刻，口中仍念念有词。一会儿，他伸出两手小心翼翼地捧起那块碧玉，慢慢地举过头顶。他的手在抖，心也在抖。啊！沉玉祭河，古来之法。如今我吴大澂亦在此虔诚地向河神致意。望河神能体谅我的苦衷，为沿河百姓生灵着想，使我堵塞龙口一举成功。他闭上了眼睛，两手向前送去，手指一松，那块碧玉滴溜溜地转着，霎时没入那滔滔黄水之中。

当吴大澂的手一松时，猛地一声长长的唢呐声响起来："呜——"顿时，锣、鼓、大小钹也奏了起来。随之而来的爆竹声："乒""啪""噼里啪啦"。风声，水声，爆竹声，鼓乐声响成一片。一片呜呜之声中，其实什么声音也辨不出来，可是，人们似乎都松了一口气。刚才还一个个面色紧张，息声屏气的人们，现在脸上都露出了欣喜之色。啊！可松了一口气。沉玉祭河，一切顺利啊！万事起头难，这头起好了，看来龙口堵合有望了。

吴大澂亦露出稍有喜色的脸，回转身来向倪文蔚拱了拱手。倪文蔚也拱了拱手。

吴大澂的眼光扫过人群，看到站在后排的刘鹗也微微地露出了笑意。

2

唢呐声时起时伏。忽然一阵悲哀的乐曲奏起来了。刘鹗知道，这祭河的第二个仪程开始了。

史载凡缺口所属州县长官应身先士卒，奋力堵筑以期大功告成；若久堵无成，则跃身于龙口之中以身殉职。这一先例不知始于何朝何代，刘鹗心中对第一个跃身龙口的人是异常钦佩的。他想倘或此次有某一个州县长官能如此去做，自己一定随之身后，奋不顾身。可是，亦不知从何朝何代起，这州县长官们再也不肯身先士卒了，而是以纸人代替，将纸人投入河中。

唉！世风日下，州县官吏们只知盘剥媚上，谁还来管这些事呢？刘鹗想到死，不知为什么想到了那套"螃蟹拳"的酒令。

刘鹗年幼时随父在河南，对河南人的酒令是熟悉的。可是这"螃蟹拳"却未曾听说过。

那天刚听说络腮胡子要划"螃蟹拳"，被王五的到来给打断了。后来不止一次见过河边民工划过，他清清楚楚地记了下来在猜拳之前的几句引令：

   螃蟹——（伸出一个拳头）

   脚（读音：觉）八个——（伸出大拇指与食指）

   两头尖尖——（伸出大、小拇指）

   这么大的壳——（大拇指和食指相对，成一圆圈）

   背上壳——（手心向上，手往上抬）

   压下壳——（手心向下，手往下压）

紧接着就是猜拳了，"宝拳一对该谁喝！""四季青，该谁喝！""五子登科该谁喝！""八马双杯该谁喝！"不知为何，这些民夫一喊到"螃蟹拳"浑身是劲。

后来听说，这"螃蟹拳"的酒令，是歪宝想出来的。刘鹗自然不便向歪宝去问这俗而又俗的酒令了。可是刘贵说："歪宝讲了，当今螃蟹太多了，只好以螃蟹佐酒了。"

刘鹗并不懂歪宝说这些话的含义，可是每次看民夫们挥着胳膊大喊大叫，那满脸通红兴奋激烈的样子时，就感到他们只有此时此刻才能痛快地发泄自己的感情，与他们平时那种压抑麻木的神情完全两样。

乐器越奏越响，但仍然无法盖过那滔滔的水声。两个兵弁抬着一个纸人出现了。走近之后，人们见到这是一个与真人一般大小的纸人，一身七品朝服：顶镂金花座，中饰一块小小的水晶，上衔素金，吉服冠顶亦用素金。四爪五蟒的蟒袍，补服前后绣有鸂鶒，朝带镶有四块素圆版。纸人除了不能走动之外，与真人无甚异处。

刘鹗看到这个纸人，仍然觉得他有些可怜，这明明是代人去死嘛！忽然他觉得那歪宝的"螃蟹拳"颇有些道理。如今这些官吏们平时也狐假虎威横行霸道，与那螃蟹颇有相似之处。可是一旦需他以身家性命为民做主时，总是溜之乎也。亏他们想得出来，以纸人来代替自己，想到此处，不禁有一种莫名的悲哀袭上心头。

刘鹗正在想着，只听得"当"的一声锣响。他抬头一看，两个兵弁已把那纸人高高举起投进了龙口。看到此，刘鹗轻声叹了一口气，又皱了一下眉头。

两项仪程完了之后，人们并未散去。因为第三个仪程马上就要开始了。

3

第三个仪程是静悄悄地进行的。

主祭的是河南巡抚倪文蔚。

倪文蔚和刘成忠是同榜进士，但是交往不深。但无论怎样刘鹗仍需称他为世伯。

此时倪文蔚站在队首了，焚香祝祷之后，倪文蔚亦走到龙口。只是此时他本人手中捧着一个银盘，银盘之中有一条筷子般粗细长短的小蛇盘踞在中间。

倪文蔚双手捧着银盘，浑身都有些颤抖，也是闭上眼睛，两片嘴唇在轻轻地抖动。

是啊！这黄河决口一年有余了，堵口之事延至今日，屡屡遭挫，被斥被罚，降职留用，这些都尚可忍受，因毕竟与身家性命都无关系。可是如果这次再无法堵上这个缺口，皇帝震怒，恐怕就不是降一品顶戴或枷号河干的问题了。想到此，他心中不免一片悲凉。此时，他把全部的身心都寄托在这银盘之中的小蛇上了。

原来，这银盘中的小蛇名为"大王蛇"。据传，凡河流决口，堵筑之日，倘大王蛇来，则龙口必合；倘无大王蛇，虽然堵口亦有可能合龙，但日后亦必再次塌陷。那大王蛇来后，将其捧入银盘，置于大王庙中。它在银盘中盘踞不动，干涸而死。因此为求堵口之日大王蛇显灵，今日先放生一蛇，以显虔诚。

刘鹗远远地看着倪文蔚，心中不禁对其有一种怜悯的心情。一是因为他毕竟与父亲同榜进士；二是因为身为地方官之首，他还是尽力尽责了，与那些只知盘剥搜刮的贪官不同。何况，刘鹗此时与他的心境相同呢！

对于这祭河的三个仪程，刘鹗的看法是不同的。对沉玉和祭大王蛇，刘鹗亦是诚心诚意的。独对那沉入河中的纸人，刘鹗是极为反感的。是啊！身先士卒是官员的本分，可是遍视这朝野无数官员，上对得起列祖列宗朝廷皇上，下对得起黎民百姓的又有几人呢？贪官自是除了那些白花花的银子外，再没有什么可以使他们动心的了。清官呢？清官肯不肯以身殉职呢？刘鹗对此并不清楚。可是用纸人，而且穿上七品朝服。唉！真可惜了那套花不少银子买来的朝服。对极了，在这一群群的官员中肯定还没有哪个敢于将自家性命付给黄河的胆量。刘鹗边想着边看倪文蔚，只见他微张着嘴，把那银盘侧了过去，那条黑黑的小蛇便掉了下去。

唢呐声突然又尖尖地吹响了，锣、鼓、镲、钹又一起响了起来。祭河的仪程完了。

这才是个开头。刘鹗心中想着。真正的堵口还在三天以后，是成是败，三天后就能见分晓了。

哎！三天，还有多少事要做呢！他觉得三天太短了，可是又希望三天过得快一点儿。

4

黄河龙口堵筑是在祭河之后三天进行的。

这是刘鹗盼望的一天，天未亮，他已来到大堤之上。

几个月来准备的苇料一捆捆扎好，一堆堆地垛在那大堤两边。无数的民夫早已束装等在苇料之旁了。

龙口东西两端的大坎上已经高高地筑起两座土坛。西端大坎之上竖起了一根巨大的旗杆，一面红旗挂在上面。那锯齿形的旗边，给人以威武的感觉。旗杆顶端装有一只相风鸟，鸟尾巴上插有一面小旗。

刘鹗仰头看看鸟尾巴上的小旗在微微地飘动，但那相风鸟却纹丝不动。好预兆，没有风，刘鹗心里想。

天空开始发白了，东端大坎上那根旗杆也愈来愈清楚了，那是升标旗，旗杆上三个簇新的铁环和滑轮刚才还是黑黑的，忽然发出了一点亮光，太阳出来了。啊！又是一个好晴天，但愿能连续晴上三天，真是天助我也。刘鹗向远处望，那升标旗的三根绳索从上面的滑轮拖下来，一直拖到地面。红、蓝、黄三面旗帜也已早早地系在绳索上了，三个兵弁手中各执一根绳索站在升标旗杆旁。虽说，现在离堵筑时间尚早，可是那三个兵弁已规规矩矩地站在那儿了。

刘鹗走到龙口边看了一下水势，水声依然震耳欲聋，汹涌澎湃。在龙口边，一股流水顺着黄河故道向东方流去，另一股水狂吼着从缺口处倾泻而下。看着这奔腾而来的水，望着一个个令人目眩的旋涡，刘鹗心中说，再过三天，就要让你们消失得无影无踪。咱们看看是谁斗得过谁。

刘鹗熟悉这黄河，也熟悉这黄河的历史。

前次吴大澂问过他是否读过《元史》，他自然不敢在吴大澂面前夸口。其实，《元史·河渠志》他熟极了。《元史》是诸正史中成书最仓促的一部，前后两次修撰，总共用了三百三十一天。而《元史·河渠志》又是诸正史的河渠志中修得最差的一部。但就是如此，它却把贾鲁治河的经过，工程设施，以及堵口经过都记了下来。这对刘鹗来说是难得的材料。特别是贾鲁力排众议，不顾各方面反对，用沉船法堵河是刘鹗最欣赏的。

刘鹗又想到他与吴大澂一起到龙口来时的情况。那天是九月七日，刘鹗陪着吴大澂到龙口边上。没有众多的随员，也没有穿官服，有两骑马，只带了三个人：刘贵、歪宝和一个吴大澂的随从。

吴大澂下了马之后久久没有开口。他是被刘鹗请来的。

"河帅，现在正是秋汛之时，水势之大亦是四汛中之一。尔后水势便一日小似一日。"

吴大澂用马鞭指了一下对岸，问刘鹗："确切口宽是否丈量清楚？"

"口宽四十一丈。"刘鹗准确地回答。

吴大澂看了刘鹗一眼，审视般的眼光使刘鹗感到紧张："你说用沉船之法，有无把握？"

刘鹗深深地吸了一口气："小侄考虑再三，非用沉船法，别无他法可想。"

吴大澂虽然早已同意了用沉船之法，可是这些天他心中总是忐忑不安。河水淹没了大堤，淹没了一切，只有他一个人站在堤上，一副木枷紧紧地夹住他的头。这是他近来常想到的景象。

"为何不可用下埽堵塞？"

"下埽堵塞，是常用之法。但黄河水急，龙口之处回旋湍急，难以下埽。下埽一慢，故道再淤则前功尽弃。堵此龙口，需速战速决。故堵河之日，要选水势最小之时；堵塞之法，需最速之法。"

吴大澂仍皱着眉头："用沉船之法为何可成功？"

刘鹗并未回答："河帅，今日水势如何？"他反问。

吴大澂莫名其妙地看了看刘鹗。

"贾鲁至正三十一年九月七日用沉船之法，使白茅堤龙口堵塞。其时正值秋汛洪峰到来之际。我则选在腊月堵口，水势已去，自当万分稳妥了。"刘鹗不慌不忙地说。

"嗯！"吴大澂站在寒风之中，两臂交在一起，一手撑着下巴，若有所思。忽然他问道："今天是几号了？"

"九月七号。"刘鹗回答。

"啊！原来如此！"吴大澂心中笑了起来，他明白今天刘鹗所以把他请上大堤的原因了。

想到此，刘鹗不禁笑了起来：倘无吴大澂首肯，恐怕他这沉船之法，别的人是不会答应的。

5

刘鹗正在面对龙口遐思，"轰"一声炮响，紧接着那震天的锣鼓咚咚哐哐响成了一片，特别是那几十对唢呐，呜呜哇哇地吹得更欢，一派喜庆的乐调。刘鹗明白，这是河督到了龙口了。果然，在大堤的东头，吴大澂和倪文蔚的两匹马同时出现了。"唰"的一下，龙口东西两面的数万民夫兵弁的目光都向他们射去。生死存亡，在此一刻了。

吴大澂稳稳地停下了马，他看着龙口那奔腾的黄水，水势湍急，任你什么东西掉下去，都会一下子卷走。可是他心里明白，这水势与秋汛时的水是不能比的，水势已经小了许多。想到此他心里感到平静了一些。他并没有和倪文蔚讲话，两人同时下马向那高高的土坛走去。他默默地焚了三支香插在香炉之中后，向着并排的两把太师椅走去。待他坐定之后，回过身来，看到刘鹗已经站在他的身侧了。

他没有理会身旁的任何人，眯起了眼睛向远处望去，只见在稍下游处有数十只大船停在那儿。他又看了看大堤之上那一排排的由竹苇麻编成绳索串在一起的苇料，每个苇捆边上都站有两个身强力壮的士兵。

吴大澂歪过头去，问了一下倪文蔚："豹岑，你看如何？"

倪文蔚赞许地点了点头："甚好！"

吴大澂抬起头来看了看那旗杆顶的相风鸟，见那只鸟仍然纹丝不动，他似乎松了一口气。这时他看了一眼刘鹗。

此时刘鹗双目炯炯，眼中露出欣喜之光。他巴不得吴大澂马上下令，他的心急剧地跳了起来。可谁知吴大澂并不忙于下令，而是问了一声："铁云，埽工准备几何？"

"埽工计一万捆。"刘鹗答。这简直是多问的，刘鹗心中说。

这埽工多少，事前是经过计算的，八千捆已足够了。可是为防万一，准备了一万捆。

刘鹗又想到了这扎埽工的几十个日日夜夜。

白天才过，夜里搂着捆。刘鹗一身短衣，立于民夫中间。

他们先把整块白布铺在地下，并排放着有五六十块，每块布大约有一丈长，在布下面是一根根的粗绳。然后把那割来的芦苇横铺在上面。

刘鹗和歪宝在一起干着。他抱着一捆草放在芦苇之上，用脚踩了几下，然后又回身去抱草。

歪宝也在铺芦苇。他大声地喊着，叫着，指挥着。

当芦苇和草一层层堆起有三尺厚时，刘鹗气喘吁吁地问歪宝："这厚度可以了吧？"

歪宝俨然是个总指挥一般，先点了点头说："二少爷，您老看过埽工可保险了？"

刘鹗用手指头捏了捏说："行了，这中间卷起足有两抱多粗了。厚度是可以了。"

于是不等刘鹗再说什么，歪宝大声喊了："索——！"旁边的人也跟着喊："索——！"

在黄河岸边，虽然他们大声喊，可是声音并不大。稍等了一下，才见到几个结实的小伙子，用力拖着一根长长的有三寸粗的缆绳走来。他们把那长长的缆绳横放在那一个个草垛之上，然后又去抱草和芦苇一层层地盖上。

全都摆好之后，在每个草垛之前站了两个人。刘鹗和歪宝两人一同走着，一个一个地检查了一遍。然后歪宝站在这些人的背后，手中举起一根芦苇，俨然像个将军。刘鹗站在他身边，心中颇为高兴。

那草垛边上的人们全都用眼睛盯着歪宝，手中扯住白布的一头。只听歪宝大喊一声："滚！"那一百多个人同时扯起布角，将那芦苇草垛卷了起来。顿时，五六十个草垛一下子成了一个个白筒状的东西。

歪宝见大家已卷好，又喊了一声："捆！"这些人几乎是同时提起在白布下的粗绳，将这些白布筒一个个地捆了起来。

霎时间，在刘鹗的眼前，出现了一个由五六十节组成的白龙，每节都有一丈多长，近一丈粗。中间连接各节白龙的就是那三寸粗的缆绳。"可惜！"刘鹗看到此，心中笑了起来，这三寸粗的缆绳，未免太细了些，他想。

捆完了这一个。一阵风吹来，刘鹗两肩一耸，打了一个寒战。他确也筋疲力尽了。这一天和民夫一起捆扎埽工，也够累的。他这么个少爷，虽说算得活跃，在乡间也曾舞过龙灯，但毕竟没有干过这种体力活，何况又是夜以继日守在大堤寒风之中呢！

他轻轻地吐了一口气，感到喉咙发干，两片嘴唇粘在一起了。手上也隐隐约约地疼，他知道，手指已不止一次被苇子割破了。

这只是刘鹗脑子里一霎间的想法。他马上又答了一句："埽工一万捆。"顿了一下又补了一句，"每三十捆挂一个铁锚。"其实吴大澂不问也知道，埽工一万捆，三百三十个铁锚。可是他觉得问一下心里踏实多了。

6

吴大澂从怀中掏出怀表看了看。刘鹗也伸手到袋中摸了一下。啊！小金佛还在袋中。心中也似安定了一些。

吴大澂又眯起眼睛看了看挂在天上的太阳。深冬的太阳依然耀眼，但散不出热量来。

大堤上静悄悄的，几万人的眼睛都盯住吴大澂。吴大澂侧过身去询问般地向倪文蔚看了一眼，倪文蔚默默地点了点头。

吴大澂忽然收起了刚才那慢吞吞的动作，从椅子上站了起来，轻轻从身旁的随从手中的箭筒中抽出一支令箭。

刘鹗眼睛盯着这支令箭。这支令箭八寸来长，金边，中间红漆，上方是一个令字，做工极为精细。他的心不禁跳了起来，他知道真正堵口的时候到了。

吴大澂向前跨了一步，刘鹗也向他跨了一步，左腿向前再跨，右腿一弯，膝盖重重地跪在地上，微微有些疼。"别慌！"他暗暗告诫自己，把头低下，两只手高高举起。

吴大澂持令箭的手微微地抖了起来：堵河的方法是刘鹗提出来的，堵河之物是刘鹗带领民夫亲自做的。重赏之下，四十八个敢死之人是刘鹗挑出来的。但是，自己身为河督，最后决策令出自己，力争力荐刘鹗也是自己。如今这决定生死关键时刻，又是自己力争让刘鹗指挥这堵塞全局。倘是龙口一旦合龙，自己的声望则可盖过朝廷群臣，自己亦不会埋没别人的功劳。但倘若此次堵口不成，刘鹗乃布衣之人，一介书生，可以一走了之。等待自己的可是身败名裂……

但箭已在弦上不得不发。他猛地把令箭横放在刘鹗的手上，威严地说："开始！"

刘鹗感到手中一沉，他知道令箭到手了，那一声"开始"似一声巨雷在耳边炸响。多年的苦读，数月的奔波，龙川临终前的嘱托，父亲生前的教诲，数万民工的眼睛，似乎都在一霎间进入了他的脑子。可是他又感到脑子里一片空白，什么也没有。他感到气也喘不过来了，于是深深地吸了一口气。猛地站了起来，身上一阵燥热。他没有看吴大澂，只是向远处那些船只看了一眼。

歪宝，刘鹗的脑子里顿时出现了歪宝，成败荣辱在此一举，百万生灵的存亡都寄存在你的身上。

刘鹗沉着地向前跨了几步，他又抬头看了看对面坎上那根升标旗，旗下兵弁手中的绳索似乎也在抖动。

刘鹗屏住呼吸，他告诫自己：别想，此时此刻什么也不能想。"开始！"他告诉自己。于是他慢慢地抬起右手的手臂，啊！这支三两重的令箭是如此沉重。他举到肩膀处时停了一下。此时，那轰鸣的水声他听不见了，那数万双眼睛也感觉不到了，刘鹗集中了全部力量，猛地将那令箭举过头顶。他感到，那奔腾的黄河就如同被他提在手上，他手上的令箭就似一座大山，沉重，但颇有力量。

令箭举起来了！

7

令箭举起来了！大坝上数万人的眼睛都看见了。

顿时，如同有一个统一的号令，有某一种无形的线牵着一样，那数万条眼光忽地又一齐射向了西坝。一面红旗在升标旗杆的下方抖动了一下，然后向上升了一点。此后随着那升旗兵弁的双手的急速捯动，那面红旗很快升上了杆顶。

"轰！轰！轰！"

随着红旗升顶，三声巨响震得人们堵起了耳朵。人们的眼光忽地一下向丁字大坝的后面望去。

刘鹗捏紧的拳头，手心上出了不少汗，但他没有感觉到。

四周没有动静，死一般的寂静。

啊！动了。

在丁字坝内的一根桅杆微微地动了一下。停住，又动了。它缓缓地向前移来。紧跟着第二根桅杆，第三根桅杆都相继移动了。

看着桅杆移动，刘鹗的心猛地提到了嗓眼上。他紧紧地咬着牙，似在为大船出力。

水击打着船，大船破浪前进。

第一艘船头露出来了。

船头进了龙口。

忽地一下，似乎船被抬了起来。那船头高高地往上翘了起来。

"杭育！杭育！"忽然在西坎上两百条嗓子齐声喊了起来。原来，有四条系在船头上的大绳索连在岸上，那数百人同时喊叫着，拉着，使那只船头直对准了大坝，而不能调转方向。

第一只船刚在龙口全部显出，仅隔五六尺远，第二只船头又显出来了。原来，这些船只都是紧紧连接在一起的。

大堤上"杭育！杭育！"的声音已与水声混成了一片。又隐约听到水上传出"嗬！嗬！"的呐喊声。原来当第三只船才露出头来，第一只船上的水手们便把几十个大铁锚用力推下水去。他们推完铁锚，对四面的情况并不看一眼，立即向船后猛跑。到了船尾，他们顺着绳索，横下身去用四肢吊着，迅速滑上了第二条船。

"啊！——"人们紧张地看着，生怕那些水手会不慎掉下去。

幸好，这些水手都是经过挑选并经多次训练，一个个如同猿猴一般。

一只船，两只船……一溜九只船已排在龙口处了。在它们的后面是四根几百丈长的大绳和竹缆紧紧地拉在岸上的木桩上。九条大船两边用大绳拉紧。

　　船在水上左右晃动。这时每只船上只剩下两个身扎短靠，手持利斧的水工了。

　　这九条船才停住，后面又是九条船。以同样的方法横在龙口之上，与前排船排列在一起。顿时，在龙口的水面上筑成了一道船墙，被水冲得摇摇晃晃。两船相碰，发出嘎嘎的声响，传到了岸上。

　　那骇人的声音和晃动的大船揪住了人们的心。吴大澂和倪文蔚已不知不觉地离开了太师椅。

　　刘鹗微张着嘴，手中的令箭也不知何时落在了地上。他的心被紧紧地吊着。

　　船随时有被冲下水去的危险。虽说那铁锚早已扎到了水中，两岸的竹缆、绳索也扎得紧紧的。但谁也无法预测，哪条船上会出现危险。

　　刘鹗知道，最危险的时刻尚未到来。因为，第一只船离岸尚有四五丈远，最后一只船离岸也有四五丈远。驾船来堵这些缺口的才是真正的勇士。

　　就在这时，只见四只船从下游逆着水划了上来，共八只船比前面的船小多了。但是四只一组，前后左右地连在一起。

　　八只船同时揳入那两个缺口。

　　"轰！"水被堵住了。水头一下子抬高了有两丈之高，二十六只船被举到了水面上。特别是两头的船，因为没有绳索拉紧，更是危险之极。

　　这时，只见每只船上的两个敢死勇士依然稳稳地一个站在船头一个站在船尾。虽是寒冬腊月，水工们身上只有短靠，但他们仍是威风凛凛，毫无惧色。这些人是歪宝帮助刘鹗挑选出来的。

8

　　歪宝斜坐在一个苇捆上，手中拿着一根芦苇，若有所思地看着眼前的河水。刘鹗站在苇捆旁，两手背在身后。刘鹗慢慢转过身来，他看了看歪宝。可是歪宝并没有理他。

是啊！刘二少爷要讲的事情，是自己早已预料到的。可是还是没有想到他会要自己解决这几个难题。歪宝还在回味着不久前两人的谈话。

两个人在捆扎芦苇，"歪宝叔，"刘鹗一边干着一边说："想找你借样东西。"刘鹗抬起头来看看歪宝，又搓了搓已被划破的手。

"笑话，"歪宝笑了起来，"我歪宝还有什么能借给你老呢？"

"有！"刘鹗停了下来，大声说："你有！"

"有？我房无一间，地无一垄，一条小船，船板早已不知沤在那块河底喽！"接着歪宝抬高了调子唱了起来："有啊——有，上有青天盖着头，下有黄河任我游，晴天的太阳随我晒啊，大雨在我身上流……啊呀啊呀！皇帝老儿他也夺不走。"唱着唱着，他的情绪变了。刚才还是嘻嘻哈哈的神态，变了。他顿了一下又接着唱，"有啊——有，一双脚板走天涯，吃饭全靠两只手，泪水在我眼窝里转啊！脑袋啊还长在我的肩膀头……啊呀！啊呀！皇帝老儿他也夺不走……"

捆扎芦苇的民工全都停了手，慢慢地围拢过来。

刘鹗听得出来，歪宝这是唱的梆子。但是这些歌词是他自己随口唱出来的。此时此刻，刘鹗听得出来，歪宝是在忍着眼泪唱——这滔滔黄水已使多少人家流离失所，一无所有了啊！

歪宝并没有停下，"有啊！有，也有父母高堂在，也有妻儿暖床头，一朝黄河从天降，只留下我，我，我歪宝一人不去借债不发愁，啊呀！啊呀，皇帝老儿也夺不走。"

歪宝高声唱着，他是要把一腔怨气全发出来。

刘鹗看看四周的人，有的闷声不响，有的默默吸烟，有的在用手擦眼睛，有的在低声抽泣——这些，几乎全是无家可归的人了。他们的家乡田园都已在这滔滔的黄水之下了啊！歪宝随口唱出的正是他们眼下的处境啊！

歪宝停了下来，他深深地吸了一口气说："二少爷，你说吧！你要借什么？"

"借——"刘鹗不知怎么说了，"借——改日再说吧！"

歪宝见刘鹗吞吞吐吐，笑了笑，两只手一拍："俺知道你要借什么！"

刘鹗心中明白，歪宝已经猜到自己要说的话。于是，干脆地说："借你的命！"

"借命？"周围的人吃了一惊，纷纷以疑惧的眼光看着他们二人。

"哈哈哈……"歪宝笑着说："俺早已猜到你二少爷想说些什么……哈哈哈……"

旁边的人都不知道他们葫芦里卖的什么药，惊奇地看着他们。

"怎么样？"刘鹗有把握，但还是问了一句。

"二少爷忘了王五的嘱咐了？一言为定！"歪宝痛快地说。

"别忙，还有！"刘鹗说。

"还有？"歪宝奇怪了。

"借命之前还得先借一样东西。"刘鹗认真地说。

"命有一条，别的可真没有了……"歪宝不以为然地摇了摇头。

"有。"刘鹗顿了一下，"先借你的心去换五十一条命。"刘鹗是一字一顿地说出了这句话。

歪宝一下子明白了。他没有再说话，眼光慢慢地移向了围在四周的这些哥们儿。人们慢慢地品味出什么来了。他们看着歪宝，有惊奇，有疑惑，有茫然，有愤恨。但是谁都不开口。

歪宝又看了看那滔滔的黄河。是你养育了我，我们，也是你毁灭了我们。黄河，难道你就是这样与我为难吗？

歪宝慢慢地把眼光收回来。我歪宝一条命不足惜，可是，可是还要我带上五十一个弟兄。谁，这是谁的主意？

"这是吴大澂叫你来的吗？"歪宝两只眼睛紧紧地盯着刘鹗，"你，实说吧！二少爷。"

刘鹗没有退缩。他知道，此时无论是什么权势都无法压服面前这个刚烈的汉子。

"是我，是我来和你商量的。"刘鹗沉静地说。

歪宝没有再说什么，他缓缓地退回到苇捆前斜着坐了下来。

刘鹗站在他的前边，充满希望地看着他。

一阵风吹来，刘鹗打了一个寒战，但是歪宝没有动，只是像个泥塑木雕般坐在哪儿。

周围的人毫无声息，他们在等着歪宝说话。

9

刘鹗的目光紧紧盯在第一条船船头上那个水手的身上。他知道，那个就是歪宝。可是无论如何，他也无法看清那在颠簸的船上的人的面貌。一是因为距离太远，又是因为这二十六条船上的水手打扮全都一般模样。

大船在龙口上连成了一线，随着龙口水势的增强，这"船链"的两端被紧紧地拉在两坎上。他们随着水浪，时而升上浪峰成了一个弧形，时而降下波谷深深地埋在水中。

浪花冲刷着大船，在船上的每个人都浑身是水。

这五十二个水手个个身强力壮，又善于潜水。这些日子，他们在选出的二十六条船上蹿上跳下多次练习，在波峰波谷中从船上跳下，然后迅速游回岸边。今天是他们大显身手的一天，也是闯鬼门关的一天。

此时，他们一个个精神抖擞地站在大船上，一手执凿，一手执斧。每个人腰间挂着一个酒葫芦晃动着。他们感觉不到冷，刚才那大碗大碗的烈酒烧得他们浑身发热，这令人激动的时刻也使他们感到浑身的血液在燃烧着。

歪宝站在船头，他看看那坎上的升标旗，再过一会儿，他的动作将决定这次堵塞龙口是否成功。他有可能随着沉船被永远埋在水底，也有可能被卷入那无情的旋涡，然后随着黄水流入大海葬身鱼腹。可是，他自信会游回大坝，会活着回来。

那天，他最后答应了刘鹗的要求。他挑选了这批敢死水手。他不愿为皇帝老儿卖命，对那些身居高位的大员们也不屑一顾。可是，他不能辜负王五爷的嘱托，他要对得起看得起他的刘二少爷。他要为葬身河底的人们"报仇"——向黄水讨还生活。

他沉着地看着那飘在旗杆上的红旗，伸手从腰间移过那只酒葫芦，举起来对着嘴又猛灌了一口。

岸上的人们看到此种情景，发出阵阵呼喊："好啊！好啊！"人的喊声，水的吼声，船的撞击声汇成了一片，震得人们耳中嗡嗡作响。

那卡在"船链"和堤坎之间的八只船被水往前冲着，使船堤之间越挤越近，如两个楔子打入，终于使坎与船连成了一体。

刘鹗见此情景，心中想道："天助我也！"也不再回头去看立在身后的吴大澂。他咬紧了嘴唇，心和手几乎同时提了起来！令箭再一次高高举了起来。说时迟，那时快，升标杆上的红旗陡然落了下来。旗杆边的一个兵弁猛地拉动手中的旗绳，只见一面蓝旗刹那间在旗杆上升了起来。

"喤喤喤！喤喤喤！"站在大堤上的锣手们在蓝旗升到杆顶上的一刹

那，猛地把手中的锣敲响了。撼天动地的锣声如暴风骤雨般在大堤上响成一片，压住了人声、水声。

几乎在锣声响起的同时，船上的五十二个敢死水手跪了下来，一个个用斧头猛击那堵在船板洞穴上的木塞。水哗哗地从洞中冒了出来。

这二十六只船的甲板上虽一无所有，但船舱中都装满了鸡蛋大的卵石。水一冲进船舱，水柱呼呼作响。那些水手们顿时浑身水淋淋的。在波浪中的船似乎没有刚才那样晃动了，稳了一下，明显地下沉了。

这时，站在土坛上的刘鹗的心稍稍放下了一些，他吐了一口气，回头看了吴大澂一眼。吴大澂立在那儿几乎是看呆了。两岸的民夫、士兵也都停止了喧哗呼喊，眼见得那二十六只大船慢慢地下沉，五十二个水手仍是纹丝不动地站在船上。可是，二十六只船下沉的速度不一样，两袋烟的工夫，可以看到中间第六只船沉得慢，那两个水手又跪了下来，猛砍船板，扩大水口。两边的大船也在拉紧着它一起下沉。

大船在下沉，歪宝神情自若地站在船头，他向两边望了一下，二十六只船就像一条线一样地下沉着。他浑身是水，一动不动，他在等待跳水的命令。

刘鹗注视着二十六只船在下沉，他知道自己的使命。这五十二个人的命在他的手中，他不下令谁也不能跳水。

船还在下沉，水位在不断升高，那一排排的浪头凶猛地扑向船甲板，船上的水手们已开始东倒西歪了。可是没有人弃船。一会儿，刘鹗注意到水手们在向桅杆边跑去了。

河水没过了船帮，水位越来越高。轰鸣声已遮住了一切。二十六只船几乎以相同的速度下沉着。

黄水没过了船舷，二十六只大船全都迅速没入水中，五十二个水手都先后爬上了桅杆。

刘鹗大喊了一声："跳水！"可是在这各种巨响的大合奏中，这喊声显得多么的微弱，自然是不会起任何作用的。但同时他手中的令箭第三次坚定地高高地举了起来。

蓝旗猛落，黄旗陡起。除了水声之外，在统一指挥下一切声响停止了。最先引起人们注意的是那五十二个水手，他们几乎同时翻身向水中跃去，如同一只只海燕一下子插入水中，两岸一片喊好声。可是人们看到还有一个人紧紧地挂在桅杆上，他两只脚盘在杆上，一只手搂住桅杆，注视着下沉的船。

这是歪宝。其他水手向两坎游去。可是他不能去，他还要等到大船沉到河底，才能离开桅杆。

水已把大船全部淹没了，水面上只留下了几十根桅杆。龙口的水位一下子提高了许多，越过大船，轰然倾泻而下。如此，以沉船为界线，两边的水位一下子出现了近一丈的落差。

黄水冲击着。大船虽已沉没，但在水下它们又开始晃动，那几十根桅杆已向着同一方向倾斜。

故道中的水位继续升高，升高。忽然，"轰"的一声，水位越过了阻挡的水坎，轰轰地向东流去。龙口的水势顿时减弱了。

大船沉底了，桅杆不再晃动了。只见还在桅杆上的歪宝从腰间抽出一条布巾，先擦了擦自己的头，然后把手高高地举了起来，用力挥动那条布巾。

岸上的人们一见歪宝挥动布巾，一片欢腾。

刘鹗高兴地跳了起来，他先是向着沉船的方向又喊又叫，然后跪了下来，猛地叩了三个头。当他第三次抬头时，只见歪宝已跃入水中，一下子被大水冲了下去。他尖声大喊："哎呀！"可是歪宝已被大水卷走，踪影全无。

岸上的人们也齐声大喊，但丝毫没有作用，谁也没有见到歪宝再浮出水面。

此时刘鹗无法为歪宝的生死多做考虑。他转过身走到吴大澂跟前单腿跪下，两手捧着那支令箭，说："大帅，船已沉底。小侄交回令箭。"

吴大澂没有说话，只是把令箭拿在手中，向倪文蔚看了一眼。倪文蔚一挥手，只见两坎上那几千民工、兵弁一齐动了起来，他们排成了长长的队伍，每两个人抬一个苇捆向龙口走去，把那些苇捆一个个抛向龙口……

埽工们在沉船之后，接着又开始了堵口。这无尽头的队伍要在两天之内日夜不间断地进行下去……

此时，人们的注意力都已集中在埽工身上了。谁也没有注意到只有刘鹗已全身瘫软了，他席地而坐，一边喘气，一边注视着黄河的下游。虽然，他知道在此时无论如何也不会找到歪宝的踪影。但是，他相信，凭歪宝的水性和机灵，他不可能被河水吞去。

10

吴大澂、倪文蔚在率百官祭大王庙之后，一起回到河督府。他们一早上出去时布置尚未就绪，可是现在一切已是齐齐崭崭了。

这时已是光绪十五年正月了。黄河郑州大工终于在年底结束，龙口用沉船法总算堵住了。于是，上自北京紫禁城里的天子，下到河南的百姓莫不欢欣鼓舞。一封封充满喜悦的奏议以六百里加急的速度送往北京，一道道赏赐的上谕飞快地传到河督府。

祭庙之后要赏赐众官员了。

吴大澂下得马来，昂首阔步进了河督府。注意到大堂廊柱上新挂的一副对联，金粉熠熠闪光。"好！好！"吴大澂得意地摸着胡子，连声称赞。

"鹏搏鲲化，声名飞动于九阙。"倪文蔚轻声吟道："虎变龙翔，翰墨流传于四海。"他稍一沉吟，回过头来："有气派，有气派。斋翁，太恰当了，太恰当了。此联切切，此联切切。"黄河堵口成功，倪文蔚的情绪自然也好了许多，话也多了。何况，他明白，吴大澂不日便可赴京面君了，届时，在皇上面前还望他为自己美言几句呢。

"哪里！哪里！"吴大澂摇了摇双手说："倘无抚台鼎力相助，哪得如此结果。"话虽如此说，吴大澂心中那股得意劲就不用提了。因为这对联讲的是眼前的事，是对他的贺词。上联说治河，是写实却不免有吹捧之嫌；而这下联，人们知之不多。原因是吴大澂本是金石学家，对古文字的研究造诣颇深，颇为自负，所以这下联的写实，吴大澂见了甚为高兴。

"斋翁，这联可又是你那位颇负奇才的贤侄所拟？"倪文蔚问，但心里头不免有些酸溜溜的。

"尚不清楚，但决非此子所拟。此子于公务甚是努力，但自负奇才，甚为狂妄，是不肯轻易为人颂扬的。"吴大澂回答至此，不禁又有些不快。昨天晚上和刘鹗谈话的情景，又浮现在眼前：

"铁云。此次大功，尔的功绩实在诸位同僚之上。我已请得圣旨，将你擢为四品知府，不知你以为实授何处为好？"吴大澂此说是打算将刘鹗留在自己身边，一是为照顾世交之子，另一方面也觉得留他在身边确有用处。他希望刘鹗能主动提出留在自己身边，谁知刘鹗并未马上回答。

吴大澂以为刘鹗对官职太低感到不满，又补充了一句："你未经考场而授知府，已是上蒙皇恩啊！"说着他端起茶杯来呷了一口，等刘鹗回答。

"河帅，"刘鹗正色道，"小侄不才，此次投奔河工，蒙大帅不弃，使小侄六个月来奔走河干，得以一展才学。于今大功告成，实是大帅督率有方。只是……只是……"

吴大澂放下茶杯，抹了一下嘴，他以为刘鹗还有什么要求，便说："只是什么？只管道来！"

"只是小侄以为，为官者，于私虽然上可荣宗耀祖，下可督率子孙；于公上可为皇上效力，下可拯救黎民百姓，实是人人极愿为的事。但以小侄的性情而言，懒散而不守绳墨，恐不宜为官。"

吴大澂听到此，愣了一下。他未想到这个怪人，竟然将四品知府亦不放在眼中。就又说道："大功奖案已下，你以为如何？"

刘鹗马上答道："河帅施恩，小侄岂有不知，又是这大功奖案四品知府之职。可否让予家兄？"

这简直是视官场如儿戏。吴大澂心中不免一阵怒火上升。只好回答："此事容后再议如何？"

吴大澂站在楹联之前想到刘鹗之事，心中不满。他又想，此人下一步不知又有何怪事呢！当然，这些他都未对倪文蔚说。

11

在诸多官员均以能进入河督府参加庆功喜筵而深感喜悦之时，刘鹗却来到了大堤龙口之处，随从只有刘贵一人。

虽说已经休息了半个月了，可是刘鹗仍感到疲惫不堪。龙口合龙，大功告成。但他的心神一直没有安定下来。那天虽然派出一些兵弁沿河去寻找歪宝，可是一无所得。既不见人回来，也不见尸身。难道真的随同黄河冲入大海去了不成。

这五十二个人虽是刘鹗挑出来的，但如无歪宝领头，恐怕没有一个人肯去干这种卖命的事。刘鹗事先周密布置，定下了不少信号，以确保安全。在他几次举起令箭时担心的：一是大船不按计划下沉；一是这五十二个人的生命安全。因为，稍有不慎，只要有一条船被冲出船阵，那水手就会被卷入激流中的旋涡。到那时，你纵有天大本事，也无法控制那滔滔黄水。他一直告诫自己，沉船之时务必小心谨慎，细心大胆。可是，孰知到最后唯独没有给歪宝以保险的措施。如今，那五十一个人都平安回来，唯有歪宝不知下落。

死一个水手，对吴大澂、倪文蔚来说自不是大事。除了发些银两之外，再没有什么处理了。

刘鹗疲惫地来到他曾和歪宝一起避风的那个地方，来回走着。

"成功了！成功了！"他嘴里默默地念着，他闭了闭眼睛，龙川临去世的情景，随同父亲治河的情景，初遇歪宝的情景，一幕幕地在脑中闪现。此时他不知是喜还是悲。

自入世以来，他尚未有过如此大的功绩，想到这点，他心中一股暖意。可是想到歪宝，想到今后不知如何去面对，他又深感惆怅。

黄水滔滔向东流去，哗哗之声仍然压倒一切。他看着远处来的黄水，低声吟道："黄河之水天上来，奔流到海不复回。"他想到了李太白，想到了"天生我材必有用"！

"对啊！天生我材必有用。"拯斯民于水火，以养天下为己任。今后道路还长，可干的事正多，该走了。可是，他忽然又想到，吴大澂并没有同意他走。如此就走，实在对吴大澂有些不敬。

就留在此地为官吗？一穿上那官服，一切就由不得自己了。一想到为官之后那些烦琐的礼节，那没完没了的拜会应酬。特别是那一级级森严的礼节是自己无法遵从的。走，还是得走！

心思一定，他把刘贵叫了过来，命他回去取行李，并特别关照他：

"将笔墨一并带来。"

看着刘贵骑马远去，刘鹗一个人在大堤上漫步，全然不顾河岸边寒风的吹拂，轻声吟道："归去来兮，胡不归，既自以心为形役，系惆怅而独悲……知以往之不谏，知来者之可追……"

12

倪文蔚伴着吴大澂走到大堂中间的案几前，并排坐下。后面跟随的众官员亦随之按个人的官职坐下。吴大澂征询般地向倪文蔚点了点头，轻轻地咳了一下："诸位！"声音虽然并不高，但下面立刻鸦雀无声，一个个抬起头来，露出欣喜的眼光看着他。

"诸位，今日宴请诸位，实在是可喜可贺之事。郑州大工，经两年有余方才竣工。此乃上仰当今圣上天恩，下赖诸位大人齐心协力，故使那滔滔黄水归回故道，嗷嗷待哺之饥民重返家园。本河督才疏学浅，不敢贪天之功，故列案请奖。除夕之夜已有旨谕电达。想来诸位早已风闻。"说到此，他笑吟吟地捧起了一张纸，侧过头，"豹翁！"

倪文蔚兴致勃勃地站了起来，朗声说道："待本抚读与诸位听一下如何！"

下面人人露出喜色，一片嗡嗡之声。"以前只是传说而已，此时方可真信。"一个官员与另一个官员耳语道。倪文蔚稍待了一下，下面又是一片："有劳抚台大人！""不敢，不敢。"

倪文蔚见气氛如此热烈，也不顾自己的身份官职，稍一顿，便读了起来："……吴大澂受任以来，迅速事机，实心筹划，会同倪文蔚饬在工员并认真趱办，使大工克期告成，洵为不负委托。吴大澂著赏加戴头品顶戴，补授河东河道总督。"方读到此，下面的众官员纷纷离开座位，站成数列，齐声高呼："贺吴大人！"

吴大澂喜滋滋地站了起来，双手一拱，频频点头，嘴里不断说着："皇恩浩荡！皇恩浩荡！"

稍一平静，倪文蔚又读道："倪文蔚著开复革职留任处分，赏还顶戴，交部从优议叙。"自然又是一片祝贺之声。倪文蔚不等平静下来，用眼睛扫了一下那张纸："李大司农，成河帅，李河帅亦各有加恩。"他看了看下面的反应，眼睛又回到那张纸上："前山西布政使绍缄！"他点名喊道。

"卑职在！"

"前山东按察使潘文骏！"倪文蔚又点了一个。

"卑职在！"

"留办坝工，亦著交部从优议叙。"倪文蔚继续读道……

这样逐一点来，下面已嗡嗡乱成一片，或互相祝贺，或低声议论。但个个都是喜形于色。有的人已不顾礼节，在那抓住酒壶大喝起来。

吴大澂、倪文蔚也并不阻止，两人也低声谈论着，看来，这场欢宴将在一片嗡嗡的劝酒声中结束了。

"禀河帅！"忽然有一个坐在后面的官员站了起来，高声喊道，"卑职有一言。"

他这一声喊，顿时使人们都愣住了，看着他，不知他要说些什么？

这时只见他从座位上走了出来，到正案前站住脚，弯下腰来："卑职不才，愿献一印于河帅，以助兴致，以志功绩。"说着他从袖口中掏出一个小小的锦盒，恭恭敬敬地举过头顶。

众人都奇怪地看着他。吴大澂笑嘻嘻地站了起来，隔着几案，伸出一只手来，嘴里说道："是何稀奇物品？"这官员趋步走上前来，单腿跪下。吴大澂把小锦盒接了过去。

正在此时，忽然一个官员从外面疾步走了进来，在吴大澂耳边悄悄说了几句什么，双手递上了一个信封。吴大澂随手将锦盒交给了倪文蔚。

倪文蔚也不推辞，轻轻打开那锦盒。只见中间是一方鸡血石的小印。他用手轻轻地拈了起来，翻转一看，立即笑逐颜开地对吴大澂说道："斋翁，此系大工合龙之印。久可保存，久可保存。"

吴大澂将手中的信放在案上，接过那印，一看是："合龙"两字，喜滋滋地说："受之有愧，受之有愧！"下面众官员亦不知那上面刻了什么，但又是一片祝贺之声。

13

献印之人得意扬扬地回到自己的座位上，其他官员都以羡慕的眼光看着他：好一副精明的头脑啊！献得恰到好处。看来升官有望了。

谁知他刚落座，有又一位官员站了起来，快步走到倪文蔚身边耳语几句。倪文蔚沉吟了一下，点了一下头。那官员回到门口，大喊了一声："献上来！"

人们的眼光都盯着门口，有好奇的已经站了起来，不知又有什么新花样出来。门口走进两个差人，手中各捧一个什么东西，上面红绸盖着。

那官员故意停了一下，方才对吴大澂说道："吴大人劳苦功高，不负皇上圣恩实乃天意。昨日蒙古客商送来狼皮两件！"说着，伸手揭去两方红绸，只见那两人捧的是一样的漆盘。那官员用手再一揭，那狼头、狼尾及四肢均已奪在漆盘之外。"卑职以为，此乃冥冥之中，暗助大帅成功！这狼皮请大帅笑纳。"

吴大澂刚才见了那方印，已喜得合不拢嘴，此时又见狼皮，更是喜出望外，也不顾身份，绕过案桌走了过来。他用手轻轻地抚摸着那油光锃亮的狼皮，嘴里不停地啧啧赞叹："好皮！好皮！"

原来，按清例，各级官员所用皮子均有定制，唯有头品官员方才可以使用狼皮褥。吴大澂被赏加戴头品顶戴不过才半月，就有人送来了这两张狼皮，怎不令他喜出望外？

"来人啊！"吴大澂喊道，"上酒！"

顿时，一个个酒杯里又都斟满了美酒。

吴大澂端着酒杯说："诸位，为报皇上圣恩，先满饮此一杯！"说着他一仰头喝了下去。他把酒杯向外亮了一下，放在案上，"诸位，本河督受此印章，受此狼皮实在有愧。想本河督接任以来，与诸位齐心协力，终日奔走河干，诸兵弁、百姓亦死力相搏，终有今日，何尝不欢欣鼓舞！"他顿了一下，扫视了一下全厅："如今人人加官晋爵，自是欢喜异常。但尚有一奇事，诸位恐知之不多。"

众人本来都笑嘻嘻的，此时个个露出了好奇的样子等着下文。

"郑州大工，诸位出力甚多，功不可没。自本督接任，反复思之，系龙口以何法堵筑一事。询之诸位，访之河干，不以职位论高低，唯使用贤能之人。反复推敲，考虑再三，使用了刘鹗所述之沉船法。刘鹗系故人之子，为此微言颇多，以为本督任人唯亲，尚有人上书弹劾。"吴大澂看了看周围的反应。

"此人狂妄而不守绳墨，秉性古怪，实在有些难以琢磨。"吴大澂又说。

倪文蔚听到吴大澂如此说，颇感奇怪，但又觉得说的也是实情，也接着说："桀骜不驯，目中无人，恃才狂傲，但却也颇有些真才实学。"

吴大澂没有搭理倪文蔚，用手指了指下面一个空着的座位。

大家一看，果然案上杯盘、碗碟俱全，但尚无人动过。这时大家才注意了，这么一个人人唯恐不能参加的宴会，竟然会有座位空在那儿？

吴大澂接着说："刘鹗并无官职，仅捐得一个五品同知，实系一白衣之人。那弹劾者、讥讽者也是事出有因。此人数月来与诸位相处并不十分融洽，得罪之处甚多。但其于堵筑工程却能任劳任怨，短衣匹马，人不敢任之，其自能任之。此人初来河工，大堤之上毫无礼节，但本督以朝廷之事为重，忍之再三，仍用其法，方使河有今日。是否任人唯亲，诸位自有明断。"

喝酒的人们听吴大澂这一番表白，知道他也是发一通怨气，自然又是一番奉承。其中有一个尖刻的人说："河帅任人唯贤，力排众议，见识果然高一等。这刘鹗嘛，此次本应重奖方好。"

吴大澂一听，明白此人是以攻为守，倘使给刘鹗委以重任，那么你吴大澂仍然脱不了任人唯亲的罪名。

吴大澂心中明白，此人反话正说，也并不着忙。他取出一个折子，说："刘鹗治河有功，本亦应从重奖励。刚才祭河之时，他尚与诸位在一起，可现在竟然留下一信，已返回故里了。"

那些急于升官的人不仅面面相觑，实在不能相信，天下还有那不肯做官的人。所以，一静之后，又纷纷议论起来。

吴大澂将桌上那八行拿在手上，读道：

"敬禀者，窃白衣之人刘鹗，于八月自奉郑工，蒙河督、抚台之嘉许，方得一显身手。为竭尽驽骀之力，藉仲犬马之枕。今日决口已塞，大功已成。众官有加官晋爵之资，百姓免饥寒之苦。鹗养天下之凤愿已了，故无他顾。河督曾言，将以知府用之。自思所学甚少，为政不能，自请归故里读书。奖案呈文，愿以家兄刘渭清名之为盼。临行匆匆，未能叩辞，望河督、抚台鉴谅。肃此具禀，谨请勋安。刘鹗顿首。"

听到此处，大厅之上倒也一时肃静。人们脸上表情各异，不知如何是好。

"果然是个奇人！"此时倪文蔚在旁轻声地说道。

14

黄河大堤上，刘鹗正骑着马向东走去。此时他感到一身轻松，任马在堤上信步而行。

虽然已是正月十五，七九天气，但寒风吹在脸上仍然有疼痛的感觉。但刘鹗全然没有感到。他望着河水，脸上露出了笑意。他觉得自己几年来的功夫没有白费，一生以来尚没有这么痛快过，他对自己的行为感到满意。自父亲去世后，他就如同一匹无缰之马毫无约束，唯有兄长刘渭清的话还能听上三分。如今将功劳让与他，也是尽了一片手足之情。

他又想到龙川夫子的嘱托，也不免感到高兴。"养天下为己任"是师傅的遗言。他伸手摸了摸胸口，那小金佛仍然贴在胸前。

他又想到歪宝，不知生死如何？

马儿慢慢地走着，刘贵也骑马跟在后面。刘鹗想到河督府此时定当热闹非凡。他忽然又想到，黄河虽然已经合龙，但杂事仍多，自己突然离去，不为功名又为什么？他自己也说不清楚。但我行我素，想来就来，愿走就走，他不希望有人管他。他只想干自己想干的事情。

"车服不维，刀锯不加，理乱不知，黜陟不闻。"他忽然又想起了父亲编的《韩文百篇编年》一书中，韩退之的这几句名言。面对滔滔黄河，他不禁轻轻吟诵起来。

第七章

1

光绪二十六年九月初。

虽已是晚秋天气了，津京一带依然酷热异常。大沽口虽然紧挨渤海，海风阵阵，不是那么燥热，可是一股股腥味使人感到窒息。

港口并无喧嚣之声，一片沉寂。一艘并不起眼的轮船停泊在港外。高高的船头向上翘着，船上的油漆已是斑斑驳驳，但船头上"爱仁"两个字仍然如同才涂上去一样鲜亮。

半个月前，就是这艘船，将"东南救济会"的发起人山西司侍郎陆树藩、德国医生贝尔榜、德文翻译洪肇生等人，从上海送到了天津。

今天在船上的是刘鹗，他一身东洋人打扮，站在甲板上，两手抓紧栏杆，向远处望着。

小火轮不来，他无法登岸，也无处了解情况。

虽然天气还算晴朗，但仍不能看得很远，远处飘着一些旗帜依稀可见。东边刘鹗知道那是"东炮台"，最显眼的是白底红日的一面太阳旗，另外紧挨着还有两面，一面是蓝底白边红米字的英国国旗，一面是绿白红三色竖条的意大利国旗。看着这几面旗，刘鹗无奈地转过头去，他向更远处望去，西面西炮台，飘荡着美国的星条旗。再远，看不出来了，但刘鹗心里明白，那是德国的、法国的国旗。

他收回目光，看近处，眼前也莫不都是这些刺眼的外国旗帜。

刘鹗南北往返不知有过多少次，他不是第一次见到过这些旗帜，但是，这是第一次看到这些旗帜集中在一起。他熟悉开滦矿务局码头上那黑红黄三色横条的德国国旗，一会儿，他将登岸的招商局码头上是一面美国国旗……看着这些迎风飘扬着的旗帜，刘鹗总感到缺了一些什么。噢！对了，那是绣有一条金色巨龙的大旗。可是没有，一面也没有。他满心以为，比他早到一个多月的特命全权大臣李鸿章会插上那面他熟悉的旗帜。可惜没有，没有……他知道，再过几个小时，他将要从这些杂色的旗帜下走过去。"人民犹是，城郭已非……"想到这里，他不觉两眼有些湿润，一只手轻轻地拍了一下栏杆。他抬起了头，天高云淡，他轻声吟了起来："……落日楼头，断鸿声里，江南游子，把吴钩看了，栏杆拍遍，无人会，登临……"

刘鹗本不太喜欢辛弃疾的词。可是此时比刻，他不知为何，觉得辛弃疾的词是如此的能表达自己的心意。"……倩何人唤取红巾翠袖，揾英雄泪。"他轻吟着，不觉叹了一口气："唉！辛稼轩啊！"

"二少爷，"刘贵手里拿着一件白色的坎肩走过来，"什么时候登岸？"刘贵问。

刘贵依然是那么精神，一条辫子盘在头顶。与以前不同的是，在衣服外面罩上了一件白布坎肩。这坎肩前胸扣紧时是一个大大的红色的"十"字，后背上也是如此一个红十字。

刘鹗没有回头，也没有回答刘贵的问话，只是轻轻地说："告诉大家，把坎肩都穿上，上岸之后，一切小心。"

刘贵顿了一下，把手中的坎肩举了起来："二少爷，您也穿上吧！"

刘鹗回过头来，看了看刘贵手中的坎肩，又看了看刘贵的打扮，脸上无任何表情，缓缓地说："我，等一下吧！"说完又回过头去，眼光又顺着那些旗帜扫过去，寻觅着，寻觅着。

2

是啊！"人民犹是，城郭已非。"今年春天虽然大家都感到气氛紧张，但谁想到局面会坏到如此地步呢？谁能想到两宫竟然远离京师，以西狩为名匆匆离开紫禁城，向西仓皇而逃呢？

"义和拳，义和拳"，他嘴里轻声说，"一群乌合之众，无法抵御洋人的洋枪洋炮。但董福祥呢？荣禄呢？一群草包！"他忽然想起上船之前刘贵给他学说的，流传在上海民间的俚词《西江月》，"武卫军将虚设，董帅孤掌难鸣，可惜大清百万兵，事到临头无用。"怪不得连刘贵也知道"武卫军在东交民巷抢夺时倒真是勇不可当。神机营、虎神营一听洋兵到了，就如狼遇虎，如鼠遇猫。"

他静静地想着，他自己是如何乘船北上的。

八月十四日，八国联军攻入北京，从广渠门、朝阳门、东便门蜂拥而入。十五日天还没有亮，慈禧太后携载湉乘骡车匆匆而去。不到一天，北京城便成了洋人的天下。

两天之后，消息传到了上海：慈禧已带着皇帝西狩了，随驾的皇室有载漪、溥隽、载澜，大臣有刚毅、赵舒翘、莫年。紧接着，深恶洋人的大学士徐桐自缢身亡。

接着又有较详细的消息传来：当年有"翰林四谏"之一的旗人宝廷之子寿富、寿蕃兄弟，旗人中不可多得的读书人，留下了一封遗书说："虽讲西学，并未降敌。"之后投湖而死。最惨的是户部尚书、翰林院掌院学士崇绮一家，其妻派尔传氏听说联军入城，竟然在后院掘一深坑，全家十三口人，除一孙子外全部跳入坑中，生埋而死，崇绮自己也一根绳子吊死了。然而，更使刘鹗感到震惊的是国子监祭酒王懿荣的死。

王懿荣生于道光二十五年，长刘鹗十二岁。光绪二十二年中日甲午之战前，王懿荣曾上折请回山东福山办团练，以一著名学者的身份写了"岂有雄心辄请缨，念家山破自魂惊；归来整旅虾夷散，五更犹闻匣剑鸣"一诗以示决心。

王懿荣酷爱金石，收藏有刻本书、铜器、石刻、古钱、汉印等。光绪二十五年，王懿荣从药店买回整块的龙骨作药，从中发现了上面刻有某种符号，他断定这是文字，因此便时时留意。

王懿荣结交了当时几乎所有的金石家。但这些人对龙骨全然没有兴趣，唯有刘鹗与王懿荣有同感，但亦无法断定是什么符号。那时，刘鹗不但与王懿荣结交，也与王懿荣的儿子王翰甫相友善。

一天，王懿荣与王翰甫在察看"龙骨"，巧遇刘鹗前来拜望。因此，话题自然就是这些"龙骨"了。王懿荣拿着一块"龙骨"对刘鹗说："这龙骨实在便是龟甲。我今日琢磨，药店里购来的龟甲，均有刀刻之痕迹。谓之龙骨者，需颇大者方可置于橱窗之中使人观赏。作为药材之龙骨，均已磨为细粉，自然无法辨认其有无刀刻纹路了。"他举起了这块龟甲说："你看，此中纹路并非刀刻，而系火烧。但并不十分清晰。"

刘鹗把那片龟甲接了过来，走到明亮处细细看了一下，见纹路果然与刀刻不同，便说："刮剔亦难免将纹路磨去，可置于水中荡涤，使泥甲离析，纹路便能清晰显现了。"

王懿荣说："近日我仔细推敲，这龟甲上纹路行列整齐，非篆非籀。倘确是文字，当在篆籀之前。从时间推考，应是殷商时文字。"

刘鹗兴奋地说："正孺前辈所说确是精辟。毛睢之前为漆书，漆书之前为刀笔。许叔重亦仅见古籀文于彝鼎。倘此龟骨之上确为殷文字，则吾辈于两千年后得睹殷人刀笔文字，实为大幸。"

王翰甫在旁边看两人谈得投机，也插嘴说："家父近日反复揣摩，昨日已肯定龟甲之上为殷契，正待与铁云先生共同研究。"

刘鹗听到此，心中万分高兴，一股狂傲的劲又上升了。但他没有表露出来，谦逊地说："小侄安敢与正孺前辈共同切磋，能学前辈万一，则幸甚。"

王懿荣早已知刘鹗的为人，因此也就直说："我早闻铁云先生见多识广，如有高论，老夫愿洗耳恭听。"

刘鹗对龟甲亦已有收藏，听王懿荣这么一问，那涌到嘴边的话就不能不说了。他手里拿着那块龟甲，挥了挥手说："铁云所见尚寡，不敢胡下断语。但以六书之指推求钟鼎，多不合；再以钟鼎体式推求龟甲之文，又多不合。此龟板上之纹路，当先于钟鼎，自是上古三代之文字。文字愈古，则推求愈难了。"

王懿荣笑着说："唯有其难，方需我辈细心考求。此龟甲系我高价索求而来。倘能用心考求，只需识得一二字，便可断定是否三代文字。可惜，虽已揣摩数日，尚不得要领。"

刘鹗问道："窼斋前辈于此不知作何推断？"

王懿荣遗憾地摇了摇头："此龟甲，泥甲相粘，又以药材名之，尚无人去推求此中奥秘。"

刘鹗此时已有些憋不住了，他马上说："正孺前辈乃今之考古大家，已断定此为殷契文字。铁云不才，虽所见不多，但定要将此弄个水落石出，方释心头之疑。"

王翰甫听到此，两手一拍："正是，正是。此事舍铁云先生尚无人敢夸此海口。"

刘鹗站了起来，正色说道："事在人为，敢为人之所不敢为，方可有所作为。正孺前辈以为如何？"

王懿荣此时也兴奋起来："老夫有生之年，当以此为一大事来揣摩，定能有所作为。"说到这里不禁大笑起来。

刘鹗与王翰甫亦一起哈哈大笑起来。

这才是今年春上的事。没有想到，不到半年的工夫，刘鹗尚未去研究那龟甲上的文字，王懿荣的话犹在耳旁，竟得到他投井殉国的消息了。

3

刘鹗与陆树藩站在上海城隍庙的九曲桥上。

陆树藩背靠在桥栏杆上，两眼看着对面豫园的大门："铁云，两宫西狩，百姓涂炭。西洋有大兵事，则有善人设红十字会救济之。小弟不才，愿立一救济会，不知先生于此有何想法？"

刘鹗不假思索地说："大舟触礁而沉，舟人登陆者一半，沉溺者一半，登陆者不当尽力拯救沉溺之人吗？现北省大难，南省独得完全，犹如登岸之人，自当尽力而为。"说完，将手中的一块酥糖"啪"地扔进水中。顿时，许多红色金鱼游了过来抢吃那酥糖。

陆树藩见刘鹗说得痛快，立马接上说："立会之事，浙江商人潘炳南愿出三千金。但财力仍感困难，已禀李中堂……"

不等陆树藩说完，刘鹗说："商人重利，尚且慷慨解囊，何况你我。"他一停，感到自己插嘴太快，笑了一下："不知李中堂有何训示？"

"中堂离沪之前，小弟曾一再请训，中堂对立会一事倍加赞赏。唯独财力一项，中堂云，因两广之任已卸，直隶尚未接手，于钱财上尚无可确切支持。和议之事不定，两宫已多次来电催促北上，眼下尚无暇顾及此事，望吾辈自行其是，筹款、筹粮、筹衣速速北上。一俟政府人员抵京，便可去拜见之。李中堂到京后稍一安定，即可指挥救济之事。"

听到已有李鸿章的支持，刘鹗精神为之一振："若有中堂如此之说，大旗一树，应者云集。筹款则不是十分困难。"

"非也！"陆树藩叹了一口气，"钱粮自有一些。但北省大难，恐区区小数不敷所需。弟已多方设法，但大局混乱，人心不定，观望者居多，解囊者少啊！"

刘鹗见此，双手一伸，拉住陆树藩的手："弟虽一介寒儒，但原献两千，不，四千金，以假急需。望能笑纳。"

陆树藩不意刘鹗会拉住他的手，因此也就顺势摇了一下说："果然痛快。久闻铁云慷慨侠义，实在不虚。走，喝茶，边喝边谈。"

两人并肩走进明心亭，靠一个窗口坐下。泡了两杯茶，几样小吃。

陆树藩说了声："请！"自己先端起了茶杯。

刘鹗也端起茶杯，同时问道："救济会人选如何？何日进京？届时将四千金奉于何处？弟亦好有所准备。"

可是陆树藩并未急于回答，而是呷了一口茶，又沉吟了一下："实不相瞒，财务募集已是极难，更甚者为北上人选更难招募。"他伸出一手摇了摇："试想，京津乱起，生灵涂炭，联军所至之处烧杀掳掠，凶残已极。人们唯恐避之不及，京中百姓纷纷逃离京城。此时此刻谁人敢冒险北上，置性命于不顾呢？"他又喝了一口茶说："纵有本人敢去，家中妻小老人无不阻拦。唉！也难怪，人之常情啊！"

刘鹗听到此，将茶杯轻轻放下，沉思片刻说："北上之人，一需敢为，二需善为，三需能为，总得百人以上吧！不知眼下敢于请缨者有多少？"

陆树藩用手指算了算："通司翻译，医生度支，杂役差遣，各路人选总数要一百二十人。眼下已请得德文翻译洪肇生，英文翻译雍文卿，医生德人贝尔榜，华人医生……共四十余人。再分京、津二处，保定、通州等处亦须设会，人员更不敷用。"他看了看刘鹗，"不知铁云观察能荐些人否？"

听到如此说，刘鹗看了陆树藩一眼，用手指轻轻叩了叩桌子。

陆树藩见到此情，马上又说："唉！不必勉强，不必勉强。铁云已慷慨捐款，弟已感激不尽。人选之事，弟再设法，弟再设法。请，请！"说着他指了指桌上那些小食说："这茴香豆尚不错……"

刘鹗并没有伸手去拿茴香豆，却把手伸到袖筒之中，摸着那小金佛。一会儿，他站了起来，双手放在背后，慢慢地踱了几步。

陆树藩看他在思考问题，也不催他。

走了几圈，他在桌前停了下来。"不！钱财之事，本身外之物，有之亦可，弃之亦可。"他对着陆树藩看了看，"身体发肤，受之父母，人人必当怜之。此次北京民教相仇，激成大变，致列国倾师船大集津沽，竟以全球之兵力决胜中原。毒莫毒于炮火连天，生灵涂炭；惨莫惨于兵刃交接血肉横飞。"说着，他把茶杯一下子端了起来，放到嘴边，一饮而尽。

那满茶室的人原来并没有注意到这两个人的谈话。此时，听到刘鹗慷慨激昂地说了上面的话，都停了下来，看着他。

"最可怜者京中士官，中外商民，寄居斯土，进无门，退无路。不死于枪林弹雨之下，即死于饥渴野田沟壑之中。我等生为大清子民，与之为同胞手足，岂可视而不见，弃之不顾？"他顿了一下又说："通衢火起，已焚其半，不焚者群起灌救，责无旁贷。弟自度，此次北上人人临危而退，则无敢行之人。推荐他人，若被诘之以尔等何为？将以何作答？"

他两眼看着陆树藩，似乎在等陆树藩回答。满茶室的人也都停了下来，听他们两人的谈话。有的甚至走了过来，站到他们身旁。

不等陆树藩说什么，刘鹗又说："父母妻子人皆有之，生老病死，人人皆然，谁人无后顾之忧？倘人人推诿，救济岂不是空话？此时此刻，唯有你我，主动承当。率人北上，舍我其谁？"

陆树藩看到刘鹗如此表态，不禁心中大为感动。他也站了起来："弟自当亲自率人北上，何需铁……"

不让陆树藩插嘴，刘鹗又抢着说："弟意已决，不必再多言。弟以养天下为己任，此时断无不去之理。当于近日亲自率人随纯伯兄北上。至于人选，弟粗略算计，随同前往者，可有三十余人。"

周围的人见此情景亦议论纷纷，纷纷用赞许的眼光看着刘鹗。

陆树藩没有想到，刘鹗竟然打算自己赴京，激动地说："好！好！即是如此，较之四千金更为难能可贵。如此有钱出钱，有人出人，救济善会定可办成。铁云能带三十余人北上，这四千金则大可不必……"

"不！区区小数，杯水车薪，一片心意而已。一言既出，怎可反悔。至于三十余人，弟自当安排。所需食宿度支亦不需善会分文，均由弟一力承担。"

4

小火轮终于到了。刘鹗带着三十个人一起上了岸。这三十个人一律身着白布坎肩，表面上看来倒也很统一。

刘鹗带的这三十个人或家中子侄，或故乡亲友，或常年随自己工作的同人。刘鹗那天与陆树藩谈妥之后，回去就组织了这些人。不想刘鹗一提此事，倒也个个踊跃，并无推诿。大家一致的看法是刘鹗能亲自前往，别人自然也会跟随，特别是刘贵是常年随身之人，亦是刘鹗不可少的人，当然是重要的一员。上船之前一切开销均由刘鹗负担，并发一人一件白布坎肩前后印有红十字，乃是与上海道谈妥的救济会标志，因此人人都是小心翼翼地带着。

待到塘沽上岸，这些人便感到心情沉重起来。只见道路两旁，焦土残垣处处可见，人迹却是稀稀拉拉，偶见一二人亦是面带饥色，低眉垂首，匆匆而过。

刘鹗上得岸来，就想找一个人问问情况。他见迎面来了一个老者，便开口："老丈……"谁知那老人抬头看了他一眼，脸上便露出惊慌的神色，忙摆了摆手，加快脚步，匆匆过去了。刘鹗先是感到可笑，唉！人人已成惊弓之鸟了。可是，再一想，自己身着东洋装，人家一看你就怕，也是自然的了，自己也感到情有可原了。

来往之人多是各国士兵，高鼻凹眼，也无法辨别是哪国兵丁。总之个个抬头挺胸，神气十足。

好不容易到了天津，一路还算顺利。见了陆树藩之后，少不得一番寒暄。听说刘鹗一行自塘沽到天津安然无恙，陆树藩等人感到奇怪。

原来，陆树藩等人才进天津，就找了几辆洋车。坐上车，才走了几步，前边来了一队德国兵。这些德国兵一见是中国人乘车，也不多问，拦住车就叫下来。陆树藩动作快，赶快下了车。后面一辆车上的陈敬如没有马上下来，把头一昂："光天化日之下，你们是强盗吗？"那些德国兵也不答话，一下子把洋车围了起来，一把就把陈敬如拖了下来，同时一支枪顶在他的背上。眼看要出事，陆树藩急得直向德国兵摆手。幸好，后面的贝尔榜赶了上来，才算没有出事。

提到此事，陈敬如依然满脸怒色："生平遍历五大洲，从未受如此之辱。倘非纯伯谓我辈意在救人，虽受种种危厄，只求办成救济善会。此等横逆之事，只好暂忍一下了。"

刘鹗听到此说："弟等由塘沽到天津，虽未遭辱，但同车洋兵甚多，啰皂嘈杂，实令人难忍。"

陆树藩又说："火车均由俄兵管理，华人搭乘，往往被俄兵驱逐下车。那日两个日本人才上车，亦被俄兵驱逐下车，可见俄兵之凶横。"

刘鹗感叹地说："坐在火车上，一路上只见杂旗遍地，白骨四野。下车后，见海大道至东门尽成焦土，心想，《吊古战场》亦不过如此吧！"

"只怕《吊古战场》亦无法写出我辈之心情吧！"陈敬如感慨地说。

陆树藩说："确实，正是如此。敬如有诗一首，何不吟来，请铁云指正。"

刚才还是一脸怒气的陈敬如，苦笑道："此时哪有心思作诗，无非将心中之事吐出方快，托名为诗耳。诸位不嫌噪耳，便说出请教。"随后便吟出一首诗来：

> 盈虚消长亦前因，涕泗交并过折津。
> 华局不留片地瓦，良民尽作九州人。

弥天烈火茫茫劫，卷地愁风浩浩当。

莫谓河山尚无恙，往来戎马正频频。

吟罢，他也不等别人评说，便道："肇生兄何不将您的《浪淘沙》亦吟出？"

洪肇生看了陆树藩一眼说："小弟所吟，不如纯伯所和，抛砖引玉而已。"说罢，顿了一下，就抑扬顿挫地吟出一首：

红叶满城头，风送扁舟，

败墙高处是红楼。

回首旧时歌舞地，

已付东流。

草木也知愁，

铜鼓才收，

渔翁闲唱荻花洲。

极目沧桑无限事，

往事悠悠。

不待大家开口，陆树藩便接着吟道：

饮恨在心头，

散发扁舟，

干戈扰攘几时休。

满目疮痍无净土，
涕泗交流。

风雨亦含愁，
燹火难收，
摧残至此甚来由。
寄语世人应梦觉，
莫再悠悠。

吟罢低头不语，大家也都不作声。一时间，刘鹗只听到唏嘘之声。

稍停，还是陆树藩说道："罢！罢！此时不是吟诗之时。铁云先用饭，稍事休息。饭后再细谈立会之事。"

5

夜里，漆黑一片。四处无一点声响。

刘鹗侧靠在床上，毫无睡意。这是在天津住的唯一的一夜，也是最后一夜。

此次进京会有什么结果呢？殊难预料。整个救济会尚没有一个人进过北京。北京眼下是什么样子实在一无所知。此去吉凶也实在不可知啊！

他翻过身来，点起了蜡烛。一朵火焰在微微地抖动，墙上出现一个硕大的身影。他伸手到枕头底下，摸出那个小小的红绸包。小金佛马上出现在手中了。他用绸布轻轻地擦拭着。

"以养天下为己任。"他低声说了一句。

是，要想退缩还来得及。不，不能退。去了于己有什么好处呢？恐怕，微乎其微。李中堂尚且推三阻四，迟迟不肯去。我为何主动要去呢？两宫尚且仓皇出逃，我为何要自投罗网呢？想到此，他感到自己有些可笑。

"狂态又发了！"他给自己下了个评语。

可是，如今箭在弦上了，明天首先进京，是自己先提出来的。"唉！但愿菩萨保佑吧！"他忽然对这个小金佛产生了许多信赖。

他把金佛放回到枕头底下。吹灭了蜡烛。

可是仍睡不着，晚饭后的那一幕幕小小的争论，又在脑子里闪现。

陆树藩在房中踱着步，他缓缓地说："此去京都，一路联军云集，棋布星罗，得多加小心，慎之又慎。京通一带虽已安民，但号令纷如，出入不能自主。纵有洋人保护，各军尚未周知。弟已思虑再三，明日弟即率先赴京，不知众位可有几位敢于同行？"说着，他向大家扫视了一遍，等待回答。

众人都沉默着，显然都在思考着谁是首先进京的人选。

停了片刻，陈敬如轻轻咳了一声，大家的眼睛都立刻扫向他。可是他又停了下来。陆树藩见此又说："大家畅所欲言。敢于从上海来此地，自无怕死之人。弟所虑者，谁人进京最为妥当。"

陈敬如说："救济会不止京都一处设会。京、津、保定、通州等处均需有人扼守。天津东临海口，北接京都，地处要衢。弟以为总会设于天津为妥。纯伯兄理当留天津，总览全局。论事北京为最急，最难，最险。去北京之人既要胆大心细，又要处事果断，倘能熟悉情况则为最好。"

陈敬如才说完，刘鹗马上接口："小弟于此亦有考虑，纯伯兄为善会总办，举足轻重，自然不宜轻离天津。弟久居京都，情况尚熟，李辅相为世交，尚可予以支持。纯伯兄坐镇天津，运筹帷幄，沟通南北，凡有人员南下，则经由天津送往上海。小弟愿与所带之三十余人率先赴京，为诸公前站。待一切安排就绪，再迎诸公于紫禁城外，不知可否？"

刘鹗此番话原在陆树藩意料之中，可是自己身为总办，艰险的事怎可推于旁人？所以他又说："铁云所言极是。但弟身为总办，自当甘为前驱，赴京之事自不可推诿。铁云观察虽非官场之人，但与官场人士熟稔，倘能同去自是最好。"

陆树藩才说完，只听到洪肇生嘻嘻地笑了一声，大家都看他，不知他此时此刻笑些什么。

陆树藩就问道："肇生兄有何高见？"

"如今赴京，为济难之事。赴京之人自当挑选与济难有利之人。"洪肇生说。

"那是当然，那是当然。"大家附和他的话。

"其实，纯伯兄去莫如铁云去。"

"何以见得？"陈敬如问。

洪肇生此时才认真地说："此去赴京，自然与官场之人联络甚多。但到处洋兵，处处掣肘，与洋人交涉之处更难于应付。"他转过头来面向刘鹗："久闻铁云熟于洋务，与诸国人士均有交往，不知确否？"

刘鹗笑着说："熟于洋务尚不敢说，但与洋人交往之处确也不少。"

"这洋人有何特点？"洪肇生又问。

"洋人欺软怕硬，贪图利益。弟与之交涉，是诚心以待，虚心以求，晓之以利害，于大关节处决不随声附和，其软我软，其硬我硬，不卑不亢而已。"

"哈哈哈……"洪肇生笑着问大家："赴京之人非铁云莫属，对否？"

刘鹗也哈哈大笑。随即也问了一个问题："此次联军统帅为谁？"

这个问题似乎太简单了，大家都未回答。又是洪肇生首先哈哈笑了起来："小弟听从铁云指挥就是。"说着他站了起来，两手相握深深地向刘鹗一揖:"愿在铁云麾下做一小卒。"

刘鹗也马上站起来还礼:"不敢,不敢。"

人们原来是不知这二人所云,再一想,洪肇生是德语翻译,又略通俄语,联军统帅为德国人瓦德西,俄兵在联军中又最为凶悍。刘鹗进京,自然要有洪肇生这样的得力助手才行。

6

刘鹗无法入睡。对北京自己虽然极熟悉,但是此次与以往大不相同。以前在北京,虽然也遇到过危险,但是成竹在胸,自己未曾担心过。

戊戌年的事他仍记忆犹新。

光绪二十四年八月初七——戊戌年灾难的一天,慈禧太后复出训政。在袁世凯告密之后,慈禧太后立即将光绪皇帝送往了瀛台。一班军机大臣在庆亲王领头跪安后,第一件事就是商量如何捉拿康梁余党。

这六位军机大臣领头的是礼亲王世绎,其余五个是王文韶、刚毅、廖寿恒、裕禄、钱瑛溥。

礼亲王世绎是个毫无主见的人。太后有旨要军机大臣们议奏,他自然不能不奏。王文韶绰号"玻璃球",韬光养晦磨尽棱角,说出的话不着边际,自然不会提出具体拿人的名单。此时最积极的是刚毅。

刚毅是刑部尚书,识字不多,不学无术,对变法维新百般阻挠。因此在变法的不长时日中,光绪皇帝当面问他:"汝欲阻挠我耶?"当时,刚毅是吓得一句话也不敢说,只是把头不停地在地上磕得砰砰直响。霎时,身上的贴身汗衣全湿透了。所幸,他对慈禧忠心耿耿,方才保住了一条命。但每想到此,他心中便跳个不停。

此时,变法失败了,正是刚毅大显身手之时,因此他想极力多抓一些人，以杀一下帝党的威风。

"康有为已乘英国轮船逃往上海，此时是无法去捉他了。梁启超亦早已逃之夭夭，此时也不知躲于何处。但那谭嗣同、杨锐、林旭、刘光第，这四人是必得抓起的。"他神气活现地站在那儿，似乎在发布命令。"还有，康有为逃了，可是康广仁尚在掌握之中。"刚毅喘了一口气，"还有……还有……"他低下了头，在袖口中摸索了一下，两个手指夹出一张纸来。

大家伸过头去看，原来是一张《国闻报》。

刚毅把它高高地扬了一下，奇货可居般地又藏进了袖中："此中人皆可收而杀之！"

"什么人啊？"裕禄大为不满地摇了摇头。

"保国会，保国会题名，一百八十五人，白纸黑字，如何可以抵赖！"刚毅气势汹汹地对着裕禄，似乎眼前的就是应该抓的人。

裕禄不慌不忙地站了起来，掏出鼻烟轻轻地倒一点在手心上，然后往鼻子上揾去："捕人过多，人心惶惶，恐怕亦非太后本意吧！政局安稳，太后垂帘也少些麻烦！诸位以为如何？"他并不理睬刚毅，而是向另外四个人发问。其实这位礼部尚书他心中想的是，这头功难道定然让你夺去吗？捕人多少并无所谓，但总不能按你的步子走。

刚毅未想到会有人公开反对，愣了一下。他转过身来，对着世铎大声喊："保国会？什么保国会！大清江山不毁于外侮，必败于此等人手中。"他把那名单又拿了出来，似乎在与人辩论："康、梁固然当杀，谭嗣同当然要杀。只是，"他咬着牙，停顿了一下，"只是这些人行迹已显，有目共睹。尚有不为人知者！"他气势汹汹地走到廖寿恒面前，用手指了一下："这个宋伯鲁，岂可不杀？"

刚毅这一招果然厉害，廖寿恒吃了一惊，连声说："有理，有理！子良所说甚是。"他的声音发抖，两只眼睛不由得低了下去，没有敢抬起头来。

原来，这廖寿恒此时在军机处学习行走。正月总理衙门王大臣约康有为相见时，廖寿恒曾亲问过康有为如何变法？康有为当时回答："宜变法律，官职为先。"此后，光绪帝德宗载湉所传旨，往往由廖寿恒笔拟。而这宋伯鲁是山东道监察御史，康有为的一些奏折都由他转呈。这么一来，把宋伯鲁和廖寿恒连在一起了。廖寿恒如何敢再多说些什么？

刚毅得意地看了裕禄一眼：怎么样，你还敢说些什么？

可是裕禄并不在乎，他慢吞吞地叫着刚毅的号："子良——，这宋伯鲁你还要抓他，杀他吗？"说着他微微一笑，用手在脖子上轻轻一拍，又做了一个杀头的姿势。

刚毅猛地一愣，又张口结舌了。宋伯鲁因保荐康有为，昨天慈禧太后已作了裁决：康有为、梁启超即刻拿交刑部，宋伯鲁永不叙用。刚毅此时再去逮捕他岂不是违旨嘛！他看着裕禄那才放下的手，不了解裕禄是说杀宋伯鲁呢，还是说要杀他这个违旨之人？

刚毅实在没有想到，竟然没有人支持他多抓些人的建议，而且连碰钉子。他气急败坏地看了看四周："所有新党，应该一律拿办，除恶务尽，以肃纲纪。"不管旁边的人有什么反应，他又挥了挥那张名单："这个人你们以为如何？"说着他把名单送到世绎面前。世绎顺着他的手指一看，在宋伯鲁边上写的是"刘鹗，江苏丹徒人。"

刘鹗自然不知道这些军机大臣们是如何争论的，但他此时确实在北京，也确实和这些"危险"人物在一起。

7

就是那天晚上，刘鹗也迟迟未睡，五个人正在悄悄地议论着。

"云抟，我今夜便离京了。此别一去，还不知何日才能见到。你我结义并非一日，你为人不拘小节，结怨甚多，为兄走后，你也稍微打点一下，早日离京为好！"说话的是宋伯鲁，他正盯着刘鹗看。

今天上午，他已知道自己被"革职永不叙用"了，险恶的形势，使他感到，必须离开北京才行。

在摇曳的灯光下，这五个人的身影都静静地照在墙上。四个坐着的人，有三个身着长袍马褂，一个年轻的身穿学生装。最引人注意的是一个站着的人，身材高大，一脸络腮胡子，显得极为威武。

桌上的酒似乎没有动过，也没有人去端那些酒杯。

刘鹗并不紧张，他轻轻说："芝洞兄尽管放心，小弟不过参加了几次保国会而已。又未写过什么文章。"他用手拍拍坐在他身边的赵子衡的肩膀，"何况住在此地，亦无人知晓，消息又甚是灵通。你只管放心去吧！"

"你放心走吧！"那身材高大的人大声说："这儿一切有我。"

"有五爷我自是放心。只是云抟此人打抱不平之事极多，出头之事多，招人忌恨也多，我是极不放心的啊！"

那被称为五爷的就是大刀王五。"我王五是个粗人，这出谋划策我干不了。但凡今后出头之事，均不要刘二少爷出面。宋爷尽管放心吧！"

"还有，复生事如何？"宋伯鲁问，"康南海、梁任公是已远飏了，唯这复生令人不放心啊！"

听到此问，王五也似有些黯然。他又想到今天下午去看谭嗣同时，谭嗣同说的话："各国变法，无不从流血而成。今中国未闻有因变法而流血者，此各国之所以不多也。有之，请自嗣同始。"他说："大少爷是无论如何不肯走的了。"王五说的大少爷就是谭嗣同，号复生。

此时，那个身着学生装的人长长地叹了一口气："唉——，流血亦不应如此流法啊！"说着他也站了起来："五爷，一把大刀走遍天下，但未能阻洋人与国外。康南海公车上书，变法维新，落得如此下场。复生兄大义凛然，准备以一腔热血唤起民众，结果将不知如何？"他一手攥拳向另一手掌用力击去。

四个人看到他如此长叹，也不禁有些伤感。

"克诚之意如何？"刘鹗问这着学生装的青年人。

"血自是要流，但唯战死沙场方才值得！"被称为克诚的说。

原来这人名叫沈荩，湖南人。谭嗣同与其同学唐才常并称为"浏阳二侠"，而沈荩是唐才常的好友。

"克诚所言又是以武力来改变现状，岂不知此是犯上作乱啊！"刘鹗又说："此说小弟不敢苟同！"

"否！先礼而后兵。试想，哪朝哪代，立邦兴国不是兵戎相见。单靠几介书生奔走呼号，何时能成大气候？"沈荩并不示弱。

"罢，罢，罢！"宋伯鲁摇了摇手说："此时不是争论此一问题。上书也罢，流血也罢！均留待日后再谈吧！五爷自是不必离开京都了，想来无人会找到你说事。何况，谭复生亦离不得你！云抟，"他又对着刘鹗说，"愚兄以为你还是速速离开此地为好。"

他沉默了一下，又转身问："克诚兄如何？"

沈荩轻轻地拍了一下桌子："弟留此地亦无所作为，虽不至于被捕，但亦于事无补，亦当近日返回湖南为好！"

刘鹗说："芝洞与克诚远离京城自是正理。子衡还有刑部差事，自然无碍。五爷以总镖头之身份居京都，亦无人敢动他一根毫毛。小弟三思暂不离京城为好，一是或可助五爷一臂之力，亦可察看一下政局再作决定吧！"

宋伯鲁看无法说动刘鹗，无可奈何地叹了一口气："云抟执意不走，愚兄也不再催促，只是牢记，那刚毅与你有宿怨，不可不防啊！"

"不妨，不妨！"刘鹗说："那刚毅固有宿怨，谅他也奈何我不得。"

"为何？"宋伯鲁问。

"世交！此时虽说杀人捕人极多，但官官相护。小弟之世交仍有不少，稍有风吹草动，消息便已传来。官官相护，自古皆然。芝洞尽可放心。"刘鹗仍是轻松地说。

<h1 style="text-align:center">8</h1>

刘鹗翻了个身，把蜡烛吹灭了。

他知道已是深夜了，应该睡了。他闭上了眼睛，可是仍毫无睡意。

明天就要去北京了，结果会怎样呢？

戊戌年虽然也曾风闻自己要被逮捕，可是最后却安然无恙。但是心中的负担反而加重了。

用什么方法救国呢？

他又想起了沈荩。

这个年轻人与自己处处相合，一开始，两人都以为最好的方法是利用外资。那时两个人那么合拍。可是到了戊戌年，两人对一些问题就有不同看法了。

刘鹗以为列强入侵中国，解决的方法是要发展经济。沈荩一开始极为同意，可是到后来，刘鹗的观点不变，但沈荩却不止一次地要用"武力解决"了。

躺在床上，刘鹗又想到三年前二人一同在山西办矿的事。

那是光绪二十二年，才过了春节，山西境内还是寸草不生的时候。

有两个人骑了马，从东往西，穿过了固关，沿着桃河，向阳泉走去。

骑白马的是刘鹗，骑枣红马的是沈荩。刘贵骑了一匹杂色马跟在后面。两人并肩走着，不慌不忙。他们专拣小路山路走，不时下来看看。每天清晨即起，夜晚打尖，似乎无忧无虑。

每到打尖时，那些找宿、喂马、整理行装的事，自然由刘贵去办了。刘鹗与沈荩两人就是把带来的书翻了又翻。

"铁云兄，你看这山西的煤果然如那李希霍芬所说的那么多吗？"沈荩一边翻书一边问。

刘鹗把书一放，想了想："煤铁藏量有多少尚不可知，但那李希霍芬总不会空口白说。你以为呢？"顿了一下，又说："我已查了《汉书·地理志》班孟坚已提到晋省盐铁亦存，自不假。《前汉志》载晋有铁官，可见铁是必有的了。"

沈荩听了两手放在头下，说道："好！我们再走几日看看！"

第二天一早他们又出发了，沿着小路走到一个名叫五色沟的地方，已是中午了，他们在路边的一个小村里讨了口水喝。

谁知此地是极少有人来的，这么三个人骑了马来，却是招了不少人来看热闹，老的小的围了一群。

刘鹗觉得是个机会，就随口问一老人："老乡，此地可有矿？"

"矿？"老人摇摇头，他根本就不知什么是矿。

刘鹗看到他茫无所知的样子，知道他听不懂这个"矿"字，就改了个口说："您老可见有挖的什么洞吗？"

那乡下老儿见了这么两个远方来的人已感到不易，又听刘鹗称了他一声"您老"便不知有多高兴。

刘鹗又接着说："此处可有石炭？"

"有，有！"那老儿兴奋极了。"我们的石炭都是白白挖来的。"他把手一指。

刘鹗随着他的手一看，果然在不远处便有一些挖的窑洞。

沈荩马上又问："何以知道那里有石炭？"

那老头笑着说："我们祖祖辈辈都用的是那里挖来的石炭！还有一首《石炭歌》呢！"

"什么？"刘鹗一听兴趣来了，"这《石炭歌》如何唱法？"

刘鹗这一问还没有完，那些娃娃们已开始唱起来了：

> 莫打鼓来莫打锣，听我唱个《石炭歌》。
> 自从盘古开天地，石炭遍地都属我。
> 莫打鼓来莫打锣，听我唱个《石炭歌》。
> 乌黑发亮块块大，都不冒烟只冒火。
> 莫打鼓来莫打锣，听我唱个《石炭歌》，
> 强盗盗得东西去，莫奈石炭多又多。

那些娃娃们一边唱歌一边拍着手，虽然高低不齐，但是刘鹗仍能听出他们唱了些什么。

沈荩见一个带头的娃娃唱得最起劲，便说："这个娃娃唱得好！我再问你，这'不冒烟来只冒火'怎么解释？"

那些娃娃们七嘴八舌地喊道："我们这儿的石炭不冒烟，火又旺！"

刘鹗听到此说："老人家，能带我们去看看这煤窑吗？"

"行！"老人愉快地答应了。

9

沿着山坡，那老人起劲地走着。从京城来的两位老爷的行动使他感到奇怪，有谁肯到这荒山里来呢？更使他兴奋的是，走这么几步路，这两位老爷还答应愿意多给他一些酒钱。

刘鹗和沈荩跟在他的后面。刘贵要看着那三匹马，是不能跟来了。

"老爷，不远，不远了！"那老人指了指前面的一个窑洞，"就在那儿。"

虽说不远，但是刘鹗仍有些气喘了。沈荩大踏步地走着。

这是个不大的窑洞。洞口不大，只有一个人高，里面黑洞洞的。刘鹗感到累了，他顺势就坐在洞口的一块石碑上。

虽说是早春天气，但走了一段路，也确实有些热了，沈荩摘下了帽子。

老人见两位老爷累了，他自己也蹲了下来，抽出来一根烟管，得意地说："这个窑，年头可久啦！我爷爷时就有了。听说，里面有个菩萨已经有几千年啦！"老人漫不经心地说着。

"菩萨？什么菩萨？"沈荩问。

这句话并没有引起刘鹗的重视，他只是打量着这个不大的窑洞。

"菩萨嘛，就是菩萨！"老人不满地回答，语气中露出一种视对方孤陋寡闻的味道。

"什么样子？"沈荩好奇地又问了一句。

"样子？"老人思索了一下，"待会老爷自己去看看吧！"

老人点起了一支火把，三个人一起往里走去。才进去七八丈远，老人指着一壁说："菩萨。"

两人听了忙站住。在火把下，他们看到那窑洞的壁上果然有个佛龛。

不同于一般的是，这个佛龛不是在墙壁的上方，而是从地面上凿起的。约有三尺来高。

两个人对视了一下，一同蹲了下来，一看果然里面有一尊菩萨。两人细心地看了一番，不禁又对视了一下。刘鹗此时也顾不得脏了，伸出手来就朝着那"菩萨"的头上身上抹去，把那上面的灰土全都抹了下来。

"不是菩萨。"沈荩肯定地说。

"不是菩萨。"刘鹗也肯定地说。

此时呈现在二人面前的是一个高有二尺七八寸的人像。这人像的面部已都磨损了，但头戴幞头，两翅微微向下耷拉着，身着一领长袍，一根腰带宽而松地扎在腰间，边上还缀着一串饰物。脚上一双翘头靴子。最引人注意的是此人像两手在胸前，手中捧着一块朝笏，似大臣上朝时的姿态。

沈荩弯下腰去，用手摸了一下靴子。"鸟皮"，他仰头告诉刘鹗。

他又站了起来，用手敲了敲那块"朝笏"。回过头来对刘鹗说："此手板为竹制。"

刘鹗知道沈荩对服装极有研究，轻声问他："哪朝塑像？"

沈荩凝视了一下，轻声回答："似是唐后期。"

"啊！"刘鹗惊呼了一声，"千年以上了？"

"对！"他用手指着人像的帽子说，"你看，幞头两翅向上翘，又是薄木为架。岂不是唐五代之物？"

刘鹗也想不出为何在此地竟然有这么个人物。他只得又问老人："此窑何时所开？"

老人蹲在地上，说："所有石炭窑均是开开停停，此窑何日何时尚不知。近年又开才见有此菩萨。门前还有一碑石。"

碑石？刘鹗一愣，刚才走到窑洞口时，不是坐在一石碑上嘛。

他一把抓住沈荩说:"走,去看看去!"

到了那石碑前,沈荩用手把那上面的灰尘抹去。可惜上面字迹几乎已磨损了。两人蹲在石碑前仔细辨认,终于读出了"尉迟( )德"、"大唐"、"立"等几个字。

啊!果然,此窑开于唐代。估计是战乱之时为挖煤铸铁建的窑,那人像定是尉迟敬德的像了。

看到此,两人不禁哈哈大笑起来。"克诚所言果然不错,定是唐代煤窑无异了。只是将尉迟将军当菩萨来敬,未免有些不伦不类了。"

刘鹗想到了沈荩,想到了救国,想到了此时如有沈荩在身边就好了。两人虽有争论,但是倒也颇能谈到一起。

这时刘鹗还不知道,沈荩此时正在劫难之中。

10

庚子年八月,北京已呈现一片惊慌景象。此时,湖北武汉表面上却很太平。

天气极闷热。汉口龙泉巷口有一个剃头匠正在为一个三十岁左右的人理发。他们正在洗头之时,忽然走过来一个年轻人,他对那剃头匠说:"师傅,请您快一些。"说着就从巷口走了进来。

此时又有几个人走进巷子。那人洗完头后并没有马上就走,他在巷口站了一会,朝四下里看了看。

这平日冷清的巷口来往的人不多。但是,这才剃了一个头的工夫,怎么忽然来了二十几个人。剃头匠不动声色。此时又见走来一个人。那才剃完头的人对他说:"不再等了,时间紧迫。太郎恐怕赶不上了,只有三天了。进去吧!"

不料,他以为这几句话没有人懂,可是全被那剃头匠听了去。待他一走进巷口,那剃头匠马上收拾摊子走了。

当天晚上,这群进入龙泉巷口的人全都被捕、被杀了。原来,这些人就是密谋起义,准备"讨贼勤王"要让光绪帝复位的自立军起义。

当天,那理发的人是唐才常。而他口中所说的"太郎"正是沈荩。他化名"潇湘滨太郎"。

沈荩当时任自立军的副统帅,唐才常被捕时他正在赶往武汉的途中。当他到了汉口时,已是第二天的中午了。

他走到龙泉巷口,感到气氛不对,急忙又赶往另外几个地点,结果一无所获。这时已纷纷传出"汉口捕获会首头目唐才常"等消息。

沈荩在汉口一无所获,又赶回新堤。在新堤,他还有两千兵力。

沈荩才回到新堤喘息未定,忽然又有一个人来了。此人是唐才常的弟弟唐才中。两人一见面连问讯的话一句都没有。

"克诚,速将军队进入湖南,以避其缉。"唐才中急着告诉他。说着两行热泪流了下来。

沈荩抓着他的双手说:"此事等会儿再谈。佛尘情况如何?"虽然他此时心中已明白了,但仍抱有一线希望地问。

唐才中也未答话,从怀中掏出一张纸来。沈荩接过来一看是两首诗:

新亭鬼哭月昏黄,我欲高歌学楚狂。

莫谓秋风太肃杀,风吹枷锁满城香。

徒劳日徙难为我,剩好头颅付与谁。

慷慨临刑真快事，英雄结束总为斯。

沈荩双手捧过来，虽然此诗无头无尾，但从语气上一看便知当是唐才常临刑时口吟的绝命诗。他大声呼道："佛尘，佛尘，与复生为浏阳二侠诚不虚也！小弟定为你等报仇！"

当天夜里，唐才中与沈荩谈了半夜。他劝沈荩移军湖南，避开清军的通缉。沈荩始终一言不发。

第二天，早上唐才中一醒就愣住了。四周悄无声响，沈荩亦不知去向了。他赶忙爬起来，看到桌上有沈荩留下的一张纸，上面只有八个字："誓死一战，誓不回还。"他明白了，沈荩已带领他仅有的军队去决一死战了。

虽然沈荩不顾生死，连夜带队出发了。但仅仅三天工夫，就听说被湖南巡抚俞日廉击败，几乎全军覆没。在俘虏中，虽然几经盘问，始终不见统帅沈荩。在战死的人中，也找不到沈荩的尸首。

沈荩到底如何了？没有人知道。

这是八月的事了。刘鹗正忙于进京办赈济，再也没有顾上打听他的消息。

此时他又想起了沈荩。可是，沈荩在哪里呢？

想着，想着，刘鹗睡着了。奇怪的是他没有做梦。

第八章

1

刘鹗下了火车，就把随行人员打发到大甜水井住处，又差刘贵到王懿荣家，去看看王翰甫，他自己则先往贤良寺。

贤良寺在东安门外冰盏胡同，本来是雍正时怡亲王舍宅，贤良寺原来在帅府胡同，后来才移到这里。封疆大吏入觐时，往往都在此下榻，原因是这里离紫禁城近。当年赫赫有名的曾国藩就住在这儿。

八月，李鸿章奉命入京任特命全权大臣议和，就住在贤良寺。

刘鹗过去不止一次来过这里，熟门熟路。

来到门前，先引起他注意的是守卫的两个持枪的洋兵。看惯了身上两个"勇"字的刘鹗，此时忽然觉得血涌了上来，心中有一种说不出来的滋味。

他故意挺了挺胸，把头抬起来，但是总觉得有什么东西压着自己，心里翻腾了起来。

进各种府第刘鹗从未感到过压抑，总是充满傲意的。而如今……

他想起那年在太原进山西巡抚府的情况。

刘鹗第一次到太原是光绪二十二年十月，巡抚胡聘之请他商量开发山西矿的事情。

他记得清楚，他骑着马走进镇远门时那威武的情形，两个骑马的兵弁在前面引路，他和沈荩并肩骑着马走在北门大街上。经过东缉虎营和西缉虎营时他还停住了马，看了看里面操练的士兵。到都督府门前，山西巡抚胡聘之最亲信的幕僚张优帮早已等在府门之外了。

刘鹗记得，那时门外站着八个挎着腰刀的兵勇。当他踏上那一级级石阶时，张优帮侧着身子，一只手伸向前面，恭恭敬敬地引着他进去。那些兵勇面部虽无任何表情，但刘鹗见了他们亦感到亲切。

那时刘鹗提出要在山西办矿，"舍宪台吾谁与归！"刘鹗在给山西巡抚胡聘之的信上写道。是啊！那时是想要做一番事业而来的。来之前他已听人说他是"汉奸"了，可是自己并不在意。

"晋铁开则民得养，而国可富也。国无素蓄，不如任欧人开之，我严定其制，令三十年而全矿路归我。如是，则彼之利在一时，而我之利在后世矣！"刘鹗很欣赏自己的这段话。这是写在给胡聘之的信上的话。当他写到这里时不仅放下了笔，还摇头晃脑地反复吟诵了七八遍。

胡聘之也正是看了这封信才请他来的。

"任欧人开之"。大胆，大胆至极。岂非"卖国"、岂非"汉奸"。他自己也想过。不！关键在后面"严定其制"。他背着两只手，在房中踱步。"三十年而全矿路归我！"对了，届时收回。"彼利在一时，我利在百世。"他在这几个字的下面加上了几个点。

果然，此信才一发出便被传开。于是群起而攻之。但刘鹗笑而不予理睬。

胡聘之请他了。他兴奋异常，从北京来到了山西，走进了这都督府。

刘鹗是理直气壮，为"百年经济起关西"而来，虽然被人骂为"汉奸"，但亦无所畏惧。跨进都督府时的心情是亢奋、激动的。

而今天呢？

他跨进大门，没有人管他。见到那宏伟的建筑依然如旧，并未被烧毁，心中未免一动。他凝视着里面的一切，由于地极幽敞，炉烟昼静，与过去相同，一座御制碑和御书心经塔碑还稳稳地竖立于寺内，佛殿前一株古松已近千年了还是依然挺拔高大，心中方才觉得舒服了一些。可是昨夜大风，庭院中树叶纷纷下落，满地黄叶狼藉，不免又生出淡淡的悲哀。

今非昔比啊！以前来是主人，如今来却有些做客一般。他又想到山西的事来。那时虽然已感到国势危茫，但毕竟还是大清王朝。自己虽然被斥为"汉奸"，但还是作为山西巡抚的客人，为自己的事业而奔波，可如今却似寄人篱下。

"唉！亡国奴三个字虽然还没有背在身上，可也是不远了啊！"想到此，两滴眼泪不知不觉地顺着脸颊流了下来。

2

李鸿章接见刘鹗是在午后小憩之时。

带着刘鹗跨进内书房的是李季皋，他是李鸿章的长子。当年在河南剿捻时，刘鹗的父亲刘成忠在李鸿章的幕府，两个孩子也都随父在军上，李季皋长刘鹗几岁，刘鹗以兄长待之。所以刘鹗一进贤良寺，便先去见了李季皋，这样一来便免去了一切繁文缛节。否则，见李鸿章谈何容易。

　　李鸿章此时已七十有八。前些日子因病在上海疗养，如今两宫一再催促，并声明在北京的一切"朝廷不为控制"才不得已而北上。连日来与各国公使频繁接触已是不胜烦劳，人也瘦了许多。好在此时已见到了联军统帅瓦德西，和议小有眉目，因此心情尚好。

　　刘鹗一见李鸿章，双膝跪了下去，高声道："小侄刘鹗给世伯请安。"李鸿章侧卧在炕床上，稍稍欠了欠身子说："免了，免了，季皋快扶起来。"

　　李鸿章赐座之后，刘鹗才抬头看了看这书房。

　　这书房不大，但极为雅静，仅一炕、一案、数把太师椅而已，而且均是旧物，想来是常与亲信幕僚商议大事之处。案上倒是公文书信堆积，四周并无书籍古玩，唯一颇可玩味的是炕床背后的墙上挂了一副新制的对联。上联是：允文允武董虎竹而肃鹰扬；下联是：为民为兵振貔貅而鸿雁。奇怪的是，既无抬头又无落款，笔力甚是有劲，亦还熟悉，但是一时想不起是谁的墨迹了。但一望而知李鸿章已接了直隶总督和北洋大臣的印了。所以，虽然室内一切从简，但此副对联却是新制的。

　　李鸿章侧卧在那儿并未开口。刘鹗亦未马上开口，他只是在猜想那副对联是谁送的。

　　没有抬头，没有落款。岂有书家可以忽略若此吗？疏忽？故意？对了，故意，如此可进可退。和议成功，李辅相自当荣耀万分，与赠此联者当可谓"患难之交"；而和议若失败，李辅相自是罪该万死，但赠联者却可以逃脱牵连。

　　"可谓用心良苦啊！"刘鹗心中想道，不免叹了一口气。

　　"铁云，季皋已将陆纯伯的信给我了。其实，你我世交，亦无须修得八行。信中云你是自愿为前站的，不知可确？"

　　听得李鸿章问话了，刘鹗的心思才回来。他站了起来恭恭敬敬地回答："正是。"

李鸿章轻轻地摆了一下手，示意刘鹗坐下，微微颔首，慢慢道来："与尔父一别二十余年再未谋面。时日匆匆，你已近四十的人了吧？"

"小侄今年已四十有二。"刘鹗动了一下身子想站起来，但终于还是稳稳地坐在那里。

"是啊！季皋已是往五十的人了。老夫已届古稀之年了。"说话的语调使人很伤感。说完他又摇了摇头，又是久久地沉默，他微微地闭上了双眼，不知在想些什么。

刘鹗在等李鸿章的问话，可是李鸿章再没有开口，似是已睡着了。

李季皋轻轻问刘鹗："今日天津情况如何？"

"今日天津市面尚属安静。百姓知中堂抵京，和议已开，人心尚安定。"说着看了看李鸿章。

"那洋兵呢？"

"据人讲洋兵较往日已收敛多了，但小劫小抢仍时有发生。小弟数日前居于《天津日日新闻》报社，昔日繁华之地，今已成为瓦砾之场。"

"较之京都，"李季皋说，"天津仍为轻者，城外暂且不说，城内地安门及西四牌楼一带均成焦土，前门外至珠市口及崇文门内、东交民巷无不被焚。"

刘鹗问："大内不知如何？"

李季皋说："大内日兵所守。三海子为各国分据：北海子仙人掌下之北圆廊一带为法兵据守，其东北各处则为英据；中海子玉栋桥西南一带，如紫光阁等处皆为德兵所据，仪銮殿为日兵所据。唉！惨不忍睹，惨不忍睹。三海之物荡然无存矣！"

说到这里，两个人都沉默了。

他们看看李鸿章似乎是睡着了，会心地对视了一下，一起轻轻地站起来，慢慢地向外走去。

3

"铁云！"听到脚步声，李鸿章睁开眼睛喊了一声。

"小侄在！"两个人同时停住脚步，又走了回来。

李鸿章动了一下身子，略微地坐了起来，李季皋连忙走过去扶他起来，顺势坐在他的身边，轻轻地为他捶背。

"陆部郎于救济之事有何部署？"李鸿章似乎漫不经心地问。

刘鹗知道李鸿章要谈正题了，于是斟酌着字句回答："陆部郎告诉小侄，至京之后一切请中堂做主，一切以和议大局为重，不敢有先见。"

"他无先见，你又有何看法？做何打算？"李鸿章似乎是严厉地问，但他对刘鹗的回答是满意的。

"小侄亦无定见，需世伯做主。小侄不过摇旗呐喊，供奔走之用耳！"刘鹗仍是毕恭毕敬地说。

"嘿嘿！"李鸿章轻轻地笑了一下，把两手摊了开来。"你岂能无主见了？黄河大堤出尽风头，你以为老夫不知吗？"

听到这里刘鹗知道，那黄河大堤上的举动已被朝野尽知了。但此时李鸿章为何提及此事，刘鹗实在不知是何用意，所以平时的能言善辩此时却张口结舌了。刘鹗张了张口，但真不知说些什么好，只得把嘴闭上，脑子里想："是褒？是贬？"

见到刘鹗未敢作答，李鸿章心中感到一阵快慰。他数日来以全权大臣身份进京，本是权柄极大，但谁知一踏入北京，却感到事事不如意。两宫远在西安，而且不加遥制，本当极为自由自在。谁知那洋人极为无理，根本不把他放在眼中，几次约见瓦德西都不给答复，只好亲自上门拜访，方才见得一面。但无论如何已自觉居于人下，心中不免烦恼，但他更惧怕在国人心中失去地位。现在他见到刘鹗在他面前未敢贸然作答，颇有些自得。想那顽劣的刘鹗在郑州冲撞李鸿藻，指使吴大澂，在武汉与张之洞辩论芦汉铁路事宜，到太原胡聘之待之以上宾，与肃亲王又有往来，而如今在我这里如此小心，足见自己的威风犹在。想到此，似乎气顺了一些，便宽宏大量地说："足将进而趑趄，口将言而嗫嚅，此大可不必啊！于救济事宜，老夫也尚未考虑，将你所想陈来，我也好有所安排。"

见到李鸿章如此说，刘鹗的胆子似乎大了一些，便说："小侄本无定见，但北上数日也曾想得一些，不知确否，望中堂指正。"

李鸿章插嘴说："铁云只管道来，此处无外人。"

刘鹗见时机已成熟了，他那满腹早已想好的话就滔滔而出了："小侄便斗胆了。此次京师大难与寻常水旱之灾不同，平民受害不轻，而士大夫受害也重。良民宜情，良士尤宜惜。难民可怜，难官更可怜。京官苦况平时且不免支绌，此时大难猝兴，走则无资，留则无食。小侄在上海已闻说，京官宅中陈设依然，而男子逃走，女子自尽，尸横遍野者。举家无食，相对饿死者。闻之不自知其泪下涔涔也。"刘鹗说的时候有些动了感情，"人才为国之元气，京师为人才渊薮。救京师之士商，即保国家之元气。小侄以为当前首要之务，护送官商人士出京为第一要议。京城人口数十万，民以食为天，数十万人口嗷嗷待哺，不予以口粮糊口则救济亦为口谈。平粜为第二要议。余则其次矣。不知老伯以为然否？"

李鸿章听了刘鹗谈的两件事，稍假思索后说："贤侄所谈不无道理，护送之事虽为第一要议，但人数毕竟有限。平粜之事万不能再拖了。此事尔等不必件件问我，只要与京师黎庶有利均可酌情办理，你可拟一告示，明日便可布告于通衢要道之处以定民心。"

刘鹗听李鸿章这么一说，顿觉心里痛快。他知道得到李鸿章的支持，此次北京之行一定可以大功告成。所以，觉得今天来此的目的已经达到，站了起来说："此事小侄回去即刻办理，明日一早送来请中堂过目。"说到这里，他看了李季皋一眼，觉得可以走了。

李鸿章也认为事情办完了，也站起身来，伸了一个懒腰说："我最近议和极忙，告示写成也不必给我，要杨崇伊、杨文骏与你同去办理，以后有事与他们商酌，若有不便可找季皋。"说完自顾自地拿起茶杯来了。

刘鹗一愣，他刚想开口，可是看到李鸿章已是送客的样子，无可奈何地说："老伯，小侄……"

李鸿章已无意再说什么，转过身去。李季皋看到此，也示意刘鹗可以走了。

但是刘鹗跨出一步后，还是站住了脚，断然说："中堂派人以助小侄，自是感激。只是那杨崇伊凌虐士民众所周知，如此之人，小侄实难与其共事。"

李鸿章没有想到，自己好心遭到刘鹗拒绝，立刻放下脸来："休得胡言。你不需我处人手也罢，何以如此诬蔑他人！"

此时刘鹗"旧病复发"，听到李鸿章训斥他，竟然毫无顾忌地说："岂止小侄如是说，连日本大佐岩崎亦云：中国至是，杨先生官体犹若此，怪哉！此岂是小侄诬蔑他。"

李鸿章听到刘鹗这么一说，心中未免一动，自己最信任的属下竟然名声如此恶劣，而自己全然不知。他原想问一下刘鹗到底是为何事，可是一见刘鹗那么倔强的样子，又听到刘鹗提到日本人亦做如是说，便转了一下口风："也罢，你自行其是吧！有事与季皋联络则可。"顿了一下，又说："护送难官出京要与洋人联络，处处小心。"

李鸿章此话原是发自肺腑，是对子侄的关心。刘鹗因杨崇伊事一争，那恭顺的心情早已抛掉了，自信地说："老伯放心，小侄这些年来与洋人亦有些交往，定然不会失礼，也不致辱国。"

刘鹗的这段话似乎刺伤了李鸿章，他皱起了眉头，但又无可奈何地叹了一口气："辱国？尔等年少气盛，不知时事艰难。我也听得你这些年欲有所作为，备受攻讦之事。我少年科甲，中年戎马，晚年洋务，较之你如何？"

刘鹗并没有注意到李鸿章的不快，但与李鸿章自不敢比较，马上接道："小侄望世伯项背，怎敢与老伯相比！"

李鸿章说："是啊！与洋人交涉，棘手之事甚多，但往往落个汉奸之名，你需得时时小心才好。我亦早已听得人在议论你为汉奸。"

4

"汉奸！"刘鹗笑了，他是太熟悉这个词了。

太行山巍巍地屹立在直隶、山西省交界之处，使这两省交通阻断，唯有黄榆关、黄泽关、固关、六堂关等几处有关隘可行。

光绪二十四年深秋，刘鹗与沈荩又一次穿过固关，又沿着前次的路线往太原而来。山丘起伏，树木稀疏，唯有几棵枯草在寒风中抖动。

三匹马在荒原上狂奔一阵后，终于缓了下来。

一片荒漠在眼前展开，黄色笼罩了一切。天是黄的，地是黄的，那几棵枯草也是黄色的。

可是，刘鹗此时对这片土地是如此感兴趣。这大概就是自己事业的立足之地了。似乎他看到的并不是黄色，而是一片黑色——无边无际的煤海啊!

"克诚!"刘鹗用马鞭向远处一指,"将这一片全都开出来,你以为如何?"

"二哥所言甚是,只是不知能如愿否?"沈荩似乎调子比较低沉。

"哈哈哈!"刘鹗放声大笑起来,"事在人为啊!"他催着马又一阵猛跑。

刘鹗确实踌躇满志啊!上有胡聘之的支持,自己又亲自踏勘了这片土地。这埋在地下的煤实在是够开采一阵了。何况,四月回去又和福公司的人已谈妥了,由他们提供一千万两银子呢!

刘鹗勒住马,把手一挥:"古代干大事者,于此处颇有建树啊!"他感慨地说,"再往北,是汉高祖皇帝与匈奴大战的地方!"他看着远方,似乎看到那金戈铁马,杀声震天的场面。他感到自己也该大喊几声才好。此时,四野无人,但那血流如注,尸骨如山的情景似乎都在眼前。他仿佛听到了马蹄之声,忽然感到自己就是指挥千军万马大战的主帅。他稳稳地骑在马上,用手搭在眉毛上边向远处看着。

"克诚!"他大喊,"你看远处!"

在他的眼前是一片金色,夕阳下,他感到那金光在流溢,真是金光灿烂的世界啊!可是沈荩并没有回答刘鹗——他感觉看到了一片红色,四周是一片荒凉——残阳如血啊!

"铁云!你想到杨家将了吗?"沈荩问。

"是啊!杨家将抗金亦是在这山后啊!"刘鹗愉快地回答。

"可是,"沈荩顿了一下,"杨老令公也是……"他没有说下去,他感到说得不太吉利了。他感到,他所看到的红色就是杨老令公的血。

"嗯!"刘鹗骑在马上,似有所悟地回头看了看沈荩,他的心中也不免咯噔一下。难道自己也要如杨老令公一样吗？可是他不愿往坏处想。

刘鹗下了马，沈荩也下了马，两人并肩站在这荒凉的大地上。

"马邑！还有马邑之谋呢！"刘鹗在尽量为自己找些有益的事例。

"马邑之谋！"沈荩总是在泄气，"不是没有得逞吗？"

太阳又往下沉了一点，大地上出现了一片阴影，刘鹗的心也随着往下沉了一下。是啊！沈荩的提醒不是没有道理的啊！在北京他已听到不少议论了。他与沈荩的看法也不如春天时一样融洽了。似乎沈荩对开矿的兴趣已没有那么大了。

他想起了两人在北京谈的几句话。

"开矿固然不错，但终敌不过洋枪洋炮！"这是沈荩的看法。"唯有铲除鞑子方可强国！"

"否！"刘鹗说，"暴力终不是为民着想。唯有以养天下为己任，养民为最，那破坏主义终不是我辈应有之主张。"

这一对朋友虽然一起踏勘，一起筹划，但常常发生争论。

"克诚的担心也并非多余啊！"虽然刘鹗尽量解脱自己，但他也不完全排除沈荩的想法。因为，他知道想逾越前面的障碍也非易事！

他风闻了一些情况。

5

五月，刘鹗与胡聘之谈妥之后，兴致勃勃地离开了太原。他前脚走，后面就有三个人去拜望了胡聘之。

"抚台，"一位老者尊敬地说"那刘鹗所说是蛊惑人心啊！"他用手摸摸胡子。

"请道其详！"胡聘之不动声色。

"山西之矿乃山西人之矿，岂可由外省人来办矿？"他看了看胡聘之，"祖宗基业，岂能由他人随便动得？"

"哦——"胡聘之长长地叹了一声，"山西之矿乃山西人之矿，中国之矿，乃中国人之矿。都是炎黄子孙，同为大清子民。同祖同宗，同胞同志。哪里谈得上由他人动得呢？"胡聘之自然不同意他的看法。身为一省之首，这么几句还驳不回去嘛，笑话。

"抚台！"第二个马上接了下来，"地下之事，地面上如何得知。那些洋人来勘探，不过糊弄一些人而已。上自商汤、周武，下至元、明，乃至我朝，山西百姓虽不丰衣足食，但亦尚可过，从未动过什么矿。想那地下是可以随便挖得吗？地脉一断，触怒神灵，这万万是动不得的啊！"他说着还流下了两行眼泪。可是这并没有打动胡聘之。

胡聘之听他如此说，微微一笑："开矿之事，各国均早已有之。我山西之矿迟早要开。至于触怒神灵，恐怕未必吧！试想，这千百年来山西百姓所烧之煤岂不均取自山西之地下，亦未见挖断矿脉触怒神灵啊！何以一要办矿、修路就要触及神灵，降灾于我呢？不必多虑，不必多虑啊！"他轻松地劝导这位糊涂的人。

这两个理由被胡聘之轻轻地挡了回去。

"抚台！"第三个又来发难，先问了一句："据小人所知，抚台将开潞安、泽州、泌州、平定等府各州煤矿，不知有否？"

看来此人是来者不善啊！

"对！"不能多说，看他如何说。

"听说，将交候补知府刘鹗办理？"再进一步追问。

"尚未定论。"冷静地回答。

"刘鹗，何许人也？"迂回地问。

"略有所知。"不动声色。

"开矿、修路本是筹国大计。"与前几个人不一样。

"不错。"胡聘之表示同意。

"在山西却为朝廷大害。"话锋转了。

"何以见得？"

"大凡天下之势，强者利于交通，弱者利于塞。四达之省宜于通，险要之省利于塞。"与众不同的议论。

"山西附近神京，表里山河，险阻足恃，所产煤铁，为制造军火之资源，闭关而导，是朝廷之外府缓急可恃之要疆也。"貌似有理。

"依你之见？"

"刘鹗此人狡顽已极。欲包办矿务，种种要挟，实是中饱私囊。"

"下官并未受其要挟。"

"刘鹗未将真情告诉抚台！"

"你如何知道？"

"他已将各府各州典与洋人！"

"有何证据？"

"私借洋债。"

"洋债为何不可借？"

"借洋债就是媚外。"

"何人媚外？"

"刘鹗。"

"何以见得？"

"刘鹗是汉奸！"

话不投机。

"请喝茶！"胡聘之客气地举起杯子。

"告辞，不过还望抚台三思，分清良莠，不要……"

"不要什么？"

"不要与刘鹗同流合污！"

"请！"胡聘之把手一挥。

"送客——"外面大声喊起来！

6

"汉奸！"没有想到此语出自李鸿章之口。

"汉奸当杀！"刘鹗想到了义和团。义和团不是扬言"一龙二虎"，一龙是指载漪，二虎一为庆亲王，一为李鸿章。原因是戊戌变法，效法洋人，义和团借仇教为名，指载漪为教主，教三自当该杀。奕劻时充总理衙门大臣，专与洋人交往，当杀。而李鸿章是时论所称通番卖国之人——那是汉奸，自然也应杀。

刘鹗心中未免好笑。但他转念一想，忽然问道："老伯，近日胆子怎么忽然小了许多？"

这出其不意的一问，使李季皋一惊，连李鸿章也愣了一下，不意刘鹗突然说出了这句话。

刘鹗见李鸿章愣在那儿，接着说下去："当初老伯何等威风，大义凛然，力排众议。倘无老伯，那'定远'、'镇远'、'济远'三条八角台铁甲船能来我国吗？"

李鸿章真不知刘鹗要说什么了。前面是"大义凛然"、"力排众议"自是对自己的钦佩才能说出，可又提到"定远"、"镇远"、"济远"三条船，这不是有意使我难堪吗？须知这三条船是在甲午年间与日本海军作战，全部沉于大海之中了。这明明是在揭我的疮疤。李鸿章想到此一时语塞，怒气已经上来了。

这时刘鹗又笑嘻嘻地说："老伯当年买这三条船来，亦备受攻讦，不是吗？"

李鸿章已无耐心听下去了，说："谈这些何益！"

可是刘鹗根本已经忘了他眼前的是他先父的上司——堂堂的北洋大臣、直隶总督。那顽劣、天不怕地不怕的样子又出来了。"小侄被骂为汉奸，事诚有之。然小侄年少，办事亦少，仅一小汉奸耳！"他嘻嘻一笑，刚要往下说，只见李季皋对他把两眼一闭，摇了摇头。他也想该停下了。可是不知为什么，那到嘴边的话还是不知不觉地流了出来："老伯勋绩卓著，人人皆知。但是，小侄亦曾听外间人呼老伯为汉奸。"说到这儿他也感到好笑。

他第一次被人称为汉奸时真是怒不可遏。可是，第二、第三次便无所谓了，再以后就感到很可笑。今天，他竟然这么轻松地从口中吐出了这么两个字。而且是面对一个赫赫有名的大人物，自己竟肆无忌惮地说了出来，不真是有些好笑吗？

"买铁甲船就可以称为汉奸吗？开矿就可以称为汉奸吗？议和就可以称为汉奸吗？赈济就可以称为汉奸吗？"他越说越感到愤愤不平了。"只要和洋人打交道就是汉奸吗？倘若是。老伯是一老汉奸，小侄则步老伯之后尘，岂惧外间传闻耳。"他停住了，觉得自己有些失态。是啊！做些事情真难啊！那些什么事情都不做的人倒不是汉奸！而自己想做一些事就被骂为"汉奸"，这怎么能使人心服呢？倘为不做"汉奸"而什么也不做，任凭洋人打来，不是汉奸不都成为亡国奴了吗？

他预感到自己顶撞了这位手握大权的人物——自己的前辈，一顿训斥是免不了了。

李季皋此时也心中忐忑不安，看着高龄的父亲他有些可怜。可是他也不是不同意刘鹗的说法。他只是小心地看着父亲，看他会说些什么。

李鸿章的脸色有些发白，他的嘴唇在微微地抖着。虽然他对刘鹗的冲撞极为不满，可是，他又不能不承认刘鹗说的话有道理。是的，自己是汉奸吗？外面传说自己是汉奸只好由他，而刘鹗被称为汉奸是否也与自己有相同之处呢？何必在此时提出"汉奸"二字呢？他张了张嘴，想要说些什么，可是没有发出声音来。

他又看了看李季皋。自己是"汉奸"，是否也会殃及子孙呢？

李鸿章再也没有说什么，他只是把手挥了挥，示意刘鹗可以走了。

7

刘鹗回到大甜水井，已是掌灯时分了。

住所安排好了，所有司事役工正聚在那儿聊天。刘鹗还没进门就听到刘贵在高声地说着："俺才不怕呢！一个对一个，他敢抢俺的帽子，俺也就抢他的帽子。"

原来，刘贵刚才回来时经过大栅栏。好久没来了，四处冷冷清清，全没有往日的繁荣了。路上没什么人，虽说才九月，但一阵风刮过也有点凉。他把那白布坎肩拉了一下。才转过弯，忽然对面走过来一个人。

刘贵并没在意，两人走到面对面时，那个大个子人忽然站住了。刘鹗抬起头看清楚了，这是个洋人。凹眼、高鼻、一头黄发，上身是一件西装，但太小了，紧紧地裹在身上。下面是一条军裤和一双马靴——是个当兵的。刘贵心中想，不伦不类。他心中好笑，但是脸上并没有露出什么表情。

可是，那个洋人忽然脸上露出了笑意。刘贵见他笑了，自己也笑了笑。

"你——好！"随着生硬的中国话，那洋人伸出了一只手。

刘贵是见过洋人的，他知道这叫握手，也就伸出一只手来。谁知那洋人并没有真的握手，而是把手往上一抬，竟然伸到了刘贵的头上。

刘贵先是一愣，随口喊道："干什么？"

可是那洋人并没有住手，只见他抓住了刘贵的帽子。刘贵本能地伸出两手按住自己的帽子，又大喊："你要干什么？"

那洋人见刘贵按住帽子，脸上的笑意一下子消失了。他瞪大眼睛，嘴里叽里咕噜地说着什么，猛地抱住刘贵一下子把他按到地上，帽子也掉在地上。

刘贵受到这突然袭击，嘴里骂了一句脏话，拼命地挣扎。可是那洋人骑在他身上，忽然又笑了。他拍拍刘贵的脑袋，站了起来，拾起那顶帽子，往头上一扣，一句话不说，回过身来走了。

"他怎么抢的？"一个役工惊奇地问。

"怎么抢？俺俩擦肩而过，他忽然伸出一只手摘俺的风帽。"刘贵用手在头皮上摸了摸，"俺可不在乎，俺把手一挡。"他伸出右胳膊，左手也向着那役工的头伸去，一把抓住了对方的帽子，"这叫'猿猴摘桃'"。

"结果呢？"另一个役工问。

"结果吗？结果……"刘贵口吃了。

"结果怎么？"

"结果俺没能抓住他的帽子。他好大个子！"刘贵叹了口气。

"结果如何？"刘鹗笑嘻嘻地跨进门来。

"二爷回来了！"大家笑着站了起来。

刘鹗看着刘贵光着头皮，一根辫子拖在后面，身上那件坎肩皱皱巴巴，上面沾了许多土。

"遇到洋兵了？在哪儿？"

"大栅栏。"刘贵恭恭敬敬地回答。

"抢去了什么？"

"风帽。只一顶风帽。"刘贵吃吃地说。他见刘鹗脸上忽然露出一丝难看的笑容。又说："不是俺跑得快，连衣服也剥了去。"

"不是来两个也不在乎吗？"一个役工插了一句。刘贵未敢说话，但狠狠地瞪了他一眼。大家都无声地笑了。

看着这嬉笑的几个人，刘鹗说不出是什么滋味。被洋兵抢去了风帽，还笑得出来吗？但不笑难道还哭吗？哭也无泪啊！

"都休息吧！明天早点起床！"刘鹗向大家说。然后，他问刘贵："王祭酒家去过吗？"

"去过了。锡腊胡同翰甫大少爷知道二爷来了，很是高兴，说过两天为二爷接风。"刘贵认真地说。

"你怎么回答？"

"俺说，行客拜坐客。怎劳动大少爷，待安顿下来，我家二爷来拜访您。"刘贵回答。

回答还算得体。刘鹗想。

"回二爷，刘贵回来时又去了半壁街。"

"五爷在吗？"刘鹗急切地问。

"他徒弟说，五爷前几天出门了，还没回来呢。我又去了元兴堂，也没见到王五奶奶。"

元兴堂是王五奶奶开的一家回族馆子。过去刘鹗和王五经常在此喝酒。

"还有，"刘贵稍迟疑了一下，"没等二爷的示下，大花姑娘家小人也去了一趟。"

刘鹗听了问："情况如何？"

刘贵说："还好，只是门前冷落。听说二爷来了，自然欢喜极了。"

"嗯！知道了。"刘鹗思索了一阵，"你再去买一顶风帽，已是九月份的天气了，小心着凉。明天，你抽空去看看另外几个人家，告诉他们我回来了。"

第九章

1

光绪二十六年九月十九日清晨。天才透亮，只见两个身穿白坎肩上印红十字的人，提着几只桶，从大甜水井出来，分散向各城门走去。

天大亮了，各个城门陆续地打开了，每个城门口都有两个手持洋枪的洋兵在来回地走动。

进出城门的人开始多了，但一个个缩着脖子，快步走着，目不斜视——唉！谁知道多看一眼会惹出什么麻烦事来呢？

一个挑着菜担进城门的老头首先发现了今天城门上贴出了一张纸。他的脚步迟疑了一下，但马上又低下了头，匆匆走过去了。

终于有一个年轻人站住了脚，他注意到那张白纸的第一行是"阁爵全权大臣李示"这几个大字。他看了看那两个洋兵，一个肩上扛着枪在来回踱步，一个手持枪站在那儿看着远处。于是他胆子大了一点，向那张告示跨了两步。那些小一点儿的字也能看清楚了。

这个年轻人看告示，马上周围也站了几个人。

"先生，这上边……"一个老人问。

年轻人看了看老人，又警惕地看了看周围，没有什么可疑的人。于是他轻声读了起来：

> 阁爵全权大臣李示：东南义会，资送绅商，实因困苦，各自回乡。京城人等，切勿惊惶，和局即定，贸易如常。出示晓谕，遍告城厢。

他读完之后，又自言自语地说了两声："东南义会，东南义会……"

那老人打断了他："发粮吗？发粮吗？"

年轻人微笑着摇了摇头。

围着的人越来越多，大家在议论着这张告示。一开始，还是悄悄地，后来见那两个洋兵不来干涉，声音越来越响，且面露喜色。

"三个月没有见过官府的告示了啊！"

"李中堂来了也没有露面啊！"

"议和，议和，议和也不能当饭吃。"

是啊！从七月十九日到九月底，中间还有一个闰八月，这里的人均在压抑中生活，在惶恐中注视着周围的一切。中间虽然因为李鸿章的到来，给死气沉沉的市面稍稍带来一些活力，对人们有些安慰。可是议和不能当饭吃，不能当衣穿。饥者依然腹中空空，寒者仍在秋风中瑟瑟发抖。

"义会发粮吗？"

"粥厂设在何处？"

看告示的人们所关心的问题是实际问题。

年轻人一言不发，他在仔细地注意听着人们说些什么，同时警惕地注意着周围的人。

两个洋兵这时开始注意这些逐渐聚集起的人群了。那个扛枪的，不慌不忙地走了过来。

人群一下子静了下来。马上，一个、两个又都低下了头，悄悄地走开了。那个年轻人也若无其事地向远方看了一眼，他用眼梢瞄了一下这两个洋兵，把手伸进口袋中去。

那个扛枪的洋兵并没有注意这个年轻人。他忽然停住了脚。年轻人也转过头去。这时，只见远处，一匹马疾驰而来，眨眼间已到了城门口。

那两个洋兵都把枪端在手中。

年轻人也站住脚。

那匹马一下子闪进了城门，不等洋兵上前阻拦，只见像一道白线，马已闯进了城门，直冲而去。

人们根本没有看清马上骑的什么人，只见到他背上斜插一把大刀，那红红的绸穗飘在身后。除了留下一阵尘土外，只留下了一句："杀不死的洋兵！"

等两个洋兵端起枪来瞄准时，那匹马早已不见影子了。

不用问，敢在这种时候骑马乱闯的是什么人大家都熟悉，所以大家都停住脚，看着远处的尘土，也有人讥笑般地看着那两个洋兵。

年轻人会心地笑了笑。

"砰！"一声枪响，大家惊了一下。只见一个洋兵的枪口正在冒着白烟。

人们一哄而散。

2

刘鹗一早也起来了。虽然昨天为了准备这张告示，又忙了一阵，好在人多，倒也一下子拟好、抄好了。问题是粥厂设在何处，粜粮设在何处，掩埋死人由谁办理，如何送衣舍药，还有一些需拜会的人，这一大摊子事让他无从下手。

他信步走出胡同口，远处一群人吸引了他，信步走过去看看。原来是一家米铺，一群衣衫破烂的人紧紧地围着。外面还有一些穿着不错的人也围在四周。

"掌柜，卖一点吧！卖一点吧！一家六口等着米下锅啊！"

可是被围在中间的汉子把两手一摊："就这点儿米。再说，我还得留着自家食用呢！谁知何时再有米来。"

人群里又发出一阵议论，最粗的一个声音喊道："掌柜的，发善心吧！二十五两，哪有那么贵啊！"

"囤积居奇！简直是见死不救！"一个尖尖的声音。

那汉子转过头来，他在寻找着那尖尖的声音："囤积居奇？"他的声音也大了，"银子能当饭吃？留点儿粮食给自己吃有什么罪。皇太后、皇上尚且不顾百姓，何况我们小民。"

可是周围嗡嗡的声音压住了他的声音。

"现在是各人自扫……"刘鹗仿佛听他这么说。

刘鹗往人群中挤了挤问："原来多少钱一石？"

"八两！"一个人拼命地挤，气喘吁吁地回答刘鹗。

"你——你是存心刁难人！"一个老人大声吼！

"刁难人？我不卖。兜底儿吧，我也不过千把斤粮食。一家五口，再加上伙计，不要吃粮？谁家没有大舅小姨三亲六戚、东邻西舍的，哪个来了不是三斤、两斤、五斤、十斤地提着！"

人群向前挤，那汉子已被顶到门板上了，他扯着嗓子喊："我不卖，我关门。嫌贵，你们找便宜的去……"可是没等他把话说完，人群轰地冲进了米铺……

刘鹗也被人群一下子裹了进去。

"粮食，真是当务之急啊！"刘鹗好不容易又挤了出来，他管不了米铺的事。他想进去劝几句，可是有谁听他的呢？粮食告罄为京师最为严重的问题。虽然洋兵横行街道，但是出来买粮的仍不乏其人。他们怀中揣着仅有的一点钱财，奔波在大街小胡同之中，所有的米铺前或多或少地聚了些人。为了肚子、为了一家人的生存，有人拖儿带女、扶老携幼地在寻找粮食，有些人在寻粮的过程中不是被洋兵殴打，就是两腿一软倒在地上，永远不能起来了。京城内外，华人的尸骸，依然不断地出现。人们都是面黄肌瘦。最起劲的是一群群饿犬，争食死尸。真是惨不忍睹啊！

刘鹗目睹了这些，他觉得自己的心也被压住了。他又急急地走回大甜水井来。

3

"粮食真是当务之急啊！"刘鹗边走边想。当他转过胡同，看到一字排开的队伍时，才发现，这临时作为平粜粮食的地方，已成为熙熙攘攘的人群聚集的地方了。他站住脚看了看这支队伍，男、女、老、少各种人都有，长袍马褂的与短衫裹腿的挤在一处，身着锦绣的与衣衫褴褛的也排在一起。

贫富相差，但粮食都是不能少的啊。刘鹗见一个小孩站在那儿，手中紧紧地提着一条口袋，他走上前去问："谁让你来的？"小孩眨眨眼睛，缩了一下脖子，没有开口。

刘鹗没有等他回答，沿着队伍往前走去。

到了门口，他才看到，沿街的一间堂屋，已成了粜粮处。一杆大秤早上还没有见到，现在已用一根长绳把它提在梁上了。刘贵站在大秤边上，左手扶着秤绳。两个役工抬出一袋大米来，各人拉着一只袋角，把它扎到秤钩上去。

"一百八十七——"刘贵拖长声音喊着。同时他得意地看着门外排队的人。

麻袋打开了。刘鹗走到门口，数了十个人。

"进来，进来！"他用手推着每一个进来的人。

这十个人安安静静的。

"每人五斤。"

刘鹗站在门外，看着那拐过弯的队伍。形形色色的衣服，各种各样的表情。相同的是每个人手中都紧紧地提着一样盛具，口袋、盆子、罐子、碗，还有人拿块破布……这都是事先有准备的。那过路的看到在施舍粮食，也急急忙忙排到队伍尾巴上，着急地搓着手，不知用什么东西来盛粮食好，有的干脆拉起衣襟来。

没有人大声吵嚷，似乎只要一吵那粮食就会飞走一样。但一个个伸长了脖子，看着里面。

十个人出来了。每个人手中提着不多的米，他们从刘鹗身边走过，脚步也轻松一些了。

又十个人走了进去。队伍向前蠕动了一下，又停住了。期待的神情，焦急的眼神，使刘鹗的心中更着急了。

"不行！不行！"忽然里面刘贵高声地喊了起来："每人五斤！"声音中充满了得意之声。

刘鹗踱了进来，看到一个头发花白的老妇人站在刘贵身前："老爷，老爷，再赏两斤吧！再……"

刘贵并不搭理她。"每人五斤，每人五斤。老少无欺，不要纠缠！"

那个老妇人颤颤巍巍地向前挪动了一点，伸手去抓住刘贵的衣袖："老爷……老爷……"

"不行！"刘贵用手把他推开，"旗杆上插锥子，你冒尖了？"

"老爷……"老妇人仍不罢休。

"你——"刘贵再次伸出手来，可是他忽然看到走进来的刘鹗。"你、你去问我们二少爷。"

"怎么了？"刘鹗问。说着把手伸进袖筒，摸出那个红绸布包来。不等刘贵回答"大家一样，不能多给！"他并不去看那个老妇人，而用手指捏出那尊小金佛细细地看着。

"老爷！"老妇人忽地跪在刘鹗面前。

"讨厌！"刘鹗心中不满，得寸进尺。

"老爷，我从城外赶来，家里断粮已三天了！"一股哭音也随着乞求声透露出来。

刘鹗并不看她。"家中无人吗？让你一个老人来领粮？"刘鹗冷冷地问。

"有一个儿子……"

"不行，有一个儿子却让老人来领粮，天理不容！"刘鹗断然说，同时抬腿向里面走去。

"老爷！"那老妇人猛地抓住刘鹗长衫的后襟："老爷，老爷，我那儿子在床上一个月没起床了！"

"为何？"

"洋人进城。他……他与洋人誓不两立。家中粮食早已吃光，他又不肯吃洋人发的一点粮食，每日只喝一点野菜汤，饿得已不能动了……"

刘鹗转过身来，看了看这个跪在地上的老妇人，只见她抽抽咽咽："今日，今日是善会发粮，他，必是肯吃的，求……"

一股莫名的歉意从刘鹗心中升起，刚才那种厌恶情绪刹那间没有了。刘鹗伸出一只手，同时问："你儿子是干什么的？"

"读书，读书人啊！秀才！去年才进的学！"

"请起，请起！"刘鹗一只手拿着金佛，一只手抓着她的胳膊，"刘贵，取十斤粮食、十块钱来！"他吩咐。然后不回头地走到里面去了。

4

王翰甫见到刘鹗是在一个阴风惨惨的下午。

才吃过午饭，刘鹗正与洪肇生议论救济米仍然迟迟不见运来，刘贵忽然进来说："翰甫大少爷来了。"

刘鹗急忙迎了出去，只见王翰甫仍是一身孝服正迎面往里走。"翰甫兄，翰甫兄"，刘鹗拱着双手说，"前时登门拜访不意外出。"

王翰甫也拱起双手，但脸上极为勉强地点着头："恕罪，恕罪。前时为先父百日忙碌至极，未能拜望。今日得闲就急忙赶来了。"

两人坐下之后，刘鹗说："正孺先辈以身殉国，颇得各方人士敬仰。"

王翰甫凄然道："唉！先父早有归志，只是我等愚钝，未解其意。"

刘鹗说："正孺先辈及宝竹坡二子殉国，国人个个为之悲哀。文士殉国本引人注目，何况当代名家如令尊大人！刚烈豪爽，义无反顾，实为我辈之楷模。不知临终遗言？"

对于外面的传闻，刘鹗自然极为清楚。一说是早在六月份，王懿荣便命人将后院中的一口井淘清，将井口扩大。家人虽知其淘井，但并不解其意。竣工之日正是义和拳和武卫军围攻时。一家人大小围在井栏观看。

"砰！砰砰！"几声枪响。大家抬起头来，看看天。知道这几声枪响又是东交民巷发生枪战。近日常有，大家习以为常了。人们探着身子看井水，较过去水更清了。井口扩大了，把半个身子探过去也可以。正在嘻嘻哈哈时，又是"砰砰"几声枪响。看井的兴致被破坏了，人人面面相觑。大家看王懿荣，他却似乎没有听见枪声，只是围着井栏转了一圈，面上不时露出凄凉的神色。后来又双手扶着井栏，看了看那清清的井水，又弯下腰去探了探井口，忽然大声说道："此吾之止水也！"说罢仰天大笑。使人不禁毛骨悚然。但谁也不知他所说的话的含义。

只有一个传说是：联军攻破北京后，王懿荣退居回家。他坐在那把平时坐的太师椅上，神情安详，脸上极为平静。一家人见到他如此平静也都不再惊慌。坐了一个时辰，他命王翰甫外出探听一下。听说联军已围了紫禁城后，他不动声色。只是让全家退下去说自己要安息一下。等到人们走出后，仍然听到他大呼"死矣！死矣！呵呵！"六个字，连忙又奔进来。只见他手中的茶杯还没有放下。据说是吃了毒药。

众说纷纭，还是听王翰甫说吧。

"先父早已上书皇上云：'拳民不可恃，当联商民各守御'。但均不被采纳。"王翰甫说。

"何以不扈从随皇太后、皇上出京，亦可免去一死！"

"何尝不是。"王翰甫叹着气说，"联军入城前，寡弟媳亲家吴世丈曾问过先父。先父说，眼下尚未知皇上是否出京。出京本当扈从，然天恩朝命为团练大臣，本应率兵御敌。现未能亲率士卒抗敌寇于疆土之外，亦应与京城共存亡，方不负今上一片隆恩。现义和团不足为训，神战、虎神诸营望风而逃。吾手无一兵一卒，倘围于城中，无粮无米，不战死，必饿死。某死，吾死国矣！此语本当激励斗志，孰知不幸而言中。"

说到此，王翰甫不禁抽泣起来。刘鹗也沉默了一阵才说："正孺先辈殉难前不知有无遗言？"

"弟当时并不在京，唯回到家中有绝命词题于壁上。"说着他从袖中抽出一张抄写好的夹单来。

刘鹗双手捧过那份夹单来，轻声读到："王忧臣辱，王辱臣死。於止知其所止，此为近之。"他停了下来，两眼盯着夹单，稍许才抬起头来："七七未做，百日亦只从简。大殓之时不知如何？"

"联军破城之日，先父亲率兵勇拒之于东便门外。俄众溃不成军，乃归。语家人曰：'吾义不可苟生。'家人环跪泣劝，先父厉斥众人。书绝命辞于壁，掷笔于地，赴井而亡。"王翰甫说到这里已泣不成言了。

"翰甫自应节哀。斯人已去，当为我辈表率。"刘鹗似是劝王翰甫，也像是在说自己。

王翰甫擦着泪接着说："先父具衣冠赴井殉难，洋统兵亦有真者，其中一士官，于井旁脱帽致哀，口中连称：忠臣，忠臣。后又派人罗守寒舍。弟闻之，星夜赶回。洋人亦不为难。"

刘鹗又劝说了几句，见王翰甫平静了一些，转了话题："弟于此来，实为救济善会之事，本当为正孺先辈之事奔走效劳。只是连日为粜米之事忙碌，未及问候。不知眼下家用如何？"

王翰甫张了张口，但没有说出话来。刘鹗高声喊："刘贵，送一百两银子去锡腊胡同。"

王翰甫见此说："前时上海余道来电告，奉张香帅电，已赠先父及宝竹坡二子各一百金。再加上此一百两，年内则无忧了。大局不知何日可定。家父旧日挪诸家款项，愚兄尚未清理。"

"先顾眼下为第一，年后如何再商酌吧！"刘鹗沉吟了一下："正孺先辈所存古玩，皆稀世珍宝。望翰甫兄珍藏，特别是那些龟骨，千万不能散落啊！"

王翰甫说："此事愚兄明白，你尽管放心好了！"

<h1 style="text-align:center">5</h1>

晚上，洪肇生听刘鹗讲王懿荣事也感慨万千，忽然说道："弟昨日外出，亦见得石印寿富殉节书信一封，及绝命词三首。但尚未细读。我去拿来。"

一会儿，洪肇生果然手中捧着那石印件来。刘鹗和他头并着头看去，是一石印帖子，首行写着："宗室伯弗太史寿富致华瑞安太史"。再读下去，信不太长：

"大势已去，待国破家亡，万无生理。老前辈如能奔赴行在，敢祈力为表明，待于此时此地，虽讲西学，并不降敌。家人有不愿死者，尚祈量力照拂，如死亦听之。外，有先人奏疏年谱及平生著作并以奉读，亦祈量力保全之。敢百拜匆匆不及走别，是为至憾。"

后面是三首绝句：

其 一

衮衮诸公胆气粗，竟将热血表宏图。

请看国破家亡日，到底书生是丈夫。

其 二

曾蒙殊宠对承明，报国无能愧此生。

唯有孤魂凝不散，九源夜夜祝中兴。

其 三

薰莸相染东林党，党祸牵连竟陆沉。

近日海枯见白石，二年重涝不伤心。

读毕，刘鹗不禁拍案说道："好个'到底书生是丈夫'，如此大义凛然方是我中华本色。为何那些食朝廷俸禄的提督、将军反而无此一腔热血？"

洪肇生去睡了之后，刘鹗在灯下反复吟诵这三首绝句。他看看王懿荣的绝命词，又再次读寿富的信，不禁感慨万千。

"虽讲西学，并不降敌！"是啊！国力日衰，为何不可讲西学。以西学为用有何不好？如今凡与洋人有关，均被辱为"汉奸"。殊不知那些骂别人为"汉奸"者，最喜的是洋货，最尊的是洋人。取洋人之物，不如习洋人之技。这世道也怪，用洋人之货者，反以为高人一等，处处以显得自己见多识广。习洋人之技者，被斥为洋奴、汉奸，他们实在不懂"虽讲西学，并不降敌！"啊！

他又一个人轻轻地读那几句诗："唯有孤魂凝不散，九源夜夜祝中兴。"他苦苦思索，两宫何时方才回銮？百姓何时可得安生？倘若那些朝廷重臣依然如旧，中兴谈何容易。

他睡不着，在房中转来转去。干脆把纸铺好，把墨研浓，略加思索，便提笔疾书起来。

杂　感

（其一）

积骸成莽阵云黄，九月乘槎入帝乡。

梦里鸳鸯空草草，眼前燕雀总茫茫。

玉鱼金碗朝陈市，碧血青磷夜吐光。

毕竟是非有定论，满城人尽怨端刚。

（其二）

西望长安想翠华，蓬莱宫阙阵云遮。

干戈燎乱名王府，刁斗森严上相家。

百姓含辛空有泪，九门茹苦尽无哗。

回思众恶盈廷日，天纵神拳不住夸。

（其三）

端毓刚徐赵李伦，兴高采烈杀洋人。

两宫法驾依回匪，半部尚书作顺民。

十一国旗飘上苑，三千宫女感东邻。

太和门里轻球起，疑是红灯又显神。

6

刘鹗皱着眉头一个人在发愁。昨天去见李鸿章，本是要求李鸿章与天津联系催办粮食的。谁知粮食问题没有解决，李鸿章又提出了要救济会先把无主尸首都埋了。

回到会里，起先大家都不同意，救济是救济人，怎么还管埋死人呢？可是想到确实带来了一些棺木，本来是为埋京官准备的，可是后来发现京官的问题不大，倒是满街无主尸首是个问题，最后大家同意办个掩埋局。

掩埋局的役工不难找。因为埋一个死人，有一份工银，难办的是谁来负责，这又成了一个问题。

刘鹗一边擦拭着小金佛，一边想，谁来管呢？

他把金佛举到眼前，眯起眼睛细细看了一下。阳光下那金佛闪闪发光。他用嘴吹了吹那金佛的头部，心里想，天无绝人之路，会有人来办吧，可是谁呢？

忽然，刘贵走了进来，急急忙忙地说："二爷，王五爷刚才派人来，要您老快到元兴堂馆子去一趟。"

"什么事这么要紧？"刘鹗听说王五来请他，心里一紧张，但脸上依然平静如常。

"小的也不清楚。捎信的人说务必请二少爷马上过去。"

王五是个武人，办事极可靠，没有急事，不会派人说"务必"马上去的。他把金佛用红绸包好，揣进袖筒，说了声："知道了，我马上去！"

才跨出门，他又回过头说："告诉洪先生，我有急事。一应事由他处理，不必等我。"

元兴堂饭馆是王五奶奶开的一家清真馆，刘鹗常请人在此吃饭，所以是极熟悉的。他才走到胡同口，只见王五的一个徒弟迎了上来，恭恭敬敬地说："二少爷，俺师傅叫俺在这儿等您。他要您老直接到后院去。"

刘鹗心中又是一紧，不是有大事，王五不会派人在胡同口等的。他又问了一句："你在这儿干什么？"

那人低下头来，俯在刘鹗耳边上说："师傅让我在这儿看着，有闲杂人时进去通报一声。"

刘鹗穿过店堂，才跨进后院，就听见西屋里传来王五大声说着："可惜！可惜！好他个张之洞！"紧接着又听到啪的一声，显然是王五一巴掌拍在桌子上了。紧接着又听到"哗啦"一声，那是茶壶掉在地上摔碎的声音。

刘鹗跨上台阶，刚用手去掀门帘，只听到一声大喝："谁！"

刘鹗也不答话跨了进去，只见王五一手拿了一块碎茶壶，已掉转身堵在门口了。刘鹗看了看，只见王五身后桌子边上蹲着一个人正在那儿拾地上的碎茶壶。地上满是水和茶叶。

王五见是刘鹗，说了一声："啊！来得真快！"他回头看了一眼，刘鹗把下巴抬了一下，示意王五：那是什么人？

可是那个人并不回身，只是把两肩耸了一下，站起身来仍然面向里。

刘鹗看到此种情况，知道王五是在叫他猜哑谜。所以轻轻地咳了一下，只是微笑并不开口。

王五见刘鹗不开口，转过身去，一把抓住那人的肩膀，猛地一转。

"愚溪！"他又惊又喜，急忙跨了过去。

那人也跨前一步，两手一拱："铁云，别来无恙乎？"原来，他就是那天告示才贴出时，走进城门的年轻人。

不等刘鹗说话，王五大笑说："二少爷，你敢收留此人否？"

刘鹗上前拍了拍他的肩膀，大喊一声："钦命要犯！拿下！"说完哈哈大笑起来。

听刘鹗这么一说，沈荩和王五也大声笑了起来。

"愚溪，没有想到还能见到你！"刘鹗拉着他的手。"几时进京的？你不是去了日本吗？"

"去日本！"王五高兴地说，"兔子才往日本跑呢！我说愚溪准死不了！如何？"

沈荩也笑着说："五爷说得对！别人倒是都去日本了。唯有小弟斗胆进京来了！"

"兔子不吃窝边草，他可是专门来吃窝边草了。"王五两手拍得啪啪直响，大声笑着，一脸络腮胡子也跟着在抖动。

刘鹗拉着沈荩的手说："坐下，坐下。将那边的情况说一下。"

沈荩坐了下来，深深吸了一口气："唉！真是一言难尽啊！"

<h1 style="text-align:center">7</h1>

"那王五是何等样人？"一直住在南方的洪肇生问刘贵，"虽然我也听得一些，但总是不甚清楚。"

晚饭之后，洪肇生见刘鹗去王五家还没有回来，便和几个司役杂工一起闲谈。

刘贵见洪肇生主动问他，兴趣大起，他大模大样地端起茶杯，摆出一副天文地理无所不晓、无所不知的样子问："洪先生是想细听，还是粗听？"

一个役工笑道："刘贵，你又摆哪门子的架子。你或讲得简单一点，或讲得详细一点，哪有什么细听、粗听的说法。你不讲，我们也就不听！"

刘贵随刘鹗南来北往，见多识广，对王五自然是熟悉的，所以更得意扬扬地说："这是洪先生在问，我刘贵才讲，倘是你问——"刘贵伸出两个手指头，"先摆二钱银子，我刘贵可以给你至少讲上三年。"

洪肇生知道刘贵是要卖弄，也就笑着说："好了，好了！你拣那重要的事说上几句，让我们听听！"

"好嘞！"刘贵把大腿一拍，又对那个司役看了看："小子，听你大爷慢慢讲来。"他喝了一口茶，顺手把那司役的水烟袋抓了过来狠狠地吸了一口。

"这王五爷，可是真正的侠客。那直隶山东道上，谁不知赫赫有名的大刀王五！"刘贵得意地开始讲了。

"这也要你讲！"那役工又插了一句。

"嗬——你小子能！"刘贵伸长了脖子，手指头点在那役工的鼻子上，"俺问你，王五爷起始叫什么？"

见那司役没有回答，刘贵得意地摇了摇头："王五爷，十八般武艺样样精通。眼下好使一把军刀。可原本用的是——"刘贵把两只胳膊向外一扎，又向里一变，两手一握拳头。他看看那役工没有开口，便又得意地把两手一抬："双钩！大刀王五原来叫双钩王五！"

"那为什么叫大刀王五了？"那役工显然是有了兴趣。其余的人也都开始注意他的话了。

"那，后来改用单刀了，不叫大刀王五又能叫什么？"刘贵眼睛看着大家，显得有点窘——他也说不出为什么双钩变成单刀了。

"听说过王五爷送安御使出京的事了吗？"刘贵马上转了话题："安御史上了一个奏本骂了李中堂，被皇上革了职。大刀王五亲自护着安御使出京。连车马川资都是五爷送的。"

"这谁不知道。"役工又插嘴了。

"好！俺讲个你不知道的！"刘贵又碰了一个钉子，他马上又一转。

"这直隶、山东道上，侠客、强盗把五爷称什么？"他用眼睛扫了大家一眼："叫'祭酒'。懂吗？"

"祭酒？"洪肇生说："那国子监祭酒是三四品的官，强盗中如何有'祭酒'？"

"这俺也不懂。总之，这黑白道上的人都称五爷为'祭酒'。"刘贵对洪肇生老老实实地回答。

"不管咋说，这山东、直隶道上的侠客都听王五爷的。只要是五爷的口号一下，没有走不通的路。五爷的号旗往车上一插，行了，你看这大江南北，随你走了。没人敢动你一个手指头。"

的确，这王五是条好汉，是条侠义的汉子。

8

王五的故事，在京城中传说是极多的。

己卯、庚辰年间，京师连发了数十起大案，这事应刑部办理，可是案犯一个也抓不到。有人却去诬告了大刀王五。

刑部总司谳事兼提牢是溧水人文遹，他得刑部堂官命令，派了五城御史去拿人。那时王五住在宣武门外。几百个差役将王五的住宅围得水泄不通，可是只是在门外大喊大叫："王五你出来！""活捉王五！"没有一个人敢进门，连敢跨前几步的人也没有。那门开在那儿，只是空咋呼而已。

院子里王五手持一把单刀不慌不忙地舞着。他的徒弟们手持器械也都在院中。这情景在门外都可以看见。

五城御史的武功自是了得，可是他心里在嘀咕，不捉王五交不了差，要捕王五必要损兵折将，倘被他逃了显得自己无能，就算捕获了王五交了差，那就在武林中为自己绝了路。他脑子里飞快地转着：王五不能捕。

五城御史不开口，那些人也只是叫喊叫喊而已，并没有认真去冲杀。如此到太阳落了，两边还僵持着。

天擦黑，五城御史带着兵马回去了。

可是，当夜王五家里来了一个客人。王五一看就是五城御史，只不过把衣服换了。两个人在一起谈了一个多时辰。五城御史连夜又走了。谁也不知王五和他说了些什么。

谁知第二天早上，王五独自出现在刑部之上。文遑一见王五，先是一愣。后来心中一想，这个人倒真讲义气。就问："王子斌，为何昨日拒捕，今日又来投案？"

王五回答："昨日以兵来取我，我王五堂堂一男子又不犯罪何以受辱，所以不肯跟来。今日自来，是因我亦大清子民，官府有招自当来。其实大人有事叫我，无须拘票，传一声也就行了。"

文遑一听，这王五果然与别人说的不一样。因此，并不把他当罪犯看待，而是细问他这些盗案。谁知，王五对这些案件了如指掌。他不慌不忙地把凡是自己徒弟所干的，都说了出来。并说，这些被盗之家都是些猾吏赃官。对别人所盗，他是一个也不肯说。

文遑知道，王五想说则说，不想说逼也无用。此事只好作罢。但再一转念，昨日兴师动众，捕不得一个人犯，实在有失体面。所以又说："我也知道那些事不是你干的。不过，你昨日公然拒捕，抗拒朝廷，也可谓大逆不道。你看如何处置？"

王五笑道："这也容易，也无须绑得、捆得。我自己趴下领罪，你打我二十板子，如何？"

文遑一看，王五果然是个通情达理之人，就说："依你，也不用趴下。"说着命令一皂役，拖了一条长凳过来。

王五见一条长凳拖来，明白是什么意思。也不等人招呼，自己伏在上面，还喊了一声："来吧！"

那些皂役平时如狼似虎，可是今天见是王五趴在那儿，怎么敢动手？两个皂役把小竹板举起来，又看了看文遑。

那个文遑也有趣，他站起身来，看了看王五，竟然不言一声，双手倒背，转过后堂去了。

两个皂役心中也明白，对王五说："五爷，您老多担待，小的也是没有办法。"

王五伏在那儿已等得不耐烦了，说："快！快！为何如此婆婆妈妈！"

那几个皂役见此，也就胡乱地打了几下，口中不住地数着：一、二、三、四，才数到二十，便急急忙忙扔下板子，忙不得去扶王五，嘴里还不停地说："五爷！五爷！饶了小的，饶了小的。"

刘贵讲到这里，面对两个司役，两手拱在头上，嘴里说着："五爷，饶了小的，饶了小的。"声音发抖，让听的人都笑了起来。

洪肇生又问："你的二少爷是个读书人，如何识得王五爷呢？"

刘贵坐好了后说："回您老，俺们二少爷从小随老太爷在河南任上，那是同治年间，王五爷正年轻，也在河南。俺们河南可是个好地方，那少林寺的武功谁人不知谁人不晓。俺从小就跟着老太爷，什么阵势没见过？那年剿捻子，李中堂在河南，俺老太爷也随在那儿，后来俺家老太爷任开封吹台。那吹台，又叫禹王台。禹王治水，谁人不晓，俺们河南……"刘贵东拉西扯地越说越起劲。

"得、得、得！问你王五爷的事，你讲'俺们河南、俺们河南'干什么？"还是那个司役打断了刘贵的话。

刘贵白了那人一眼，"好，言归正传。俺们二少爷那时才十八九岁，可是真有心计。二少爷一边跟着老太爷学治水，一面交了些朋友。俺二少爷说，这天下将来一定大乱，所以交了些真有本事的朋友。这王五爷是当时的武功巨擘。王五爷那时，先在俺河南少林寺学拳，后来又上了峨眉山，拜了一个老和尚为师傅，那老和尚教了王五爷一套'太祖拳'，这是达摩祖师传下来的真拳。那老和尚对王五爷说，你倘能认真修炼，将来可以得甘风池的位分。"

"甘风池？"洪肇生问。

"对，甘风池。那王五爷与甘风池可是不相上下。两个人……"刘贵信口胡诌起来。

"哈哈！哈哈哈哈！"那个司役大笑起来。

"哈哈！哈哈哈哈！"洪肇生也一边捂着肚子一边大笑起来。

刘贵被他们这一笑，弄得愣在那儿。随后他自己也哈哈大笑起来。但他不知笑些什么。

"甘风池，甘风池，甘风池是康熙年间人，距今二百年了，如何与大刀王五比武？"那司役大笑着。

刘贵听得如此，确感到尴尬，但仍然说道："那王五爷的功力定也不在甘风池之下。"

"别的我不如你刘贵，"那司役插嘴说："唯这甘风池，我可是清楚得很！甘风池是我们江苏江宁人，康熙、雍正年间有名的拳师。他手握锡器，能使其化成汁一样，从手指缝中流出来，……"

"不过，那甘风池也不过是当时长江南北八侠之末……"正说到此，忽然有人打断了那司役的话。大家回头一看，是刘鹗走进房来。

　　"二少爷回来了！"刘贵抢先站了起来。"二少爷，您老说说这八侠是什么人！"

　　"那八侠均是大侠郑延平的弟子：有了因和尚、吕四娘、曹仁父、路民瞻、周浔、吕元、白泰官，甘风池居第八。好了，这些事你们将来去请教王五爷吧！"刘鹗说到此吩咐刘贵："弄些点心到房中，你们可以歇息去了。我和洪先生还要谈些事。明天一早还要粜米，各自休息去吧！"

第十章

1

沈荩暂时就住在元兴堂饭馆后院中。

他不能出门，谁知道现在的形势如何呢？

刚才他与刘鹗开玩笑说："铁云兄，弟是钦命要犯，犯上作乱的贼子，倘被朝廷捕获是要满门抄斩的。"可是说此话时心中也不免有些担忧，须知，自己被杀事小，牵连了朋友于心不安啊。

谁知刘鹗听了之后沉吟不语。他何尝不知收留沈荩的危险呢？可是前有开发山西矿，后有戊戌之变，哪一样不是历经艰险呢！想到此，他长叹一声："复生是无法再复生了，佛尘也难再佛尘了。逝者已去，生者当尽保护生者之责。"

原来这"复生"，乃是戊戌六君子之首的谭嗣同的号；"佛尘"乃是自立军的总粮台唐才常的号。

210

刘鹗与谭嗣同有些联系，对唐才常是久闻大名，而沈荩和他们的关系就非同一般了。沈荩与谭嗣同同是湖南人，谭嗣同的父亲谭继洵当湖北巡抚时，沈荩经谭嗣同推荐，当了个湖北抚署的文案委员。

沈荩送走了刘鹗和王五后，一个人靠在那儿不禁又想起了往事。

戊戌变法之前，谭嗣同约唐才常赴京一同进行变法。唐才常又将此事通知了沈荩。结果沈荩赶到北京，已经是谭嗣同被捕之前一日。他尚未见到谭，谭嗣同就被捕了。唐才常尚在赴京的路上，谭嗣同和康广仁等六人已在菜市口做了刀下之鬼。

谭嗣同死后，家乡开吊之日，一切从简，参与者寥寥。除了亲戚辈和时务学堂的学生之外，仅有从北京避回湖南的沈荩和中途折回的唐才常。

那天的气氛凄凄惨惨，无人大声喧哗，也无人大声啼哭，一切都在无声中进行。慑于慈禧的淫威，亦无法为谭嗣同做什么评价。因此，亲戚好友亦只是人到，并无只字片纸。因此那灵堂之上便显得空空落落。却有两副挽联赫然摆在那儿。

一副是唐才常的：

> 与我公别几时许，忽警电飞来，忍不提二十年刎颈之交同赴泉台，漫赢将去楚孤臣，箫声呜咽。
> 近至尊刚十余日，被群阳构死，甘勇抛四百万为奴隶种长埋地狱，只留待抉桑之杰，剑气凌空。

沈荩的一副是：

天事也难凭，人事也更难凭，落之孤踪，今若此，谁能谴此。

生才者造物，忌才者亦造物，茫茫事故，已焉哉，谓之何哉！

虽说在开吊之日，两人并未多说什么。会后，在上海又不期而遇。一起办了正气会，之后又一起创了自立军，欲"不认满洲为国家"，而要创"自立之国"。

想到此，沈荩又不免有些难过，两行眼泪顺着面颊滚落下来。仅仅两年，前面谭嗣同为国变法，触怒了慈禧而以身殉难了，后面唐才常欲用武力复国，亦难逃一死。

那么，该走什么路呢？再往前想一想吧！

他又想到当年和刘鹗一起要走的"办矿"之路。是啊！那时也充满理想，满心寻得一条救国之路啊！两人辔而行在山西的山间，那尉迟敬德的像还近在眼前啊！那时，自己所以跟着刘鹗办山西矿，不是曾被他的那一套说法所打动吗？特别是那一次与胡聘之的长谈，不是使自己激动万分吗？

当年的景象又浮现在沈荩脑海中了。

2

光绪二十四年五月初，山西大地一派青色。

太原坐落在汾水边上，城东有东山，城西有西山。北边是卧虎山，南边是鸡笼山。

刘鹗和沈荩是第二次来太原了。可是，这次请他们的巡抚胡聘之并未马上见他们，而且也没有住在衙门里。第二天一早，派了一辆马车，将他们接去。

马车出了城门，往西奔去。刘鹗与沈荩感到奇怪，对视了一下。沈荩心急，马上问："喂！这是到哪儿去？"赶车人头也不回，答："晋祠！"

"晋祠——"沈荩一听，称道："好地方！"

车子过了汾水直奔西山，刘鹗很想看看两边的情况，无奈车子颠得厉害，何况，心中想的也都是开矿之事，也就再没有注意四下的景色了。

沈荩见刘鹗沉默不语，也不再说什么。

车子到了晋祠，尚未停稳。只见一材官疾步走了过来，单腿一跪，一手撑地："禀刘大人，抚台大人已在等候了。"

沈荩听了一惊，他看了刘鹗一眼，刘鹗似乎也愣在那儿。

"请——"那材官又说了一声。

两个人慌慌忙忙跳下车来。只见一个人，头戴一顶平常的小帽，缓缓地走了过来。

那材官未等刘鹗和沈荩说话，就转过身快步跑过去："禀大人，刘大人、沈老爷到。"

听到材官如此说，刘、沈二人才看清前边的正是山西巡抚胡聘之。两个人急急忙忙走上前去，双膝着地、叩头，说道："卑职刘鹗叩见抚台大人！""卑职沈荩叩见抚台大人。"

胡聘之连忙弯下腰来，满脸笑容，一只手扶一个人的胳膊："免礼，免礼！"

平易近人的抚台倒也少见。他们站起身来看了看这位抚台，清癯的脸，眼睛不大，留有两撇小胡子，一脸忠厚相。

刘鹗看到他心中不免一动：自己也算见过一些达官贵人了，但从来都是以属下的身份去见他们。自己本性疏狂，所以总感到有些压抑，而今天这个抚台确实很亲近人。

刘鹗想到此，忙说："卑职远道而来，尚未参见大人，怎劳抚台大人……"他见胡聘之摆了摆手，知道这些客气话都可免了。于是一手指着沈荩，一边说："这就是沈愚溪，是卑职的挚友。前次踏勘，全蒙沈兄方才得以确实。"

胡聘之又对沈荩点了点头，把手摆了摆："铁云先生远道而来，本应摆酒接风，无奈官场习俗过繁，亦不便交谈。因此，下官特请铁云先生和愚溪先生来此偏僻之地。一可赏游晋祠，二可倾心交谈，不知两位先生以为如何？"

刘鹗本是个散漫惯了的人，最怕官府的繁文缛节；沈荩亦尚年轻，是个极随便的人，看到这位抚台如此安排，心里自然高兴。两人心中想，可能此次开矿有成功之望了。

刘鹗又将胡与其他几个巡抚比较，虽都是朝廷的一二品大官，但风度却全然不同。这胡聘之真能礼贤下士，自己定要把这矿开成。

沈荩此时想，救国、救国，看来此事有望。面上的笑意自然而然地呈现出来。

二人对胡聘之不禁生出敬佩之心。

3

晋祠建在离太原五十里的悬瓮山下。坐西向东，门前全是松树，是为纪念晋国唐主唐叔虞建的祠。

胡聘之居中，刘、沈二人分在两旁，一同向正门走去。到得门前，胡聘之笑嘻嘻地问道："铁云先生可知道这晋祠的来历？"

刘鹗答道："卑职不甚详细，仅知有个'桐叶封第'的故事，不知确否？"

胡聘之两手轻轻一拍："大约就是如此吧！"他感慨地摇了摇头，"无成王则无叔虞，无周公则无成王。想来晋之天下亦是周公一语促成的啊！"

刘鹗听到此亦感叹地说："对啊！一位君主在世，倘辅佐之臣尽心尽责，则事半功倍啊！"

说者无意，听者有心。胡聘之听了刘鹗这话，心中不免一动。

三人信步游玩，来到"圣母殿"时，已是无拘无束了。说话也随便多了。沈荩一边四处看着，一边在寻找着什么，但他似乎很失望。稍停，他憋不住了，问道："听说'齐年柏'植于圣母殿旁，如何不见？"

跟在后面的材官用手指了一指说："在那边。"

沈荩走过去一看，果然有一棵树如虬龙般横卧在殿的左侧。他用眼睛又四处瞧了瞧，诧异地问："齐年柏，本应是两棵，如何剩下一棵了？"

胡聘之看了看沈荩，他心中想到，这个年轻人，话虽不多，但对事物倒也清楚。看来刘鹗是真能物色人才。可是谈到齐年柏，他心中颇感不快："道光年间伐了。"他轻轻说了一句。

沈荩用手摸着那棵树，轻轻叹了口气。刘鹗听到此，心中不免一沉，祖宗江山，前辈遗之，三千年之文明，难道真要毁于我辈之手吗？想到此处，他有些伤感。

三人进了圣母殿。细细地观看了那邑姜凤冠霞帔的坐像，又看了看那四十四尊侍女的塑像。胡聘之来此多次，故并未感到有什么新奇。但刘鹗、沈荩是早已闻名而无缘见到，今天初见，自然是要细细地看一遍了。

刘鹗早已听说这四十四座塑像精美绝伦、栩栩如生，四十四尊像有四十四种神态。他先看左边一行，那第一尊侍女文静异常，亭亭玉立，若有所思。刘鹗看了之后点了点头，回头看了看身边的沈荩，也正在凝视。刘鹗再跨两步看第二尊，只见女子两眼凝视远方，似在盼望着什么人归来一般。再看那第三尊，较之前两个似更年轻一些，引人注意的是那张樱桃小嘴，略微张着。刘鹗似乎感到她正在唱着什么美妙的歌曲，一时停留在那儿。只听见沈荩嘴中不时发出啧啧的声音。见此，刘鹗似对沈荩，亦是对自己说："名不虚传，果然名不虚传。"

两排人物看毕，刘鹗又细细品味，感到这些塑像是形态各异，但亦有共同之处，个个丰满俊美，脸型清秀，神态自然，显然出自一人之手。他想到，这些塑像之人，当时亦不过是一般人而已。可见我中国人的智力、能力不凡。祖宗留下的家业，千万不要毁在我辈手中，如那"齐年柏"一般，否则何以告慰先人，怎么对得起子孙。

刘鹗正对着这些塑像沉思之时，忽听胡聘之招呼道："铁云，到难老泉看看如何？"

刘鹗点头答应。

4

难老泉边已安排下了一桌酒菜。胡聘之坐了上首，刘鹗、沈荩分坐两旁。

"此次下官特邀铁云先生和沈先生来晋，想听听两位对敝省矿物开采之高见。"喝了两杯之后，胡聘之讲到正题上来了。

刘鹗整了整衣襟，先看了沈荩一下，然后不慌不忙地说："年前在京收到抚台大人示下，卑职与沈先生于今年二月沿平定、辽州、泌州、潞州、泽州走了一趟。此后又与福公司意大利人罗沙第交谈，略有所感，故此专程来晋，愿向抚台进言。"

胡聘之说:"敝省虽与直隶相邻,但太行阻隔,实在是富裕不足,贫瘠有余。本抚久有开发煤矿之想,但掣肘过多,故迟迟未动。年前上谕望各省能对矿物及时开采,方着手务实。只是这矿如何开,款从何来,利弊如何,心中无数。久闻铁云先生精晓于此,故特邀先生做一长谈。这两天不妨住在此处,无人打搅,望先生畅所欲言。"说着他端起酒杯来,慢慢地伸到刘鹗面前。

刘鹗与其他督抚交往,虽说礼遇优加,但无论以子侄辈交谈,还是以上下属相询,从未遇到一位大员如此平易近人,受到如此礼遇。见到胡聘之如此对待自己,心中大为感动。

他没有端起酒杯,而是站了起来,双手一拱,说了声:"不敢,卑职此来,自当效犬马之劳,蒙抚台不弃,卑职略陈管见,以求教于大人。"他见胡聘之的酒杯仍端在手中,双手向前推着说:"抚台敬酒,卑职如何消受得起。待说完后,卑职敬抚台……"

谁知胡聘之也客气地站了起来。他不等刘鹗把话说完,把酒杯轻轻一抬,嘴里说:"请!沈先生请!先满饮此杯再说不迟。"

沈荩方才二十多岁,何曾见过如此场面,他慌忙端起酒杯,说了声:"请",头一仰把酒喝了下去。胡聘之一笑也一仰头,一杯酒也下去了。

刘鹗本是个酒色均能的人,见此,也顾不得什么,说了声:"卑职不恭了!"把头一仰,"滋——"的一声,然后把酒杯一亮。

"好,抚台如此厚爱,卑职就放肆了。"刘鹗把酒杯轻轻地放在桌上,咳了一声:"想我大清三百年基业,何以至今若此。试想,于外,戊午年先与沙俄签了《瑷珲条约》,再与英、法、俄签了《天津条约》,庚申年与英、法、俄签了《北京条约》,此是条约签订之始。乙未年又有中日《马关新约》(《马关条约》原名《马关新约》)……"说到此,他用两个手指把那酒杯捏住，在桌上轻轻地磕了磕，他刚要说下去，坐在对面的沈荩似已耐不住了，站了起来："泱泱大国，何以无能至此，每签一约，均割地赔款，致使国民日贫，国力日衰！"

胡聘之听到此点了点头。刘鹗对沈荩摆了摆手，接着说下去："对洋人如此屈膝礼让，于内又如何呢？如今各督抚奏议迭上，今日广东土匪，明日山东土匪，湖南有匪，河南亦匪，云贵剿匪之声未绝，陕甘匪声又起。卑职以为，倘是真匪如当年粤匪、捻匪，自当剿之。然督抚所奏果真匪乎？非也！饥民而已矣。"他顿了一下，看了看胡聘之，因为胡聘之亦是他所说的督抚之一啊！可是胡聘之并未开口，而是两眼盯着刘鹗的嘴巴！

刘鹗站了起来："外有外患，内有内乱，国家何以安定？卑职细思之，唯有一法谓之'养民'。"说到这里他停住了，两手撑在桌子上，等待胡聘之的反应。

胡聘之沉吟了一下，缓缓开口："养民之说，早已有之。《战国策》云'齐有处士曰钟离子，无善乎？是其为人也，有粮者亦食，无粮者亦食；有衣者亦衣，无衣者亦衣，是助王养其民也'对乎？"

刘鹗一愣。平时他总以为这些督抚皆是米虫。谁知，他才谈到"养民"，胡聘之已能接上他所说的。顿时，他感到精神一振，以为自己确实遇到了知己。他想，能以古书谈养民，可见胡聘之于此已是思虑多时了。所以不等胡聘之说下去，他马上又接着说："养民乃当务之急，此为万全之策。试想，连年战乱，洋兵入侵，百姓衣不蔽体，食不果腹，铤而走险，理所当然。"

"此说有理！"胡聘之以为这是对的。紧接着问："这养民又如何做法？"

5

"这养民如何做法？"刘鹗已想过多时了。他想到了他的师傅李龙川，广开学堂，讲经授道，弟子数千，遍及大江南北。他劝弟子们乐善好施；他又想到太夫子——李龙川的老师周太谷曾是一大富户，开仓济贫，但亦只管得了眼下，管不了永久。这些都是养民，可是毕竟有限啊！自己不是也想了多时吗？胡聘之又问："养民又如何做法？"刘鹗脱口而出："修路开矿。"一字一顿，生怕别人听不懂一样。

其实，这也是胡聘之早已考虑的问题了。所以胡聘之马上问了一句："款从何来？"

"借洋债！"刘鹗毫不含糊地说。

"借——洋——债？"胡聘之犹豫了。

"借！洋！债！"毫不含糊。

"对极！借洋债！"在旁边久久未开口的沈荩也开口了。

胡聘之站了起来，双手放在背后，踱着步子，沉思着。

刘鹗紧张地注视着他。成功、失败在此一举了啊！自己的希望，自己的"以养天下为己任"抱负，能否实现，就看能不能得到胡聘之的支持了。

胡聘之踱了过来，刘鹗一双期待的眼睛看着他，沈荩一双期待的眼睛看着他。

"洋债易借难还，洋人董事、洋人矿师，久而久之，岂不全为洋人所占？于我何利？"胡聘之缓缓地说。

刘鹗站起来，脸色严峻："国力已穷至此，不借洋债何处去筹此笔巨款？无此巨款，又如何开矿修路？不开矿修路，则民不得其养。民不得其养则铤而走险，四处烽火，朝廷剿匪尚自顾不暇，又如何顾得洋人入侵？洋人入侵则又使国力更衰。如此周而复始，岂不知民愈贫而国愈穷，长此以往如何了得？"

不等胡聘之开口，刘鹗又一口气说下去："今我山西铁、煤之富甲于天下，西人啧啧称之久矣。必欲闭关自守，将来无知愚民烧一两处教堂，杀三五教士，衅端一开，全省路矿则随合约去矣。其中犹有绝大之关键存焉，则主权是也。兵力所得者，主权在彼！商力所得者，主权在我，此万国公例也。然有一国商力所到之处，则别国兵力即不能到。今日逐引商权入内者，恐他日有不幸而为兵权所迫之事，必早杜其而渐之萌，为忠君爱国养民者当务之急也。"

"尚无他法？"胡聘之仍在犹豫。

"倘仍一切仰朝廷拨款，一切受朝廷指划，要地方大员何用？国库空虚，朝廷拨款从何而来？京官之多，了解下情者又有几人？倘仍以百年以前之法用于今日，则江河日下，必不可收也。"

胡聘之轻轻地点了点头，"倘借洋债，后果如何？"

刘鹗见事有转机，胸有成竹地说："卑职久已考虑过。人人不愿变革，则唯有墨守成规。若此，百姓依然为匪，洋兵依然入侵。若破此陈规，唯有用洋人之款，效洋人之法。但主权不可予人。"

"主权如何方可保全？"胡聘之接着问。

"我严定其制，令三十年而全矿路归我。如是则彼之利在一时，而我之利在百世矣！"说到此，刘鹗忽然一笑，手指着对面的"难老泉"说："以肩挑水，终是有限。如今以鞭抽水，则如同这悬瓮山一般，其利无穷也！"

胡聘之听到刘鹗忽然将难老泉的故事用在此处，不禁哈哈大笑起来。

胡聘之一脸愁容顿时扫走，刘鹗、沈荩也一起大笑起来。

沈荩想到此，把两行泪擦了擦。开矿修路的路，最后没有走通。维新变法的路，也没有走通。成立自立军又不行。那么，到底如何办才好呢？

又转念一想，幸好到了北京，还有王五和刘鹗两个朋友能真心对自己。不由又感到一阵安慰。

6

刘鹗一早上又过来了。他和洪肇生已谈妥，沈荩变个名字，先在大甜水井住下，专管掩埋之事，所以先把消息送过来。

王五因沈荩来了，自然也不再出去。所以，三个人又能在一起畅谈了。从掩埋局谈到救济，谈到两宫西狩，自然又谈到了三个人都熟悉的谭嗣同。

"二少爷，你让我认识了大少爷，可真对了。"王五从来把谭嗣同称为大少爷，称刘鹗为二少爷的，"大少爷的武功根基不错，才练了两年，甭说别的，光那马步，就有几百斤力气。"王五从炕上向前一跨，两腿分开，一个马步半蹲在那儿。

刘鹗知道王五这就是练功，也不去叫他坐下。

"马步如何？"沈荩问。

"光那马步，有几百斤力也推不倒他。那一根辫子更是有劲，大少爷往那儿一蹲，任你两个人去拉他的辫子，他也不会倒的。但只要他一站起来，那拉辫子的人就会趴在地下。"

刘鹗和沈荩虽然与谭嗣同都很熟悉，但于功夫都是一窍不通。听得王五夸奖谭嗣同，心想王五何等功力，一般不会夸奖别人的功夫。那么，谭嗣同的功夫定然厉害。

"可惜啊！可惜啊！大少爷如肯听我一句，其实现在还不是和康、梁二公一般。要么住在上海，要么住在外洋，慈禧也不能拿他怎样。"

提到慈禧，那沈荩又是满肚子的气："那个女人，实在是个妖精化身，阴险毒辣，手段极狠。"沈荩这话说得实实在在。可是未想到，这话在三年之后又应在自己身上。

"可是那文宗皇帝却偏偏看上了她，不知是何原因？"王五问。

"是何原因？"沈荩气哼哼地说，"会哭。"

"谁不会哭？"刘鹗笑了。

"哭出的天下，哭去了天下。"沈荩把两眼一闭，眉头一皱，用手在鼻子上一捏，随后往后一甩，做了个擤鼻涕的动作。

刘鹗见沈荩不像开玩笑："说来听听，我可算得博闻强记了，尚不知有此一说。"

沈荩见刘鹗如此说，有些不好意思了："传闻而已，岂可当真！"

"快说，莫拖延。俺实在耐不得尔等的啰唆！"王五大声打断了他俩的话，催着。

"那拉氏善歌，人皆知之。善哭，人尚不知。为何？位至尊尔。那拉氏之父为惠徵，徽宁池太道。以亏款罢官，殁于途。后奉母榇归贫甚，无以为生。"沈荩如背书一般，把那慈禧的情况说了出来。

"不要背书，快说！"王五下了命令。他极恨慈禧，也喜听慈禧那些丑事。

沈荩并不理他："京俗丧家，每雇妇女善哭者以助哀，称为'丧女子'，亦曰'丧娘'。那拉氏即以此糊口。一哭，则凄切动人。"

"丧娘之事平常已极,尚不知慈禧也曾以此为生。"刘鹗说。

"后来被选入宫中。其时,以善歌受帝幸,偶不如意,即哭。其哭,不同于一般,娇柔万态,令人生怜,一哭即不止,必帝亲自解之方可。"

沈荩顿了一下,王五听得有趣,又催:"快说,快说。"

"文宗驾崩,肃顺专政。那氏又哭于恭王,以一哭而定垂帘。穆宗崩,议立嗣位。又以一哭而复听政。"

刘鹗听了,接上说:"前两事,我未所闻。但此次西狩可谓众叛亲离,我倒听说,那几日亦是一见人便痛哭失声,自责无状,众皆为之恻。"

"对啊!对啊!"沈荩拍着手说。"此妇人一生以哭始,将以哭终!"

王五插嘴说:"俺也听说,那拉氏小时,家里穷得揭不开锅。她气得对她娘说:他日得志,当堆金成窖,日寝其中。不知真假。"

"此事——"刘鹗才要开口,刘贵忽然走了进来。未等刘贵开口,刘鹗便知道有急事,匆匆站起来。

刘贵说:"洪先生请二少爷回去,说天津有人带口信来了。"

刘鹗回头关照沈荩:"让刘贵帮你搬行李,我先走一步了。"又对王五打了一拱:"五爷我先走了。"

王五知道又是赈济事,也不留他。

7

"空话,一片空话!"刘鹗的脸涨得通红。他一只手捏着那个小金佛,一只手连连拍着桌子,喊着:"几两银子能当饭吃吗?你陆树藩说得轻巧,款项由总会拨出,待你把款拨到,早已饿殍满城,尸横遍野了。——我要的是粮食!"他顺手抓起桌子上的一个铜香炉,高高地举了起来。

"二少爷！"刘贵见此大喊了一声。

刘鹗一惊，慢慢地把手放了下来。他看了看那只古色古香的铜香炉，又看了看那只小金佛。

"唉——"他无可奈何地叹了口气。

他把低下的头抬起来看了看，房中只有洪肇生和刘贵两个人。

陆树藩派来的人早已走了，洪肇生传达了陆树藩的消息，最近招商局的船常常脱班，粮食是供不上了。陆树藩要刘鹗自筹粮食，所需款项仍由总会拨出。

刘贵则表示，粮食按每人两斤算，也不够发五天了。

洪肇生背着两只手在踱着步子。实在难啊！没有粮食一切都无法进行了。陆树藩在天津说的话，没有一条做到。没有粮食，没有衣物，没有银两，什么都没有。那高高贴在城墙上的告示还没有揭下来，救济粮是数万饥民的救星啊！陆树藩啊！陆树藩，你真是将我们置于进退两难的地步啦！可是，眼下又该怎么办呢？

"铁翁，事已如此，先把陆部郎之事置于一旁。想一下眼下如何吧！"洪肇生说。

"眼下如何？"刘鹗平静了一下。"现已十月将尽，马上就是大雪纷飞的季节，倘无粮食，你我只好散伙了。"

"铁翁，去见一下李中堂，如何？"洪肇生想到李鸿章了，他满怀希望地说。

"李中堂手中亦无粮食。"刘鹗闷闷不乐地说。"连日议和之事进展颇不顺利，季皋昨日还捎信告诉我，说明日拜见中堂之事要暂改一下日期。"

洪肇生听了，也不作声了。

一阵长久的沉默之后，刘鹗对刘贵说："刘贵，告诉大家，从明日起，放粮时间，由每日两个时辰改为一个时辰。每人两斤改为一斤。肇生，你拟个告示，贴在门外，将我们的难处告知众人。"

刘贵说了声："小人这就去安排。"便退了出去。

刘鹗用手捏着那个小金佛，两眼盯着它，可是思绪早已飞出去了。——如今人们需要的是粮食，而不是金银财宝，陆树藩就是把款拨来也无用——金银财宝不能当饭吃啊！

"肇生，你再去各处想想办法吧！洋人那里也可打听打听。我也再去想想办法。民以食为天，这粮食是头等大事，其他事情可以放一下。我明日去见见李季皋，另外再去王五爷处，他的交际广，无论城内、城外都有他的人。"刘鹗一边用手指轻轻磕着桌子，一边若有所思地说。

说到王五，洪肇生忽然插了一句："铁翁，告诉五爷近日在外活动小心。一些洋人已注意上他了。"

听洪肇生这么一说，刘鹗不解地看了他一眼问："你听到什么了？"

洪肇生轻轻地说："近日夜间，常有一伙人在外截杀洋兵。我想知道是否五爷手下人干的？"

刘鹗没有作声，只是轻轻地点了点头。

8

好事多磨。燃眉之急的粮食问题，还没有解决。门外忽然闹哄哄地进来了一群人。

这群人中，有身着官服的京官，有头挽发髻的女子，还有身长不满三尺的孩子。他们一来就吵吵嚷嚷地要见刘鹗。

刘鹗一问，原来这群人是雇船到上海去的一批京官和他们的家属。

"你们为何至今未离开？"刘鹗颇不满地问头一位。

"不敢去啊！刘观察。不敢去啊！沿途又有洋兵，又有拳匪，遇到哪一群都不行啊！"为头的一个老者已跪了下来。

"要是不派人保护，我们就不走了。"

"说是派兵保护的，怎么又不派了？"

"啥子救济金，还不是骗人的。"

……

刘鹗弄了半天才知道，预定今天去天津的这批京官，因为害怕路上出危险，又返回来找刘鹗了。

不是早已和美国公使谈好了吗？怎么中途又变卦了呢？在一片吵嚷声中，刘鹗总算听明白了。原来商定好由美国派兵出京的，可是现在美国不派了。

刘鹗心里想："民以食为天"固然不假，但"人命关天"啊！不把这些人安全送走，路上出了事，如何向各方交代呢？于是，他只好把粮食问题先搁下，赶到美国公使馆，去见康格公使。

"康格先生"，刘鹗面对着比他高出近一个头的康格，不慌不忙地问："前数日所应允派兵护送我难民出京之事，不知为何有所耽搁，协议之事不能不执行吧！"

听了译员的翻译，康格傲慢地看着刘鹗："刘铁云先生，除了你们的李鸿章李大人之外，你们中国"，他用手指着刘，"没有任何人有权力这样对我说话。"

"不——！"刘鹗把声音拉得长长的，"康格先生，两国交战，那是国家与国家之间的事，在议和上，你可以和我们的李中堂大人同起同坐。但是，今天我是以救济总会的代表身份来谈我们的协议执行情况的。这是民间的事，我和你同等身份。"

康格奇怪地看了看眼前这个个子不高，但口气强硬的人。他耸耸肩膀："不——刘铁云先生，我是美利坚合众国驻中国的公使，我只对我们的总统负责，对你，我不能负责。"说着他把两手一摊，表示没有什么可说。

"不——！"刘鹗也学着他把两个肩膀一耸："康格先生，你们到中国来讲的是文明、人道。但是，你们行的不是人道，不是文明。你们的总统应对此负责。"

"不——，不，不，不！"康格摇着手说，"我们到中国来，是为了挽救中国这个落后的民族。我们到中国来，执行的是人道。但是你们的慈禧太后不讲人道，杀了日本国的书记生杉山彬，所以……"

"不——，不，不，不！"刘鹗模仿着康格的语气："慈禧太后的问题，将由议和大臣们来解决，我们的议和大臣是李鸿章，你们的议和大臣是柔克义，那是国家的外交事务。我今天与你谈的是民间问题。另外，中国这个民族也并不落后，你知道吗？"

"不——，"康格仍坚持自己的意见，"保护你们的国民不是我们的责任！我们的责任是消灭义和团。"

"不——！"刘鹗也毫不让步，"义和团的问题，是义和团的问题，与我来此地无关。"

"你来的目的是什么？"康格问。

"前数日，"刘鹗见康格总算答应谈正题了，紧接着说："曾答应昨天派兵保护我们的一百四十四位难民去天津，为什么迟迟不派人？"

"在你们国家的土地上，为什么要我们派人？"

"在我们国家的土地上，为什么要有你们的军队？"

"我们来消灭义和团。"

"你们有什么证据说明你们杀的是义和团？你们杀的人中有多少是义和团？"

"义和团要'扶清灭洋'，于我们大不利，妨碍两国邦交，所以必须彻底消灭。"康格有些气势汹汹，"我们曾向你们的慈禧太后、大清皇帝说过，如果他们不杀义和团，就由我们来消灭义和团。我们出兵是言而有信，说到做到。"

"不！你们已答应派兵保护一百四十四人出京，现在又反悔了，就不是言而有信了。"

"这样吧！刘铁云先生，我不和你辩论。请问，你有什么资格来要我派兵？"

"我是救济总会的代表。此事早已通知各国使臣。至于你言而无信的做法，我将向大家宣布。"

"你怎么宣布？"康格以为刘鹗不过说说而已。

"作为救济总会的代表，我与各国在京的代表均有联系。日本的山村，俄国的李德，英国的罗沙第，意大利的沙彪纳……"刘鹗一口气竟然报出了七八个，"他们都是讲信义的人，只有你……"

"好吧！"康格又让了一步，"我们也算是朋友吧，请把你的要求再谈一遍。"

"请按照上次的协定执行，明天派巴达克先生率兵，保护一百四十四人离开北京去天津。"刘鹗认真地一字一顿地说。

康格笑了笑，他以为眼前这个中国人太认真，太倔强了。所以，故意再激他一激："可以，我们是言而有信的。只是，我还要问你，为什么你们的人要我们派兵保护？"

"你是否言而有信，要看明天这一百四十四人是否安全去天津。不过，我也要问你一个问题，为什么在我大清国的土地上，要有你们的军队。"

谈完，刘鹗站起身了，微微点了一下头，走了出去。他站在门口，轻轻地吐出一口气。

9

"南粮无继，看来只好北上买红粮了。"洪肇生又提了一个建议。红粮就是高粱。东北的高粱产量高，价钱也便宜。但是人们不爱吃。

刘鹗刚考虑是否要去买红粮，李季皋忽然一头闯了进来："铁云，铁云，跟我走一趟。"不等刘鹗回答，他一伸手也抓住了洪肇生，"洪先生也一起去。"

刘鹗见他满脸喜气洋洋，知道有好事，站起来就跟他走。

洪肇生也不再问，三个人拉着手就往外走。

刘鹗、洪肇生随李季皋乘车，到了不远处一家饭馆。抬头一看，只有"东兴楼"三个字，刘鹗并未来过。上得楼来，李季皋也不问刘鹗和洪肇生，随便点了一个菜、一个汤。

刘鹗是个吃惯了花酒的人。心想这一菜一汤如何咽得下去？洪肇生也想，三个人为何只点这么一点儿菜？

少顷，那堂倌端了菜、饭上来，刘鹗问道："如何无酒？"

李季皋笑道："今日无酒心也乐！"说着拿起筷子，在那饭碗上叮叮当当地敲了几下。刘鹗不解其意，看了看那碗饭，盛得满满的，堆成了一个小小的山头一般。虽然不是晶莹发绿的好大米，略微有些发红，但仍然粒粒饱满。在饥荒的北京城中，能有这种米吃，已经是不错了。

刘鹗终于悟出了李季皋的意思了。他看看洪肇生，他也正在对那满满的一碗饭发愣。如此的大米从何而来？

刘鹗拿起筷子，把碗中的饭拨了拨，又把筷子放下，大喊了一声："堂倌，拿酒来！"

李季皋看到刘鹗的神态，知道他已领会了自己的意思，也就高兴起来："铁云，如何？"

刘鹗也不搭理李季皋，让那送酒的堂倌去把老板请来。

老板是个胖胖的老头，听到有客人请他，不知何事，匆匆而来。

刘鹗客客气气地问："有件事打听打听。"

老板也琢磨不透这三个人是干什么的，小心地赔着笑说："客官只管道来，小的自然尽力……"

刘鹗把酒杯满了起来，对老板说："请！"不等老板喝酒，他又接上说，"老板，我这问题，虽说是极小的，但它却牵连这北京城里千家万户。想来您会尽力帮忙的！"刘鹗没头没脑地说。

"小店虽规模不大，但办个几十桌饭菜，定会使客官满意。不知客官要的是川菜，还是扬菜？口味是南、是北？何时操办？是来此地，还是送到府上？……"那个老板，没有弄懂刘鹗的意思，看到生意上门了，连连说了起来。

刘鹗打断了他的话："近来生意如何？"

"小店生意尚可。"老板先愣了一下，又马上笑着回答。

"商店倒闭，百业萧条。老板有何妙法，使贵店能于如此不景气之中独立支撑呢？"刘鹗问，"何以各饭店纷纷倒闭，贵店能依然如故呢？"

老板笑嘻嘻地说："客人莫笑，小店虽无什么名贵佳肴，但于此时，却有一条各家无法比上的。"说着他停了下来，得意地摇了摇头，眯起了眼睛，似乎有许多诀窍等着刘鹗来问。

可是未等刘鹗再问，李季皋端起饭碗："吃饭，吃饭！"他用筷子拨了一下碗里面的饭，又说："好米，好米，真是如此之久未见这么好的米了。"

老板听到李季皋夸他的话，脸上的肉都堆了起来，笑眯眯地说："先生好眼力。您老就是走遍北京城，恐怕也难找到小店如此的好米。"

李季皋马上接了一句："这米从何而来？"

老板一惊，马上收住了笑容。"这米，这米……小店存，存粮，存粮……"忽然结巴起来了。

此时，刘鹗、李季皋、洪肇生三双眼睛，紧紧地盯着这个胖胖的老板：米从何来？

10

原来，各个朝代的粮仓，均有定制。京师、各直省的粮仓储米最多；省会、州、府、县俱设平仓或兼设预备仓；乡村设社仓；市镇设义仓；东三省有旗仓；近边设营仓；濒海设盐义仓。这是为了便民或给军队的。这些平仓、社仓、义仓、旗仓、营仓、盐义仓虽遍布全国各地，但加起来也不过国家储粮的十分之四。北京大粮仓，通称"太仓"，内务府的叫"内仓"；户部的叫"恩仓"。另外还有禄米、旧太、富新、兴平、海运、北新、太平、本裕、万安、储积、裕丰、丰益分布在北京周围。但最大的两个在通州，一个叫西仓，一个叫中仓。

凡是从各省，特别是从南方运来的粮米，统一存放于这些粮仓之中。平时，那些吃皇粮的人发粮食，即从这些粮仓中提取。提粮又各有说法，官员们吃的叫"禄米"，将士们吃的叫"甲米"，各部工匠吃的叫"匠米"。

特殊的是"恩米"，是专供"铁帽子王"食用的。这"铁帽子王"共九个，称为九王，是：封亲王的六个，封郡王的两个，世宗之弟亦封王。这九王是个俗称。除以上所说之外，遇有饥荒之时，凡粮食供应不上，对平民百姓或发售，或赈济，均从这些粮仓中提出来。

这京、通粮仓中的粮食存储日久，轻者米色红朽，重者霉变腐烂。因此，各仓中的粮食亦不相同。但无论如何，粮米中最上乘的皆存在通州仓中。其中的大米不但粒大饱满，而且晶莹剔透。

通州仓中的米，第一是供宫中食用，其次是王公及五品以上大臣可在通州仓中提米。而京中诸仓中米的质量就不如通州仓，保管也不及通州仓，米色红朽，谓之"老米"。那些领取"禄米"、"匠米"的，能领得已不错了，自然无选择余地。因此，平日领粮之后往往径直再去米铺，打些折扣，用"老米"去换好米。领"甲米"又有所不同，八旗都统可以派员到粮仓察看，自行选择，倘若一个粮仓的米，八旗统都看不中，那么，此仓的监督必被查办。

为何北京此次又闹粮荒？原因是洋兵攻进北京之后各划地盘，划入哪国地盘的粮仓，就由哪国管住了。两宫西狩，自然无人再管那些粮仓。在京官员已如鸟兽散，谁还顾得上那些百姓的粮食问题呢？所以，粮食均在各国洋兵管辖之下，市上也就无米供应了。

李鸿章到了北京，不知用什么方法弄得了两千斤粮食运往西安，但因粮色不好，曾犹豫不决，最后再三称：这是"老米"。可见，洋人把那粮仓管得很紧。

粮仓被洋兵所占，外面又无粮食运进，可成千上万的人仍是每日要吃要喝的啊！

如今，刘鹗、李季皋和洪肇生在这"东兴楼"吃到这么好的米，他们怎么不追问这米的来历呢？——大家心中明白，这米必出自太仓之中。从米的质量而言，这米必来自通州仓。那么也就是说，以李鸿章之权尚得不到的太仓米，却另有渠道把这米弄出来。

这就是李季皋所以带刘鹗来"东兴楼"的原因。

11

老板听得李季皋和刘鹗的追问，心中不觉一紧。糟糕，私动太仓米，这是要杀头的。

"存粮，存粮，这是小店的存粮。"老板镇定了一下，继续肯定地说。

"存粮？"

"存粮！"老板咬定牙根。

"此米，粒大饱满，晶莹剔透，端在手中便有一股清香，含在口中，便觉软糯。京中哪个店中敢有这等存粮？"李季皋问。

"啊！"老板知道完了，这算碰上真正了解内情的人了。"啊，啊！……"他说不出话来了。

"此米出自通州仓，是宫中之物。"李季皋说。

老板瞪大眼睛再也说不出什么话来，他只想到，完了！这下完了。

刘鹗见李季皋已点明了这米的来源，心想，必得了解这米是如何出来的才行。

"你可知道国家法度？"刘鹗冷冷地问。

"小的自然不敢违法，不敢违法。"他心慌地回答。

"私盗通州仓米，你知罪吗？"

"不，不，小的不是私盗。"他慌了神，"是买的，买的。"

"买的？如何计算？"

"四两，每石四两银子。"

"胡说，平日每石八两，近日黑市每石二十五两都购不得。你说四两，岂不瞒人。"洪肇生插嘴了。

"不！确实四两！小人不敢有任何欺瞒。"

"京城粮食奇缺，你却囤积居奇。看来……"李季皋说。

汗珠已从老板的头上滚下来了。他说："不！小人的粮食是有来历的，有来历的。"

"说下去！"还是李季皋说。

"是！通州粮仓被俄兵占领，那俄兵向来是吃面包、土豆为生，于大米并不在眼中。小人的一个表弟在通州粮仓，任仓场笔帖式……"

"慢——"李季皋插了上来，"你是满人、汉人？"

那老板一愣，不知此言有何深意，他不敢再答了。

"你是汉人！"刘鹗说。

"是。"此时虽已是初冬天气了，但老板的汗已顺着面颊流了下来。

"仓场笔帖式皆由满人担任，你何来什么表弟？"李季皋站了起来，轻轻地一拍桌子，"一派胡言！"

那老板又一震，"是，是，小人一派胡言，只是……"

"只是什么？"

"只是这确是通州粮仓的米。"

"你如何得来？"

"洋兵进城，各米铺均已关门，小店确也关了几天门。后来得知粮仓被俄兵占领，那粮仓的一个笔帖式——是个满人——常来小店喝酒的。那日小的又请他喝酒，他无意中说，俄兵不食米。仓场是有人把守，但不甚严。小人便托其买些粮食，他说，粮食已被俄兵占领，两宫西狩无人来看管此事。于是隔三五日，小人便去拖一车米来。"

"俄兵不管？"

"俄人也管，但粮食亦不过秤，随便给看门人一些银两便可以了。俄人，俄人要把粮仓烧了。他们不食米，无人管的……"那个老板语无伦次地说着。

李、刘、洪三个人互相看了一下。

"铁云，下一步看你的了！"李季皋平静地说。

"好——！"刘鹗一拍桌子。那老板一下住了嘴。他，不知有什么地方说错了。

"走——！"刘鹗说了一声，也不等其他两人率先走了。

李季皋愣了一下，笑笑摇摇头，洪肇生耸了耸肩膀，随手摸出一点银子，往桌子上一放，两个人也不再说什么，随后跟了出去。

那老板眨眨眼睛，看着这三个奇怪的人，又看了看桌子上那还没有动的饭、菜和银子，莫名其妙地摇了摇头。

"见鬼！"他惊魂未定地说。

第十一章

1

刘鹗正急于设法去通州仓看粮时，沈荩从天津匆匆赶回来了。

原来刘鹗深知以沈荩的才干，自然不会只安排他管一个掩埋局，另外以他的身份也不宜常驻北京。因此，虽然他也挂一个救济会成员的名义，主管掩埋局，但亦只不过大事上面说说，具体操作有工役、差夫去做。而他本人主要倒是往返于北京、天津之间传递消息，介绍情况。

刘鹗只好暂时放下通州之行，先和他谈一下。

沈荩并未急于说什么，先掏出一张夹单递给刘鹗。刘鹗接过一看，原来是一张皱皱巴巴的揭帖。刘鹗不解地看了看沈荩，轻声读了起来。

我皇即日复大柄，义和团民是忠臣。只因四十余年内，中国洋人到处行。三月之中都杀尽，中原不许有洋人。余者逐回外国去，

免被割据逞奇能。《国闻报》上多缪妄，乱语胡言任意登。该报因有
日人保，故敢造谤诋我们。兹特文尔《国闻报》，以后下笔要留神。
倘敢再有诽谤语，定须毁屋不留情。众家兄弟休害怕，北京今有
十万兵。待等逐尽洋人后，即当回转归山林。

刘鹗看完笑了笑："义和拳，一群乌合之众，如今早已作鸟兽散，此
一揭帖又有何用？"

沈荩一边洗脸一边回头说："义和拳倒真能唬住一些人，你看上自那
拉氏，下至百姓，前数月不都让他们给镇住了？"

"可惜，这场面是闻有所闻，却并未见过。"刘鹗遗憾地说。

原来，义和团虽然各立山头，各有大师兄，但是基本格局相同。所
设神坛，所用器具叫"八宝"，一是"引魂幡"，为一条黑色的长幡；二是
"混天旗"，是一面旗上绣着风、云、雷、火的大旗；三是"雷火扇"，这
是一柄长把的红色的大羽毛扇；四是"阴阳瓶"，虽说是一对，但形状不
一，一个稍长，一个略短；五是"九连环"，由九个极大的钢制连环套成；
六是"如意钩"，一个铜钩，形似如意；七是"火牌"，就是庙中小鬼手中
所持的牌子，上画火焰；八是"龙泉剑"，又谓之飞剑。

每逢作战之前，或有什么重大事件发生，义和拳就要设神坛，向所
崇奉的神，如："梨山老母""孙悟空"等卜示凶吉。

说来也简单。设神坛即设一香案，燃两支蜡烛，众人或跪于四周，
或肃立于稍远之处，大师兄则手中握如意钩或龙泉剑，口中念念有词，所
谓神灵附身之后，就会说出一些使人不明其意的话来。待大师兄清醒之
后，再将这些话加以解释。

《国闻报》虽借托日本人名号，但在戊戌变法失败之后就开始走下坡

路了，到义和团兴起，因它宣扬洋务思想，更被端王戴漪、刚毅等人视作"眼中钉、肉中刺"，自然不为义和团所容了。所以，在一次设神坛之后，义和团便贴出了这一揭帖，以示警告。

正当义和团要对《国闻报》采取行动时，八国联军攻入了北京，义和团已无暇顾及《国闻报》了，所以在天津紫竹林的《国闻报》才没有被砸烂。但报社主人已无意办报，打算把它出让。

沈荩带回来的就是那份揭帖。

沈荩打算把报社盘下来，前来与刘鹗商量。

"报纸为民之喉舌，弟早已有办报的打算。"刘鹗听完沈荩之言，马上接了上来，"南方有《时报》能代为立言，而北方则无。唯因弟南来北往，每日奔波，难于一处立足；因此，虽早已有志于京津办一报纸，但又无暇兼顾。若能有此机会将《国闻报》全部盘下，倒也少了许多筹备的麻烦。"刘鹗完全同意沈荩的想法。

"弟生性好动，此事自有弟去办理。但'钦命要犯'不宜久留一处，所以主持报政尚需另寻一人为好。小弟作一探访员出入报馆最为合宜。"沈荩已想好了自己干的工作，一见面全都说了出来。可是，谁料这"探访员"之事竟然使他的名声大大高于"自立军"，也给他引来了杀身之祸。

刘鹗听了之后不禁拍手叫好，说："真是不谋而合。"稍一顿，"平子在上海如何？"

"尚无消息。"沈荩听到刘鹗问到狄平子，心中一沉——平子是"自立军"在上海的后方接济和海外联系人。自立军起义一失败，再也没有消息。

"倘能联系上平子在上海再办一报，则南北两报遥相呼应，你来往于南北，既可传递消息，又可代为谋划。倘有两家报纸为喉舌，则吾辈大有用武之地！"

刘鹗因粮食有了线索，再加上沈荩又带来可办报纸之事，心中不由得高兴。对沈荩说："你先休息，我去办粮。"说完就往外走。

可是，他走不了了，因为一件令人震惊的事情发生了。

2

大刀王五死了！

王五是名满京城的侠客，大江南北，没有不知大刀王五的。上至达官贵人，下至贩夫走卒，只要志趣相投，王五都可认作朋友。他虽以开镖局为业，但与一些文士多有交往，因此读书人对他也极为尊敬。谭嗣同被捕入狱之前，他再三劝谭嗣同躲避，谭嗣同被捕之后，也只有他一个人敢去牢狱探望。王五在北京香厂办过一个学校，取名为"文武义学"，延请各派名儒讲授经史，他自己亲授武艺。因此，京城内外连那三尺童子也都知道这个身材魁梧、满脸络腮胡须的风云人物。

"自立军"准备阶段，梁启超给狄平子写信时专门提过，"此人必须罗致，望勿忽之。""此人"就是大刀王五。

王五为人随和，做事却极有主见，从不受人左右，他所信奉的就是手中那把大刀。

凡是有事和他商谈，而他又不愿干时，他就会用手把刀抽出，左手的大拇指轻轻地弹着那刀刃，不紧不慢地说："可惜啊！可惜啊！我这大刀还没说话呢！"

义和团一进北京，就专门派人去请王五，义和团中亦不少武林中人，王五自然不好拒绝，欣然赴宴。

宴席中，欲请王五当大师兄，王五久久没有开口，最后他笑嘻嘻地说："诸位好意，我王五心领了。反清灭洋也罢，扶清灭洋也罢，给老百姓一条活路才是正道。至于诸位推举在下为大师兄，实不敢当。我王五独往独来，自由惯了，受不了约束，诸位还是另请高明吧。"席间有个不知天高地厚的小子，见王五不肯领头，以为王五怕事，便想激他一下："素闻五爷胆识过人，何以遇此事却推托再三，敢是有……"未等他把话说完，王五霍地站了起来，两眼紧盯着那个小子，长叹了一声，缓缓地抽出刀来，左手的大拇指轻轻地弹着那刀刃："可惜啊！可惜啊！我王五倒是无所谓，只是我这大刀不知有何打算呢！"

王五一说这话，熟知王五的人大惊失色。须知王五虽是武艺超群，但决不轻易动武，那把大刀从不离身，但能见他抢刀相搏的实在也没有几个人。要王五动刀与人相斗，那是极不容易的。此时此地王五竟然这么说，显然已是压住怒火了。不过这些人心中也明白，王五绝对不会去做对不起义和团的事，所以再也不敢勉强他了。自然，他与义和团也就互不打扰、相安无事。

洋兵进城之后，王五对洋兵之事，表面上也是不闻不问，但常常带上一两个得意的徒弟昼伏夜出，第二天早上，必然有几个洋兵横尸街头，而王五也必然痛饮一番。那些横尸街头的洋兵，死法都一样，头与身体相连，但喉管已断，显然是被刀割断的。

那些洋人亦早听闻大侠王五的名声，可是派人来察看，总是一无所得。

刘鹗、王五、沈荩是肝胆相照的朋友，可是所持意见又不同。戊戌变法之前，三个人都以为唯有变法方能强国富民，自谭嗣同被害，则各人想法各异了。

刘鹗是极反对用暴力的，以为目前国弱民穷是因"民失其养"，所以，救国必先养民。至于皇帝，还是个好皇帝，坏则坏在那些官吏身上。

沈荩自戊戌变法失败以后，以为"文"不如"武"，应当干脆将这清政府推翻最好。

王五不以为然，他只想靠自己一把大刀，平天下不平之事。

三人只要一谈，必争论不休，争过之后仍然和好如初，并不伤害感情。

3

一天下午，王五到一个朋友家去闲聊，到天擦黑才回去。经过一个四合院，只见大门敞开，无意间用眼一扫，只见一个洋兵站在院中。

王五用眼一斜，鼻子轻轻哼了一声就走过去了。才走到胡同口，耳边忽然听到"救命！救命！"的喊声，声音不甚响，但就在近旁。王五听得真切，回过头来一看，四处并无什么人，亦再无响声。他胆子本来就大，又是侠义之人，听得"救命"二字，自然要寻根问底，往回走了几步，并不见什么动静，待他走到刚才那四合院门前，见那门虚掩着，一点声音也没有。

他忽然想到，刚才还见一个洋兵站在哪儿，怎么一会儿不见了？想到这里，他轻轻推门，伸头一探，只听见东厢房似有动静。他靠近窗户一听，里面喘息声、撕扯声、挣扎声混在一起。他屏住气，忽然听到"啊哟！"一声。王五此时已断定，里面有事，于是对着窗户大喊一声："什么人？"

他这一喝，里面猛地静了一下，紧接着"救命——"声又传了出来。王五是何等身手，他用手一推，那扇窗户打开了。眼前是一个洋兵站在床边，两手捂着耳朵，鲜血从手下顺着胳膊流了下来；另一个洋兵赤身裸体地正在转过身来。床上一个女子，正惊慌地缩在床角边上，浑身瑟瑟发抖。

王五单脚一踮就进了房间，那个赤身的洋兵一转身，看到王五进来，猛地一拳打了过来。王五身子一侧，顺手在他肩上一拍，只见那个洋兵跌跌撞撞地扑倒在门槛边上。另一个捂着耳朵的，见此光景，急忙向外奔去，王五也不追他，只是跨前一步，抬起一只脚踩在那倒在地下的洋兵腰上，脚尖稍一使劲，那洋兵就叽叽哇哇地叫了起来。王五又一弯腰，一把把那洋兵拉了起来，两个手指触到那个洋兵的喉咙上。按王五的脾气，这个洋兵是定死无疑了。但他忽然一想，若在此地把这洋兵打死，自己可一走了之，但这四合院必将遭殃。想到此，他的手稍往上一抬，大拇指和食指叉开顺手在洋兵的下巴上一紧："俺给你留下个纪念！"只听"啊！"的一声，那个洋兵的下巴挂了下来。王五把手一抬，说声："去吧！""砰"的一声，就把那洋兵抓小鸡似的扔到窗外去了。

王五回头看了看那姑娘，她呆呆地看着这一切。

王五问："你家大人呢？"

那姑娘吓得仍说不出话来。

王五又说："把衣服穿好了！以后小心点儿！"说到此，他自己也觉得无奈，这有什么小心不小心呢！她又没有出门。

谁知那姑娘小心地问："您，您是王五爷吧？"

"你认识我？"

"不，不认识。我，我看您像王五爷！"说完她哇地一声哭了出来。

王五刚要与姑娘说话，忽然听到窗外有声音，忙走到窗口，只见刚才被摔的那个洋兵慢慢地翻了一个身，坐了起来。原来，他刚才是被摔晕过去了。

王五回过头来，用眼睛又扫视了一下这个陈设极为简陋的房间，顺手摸出一锭银子，放在床边上："姑娘，待你家大人回来，就速速搬离此地吧！"

说完，他大步走了出去。

王五是个光明磊落的人。跨出院门时，他向两面张望了一下。果然，那两个被打的洋兵并未远去，而是在胡同口远远地看着这里。

王五看看他们，大声喊："尔等洋兵听着，俺是大刀王五，尔等若敢再登这个门，小心狗头。"说完大踏步地走了。

王五大步走着，一边想，洋兵竟敢肆无忌惮地在光天化日之下侮辱妇女，实在可气。又一想，今日是不该杀这个洋兵。光天化日，若在四合院里杀了洋人，会给人家惹麻烦。觉得自己考虑还算周到，心中又感到高兴。走了几步，他又想到，自己刚才站在门外喊了几句话，那洋兵是否听得懂？他自言自语地说："对牛弹琴。"想着他回过头去，又看了一眼。

王五是个豁达之人。打了洋兵出了气，留下银子救了人，心里一轻松，又大步向前走去。但他没有注意到，有一个洋兵悄悄地跟在他的身后。

4

济贫扶困对王五来说是极普通的事，救了一个弱女子对他来说也属平常，所以，他回到源顺镖局时已一切释然，全不把它放在心上。

吃过晚饭，刚放下碗，忽然听到外面一阵吵吵嚷嚷的声音。王五才站起身来，只见一个徒弟飞奔进来，大声说："师傅，一个二毛子，说什么要抓拳匪。"

王五听了并不在意，径直向门外走去。到了门口，只见十几个洋兵横端着枪围在门口。一个头发留得长长的人正在说:"下午一个拳匪跑进了这个门,马上要抓走。"

王五上前拱了拱手说:"此地是小人开的镖局,与义和团素无来往,何来拳匪?"

那个人显然也是认得王五的。他先吃了一惊,但继而口气强硬地说:"有人证在,怎么没有拳匪。"说着大喊了一声什么。只见胡同口转出两个人来,正是下午被打伤的那两个洋兵。

王五见状,心中不免觉得好笑。他把手向后一伸,身后的徒弟立即递上那柄大刀。王五把大刀一横,斜眼看了看那些端着枪的洋兵,用左手中指轻轻地弹了弹刀刃,对那翻译说:"先生,您的意思……"

不等王五说完,那翻译用眼角扫了一下身后的洋兵,傲慢地说:"要那个拳匪跟我走。"

王五笑了笑说:"要是不走呢?"

王五才说完,只听见远处那两个洋兵喊了一声什么,"刷"地一下,那十几个洋兵挺着刺刀围了上来。王五不慌不忙地后退一步,顺手一拨,那把大刀已挥了半个圆圈,把那十几把刺刀都挡住了。同时,王五身后的徒弟们也都把手中的武器亮了出来。

那个翻译没有想到竟有人还敢公然抵抗洋兵。他正目瞪口呆之时,王五向他招了招手。他不知为什么,向前跨了一步。此时,王五也向前跨了一步,不等那个翻译回过味来,王五突然伸手在那人肩膀上一抓再一拧,他已倒在王五的怀里,面朝前,成了王五的盾牌。

那些洋兵也都向前一跨。可惜!他们的刀尖只能对着翻译,而无法触及王五了。

王五笑嘻嘻地对着那个翻译的耳朵,轻轻地说:"小子,俺五爷今天不想开杀戒，你老老实实带着这群老毛子，给我乖乖地滚回去。否则……"说着，把刀在他脸前晃了一下。

刀光在眼前一晃，那翻译再也不敢挣扎了。他哑着嗓子喊了一声："退！"

那些洋兵起先愣在那儿，听得一声喊，果然朝后退了几步。

王五又对那个翻译说："小子，你听着，要找我王五爷的碴子，别上这儿来。想比试一下，咱们明天城外见。"

那个翻译眨了眨眼睛，看了看王五手中那把闪着寒光的大刀，又看了看他身后那一个个怒目而视的徒弟，知趣地退了一步，和那些洋兵叽咕了几句转身走了。

王五轻蔑地笑了笑，低下头看了看自己的刀："可惜啊！可惜！我这伴儿不让我去。慢走！不远送了！"

那些徒弟也一改刚才那一个个金刚般的样子，哈哈哈哈地大笑起来。

眼看那些洋兵走到胡同口了，王五转过身来，抬起腿向门内走去。

忽然"砰！"的一声，王五回过头去，还没有看清楚是怎么回事，耳边又是"砰！"的一声。王五猛地觉得胸口重重地被撞了一下，他把手一扬，看到远远的几个洋兵的枪口上飘出一缕白烟。

王五摇晃了一下，瞪大了眼睛，那柄大刀也随之举了起来。只见他向前跨了一步，左手捂住胸口，嘴里说了声："好——好！小子，你——暗算！"还没有说完，身子向前扑了下去。

他的徒弟们都扑了上去，把他抱在手中。只见他的嘴张了几下，眼睛瞪得大大的，忽然头一歪，重重地压在一个徒弟的胳膊上了，可是，手中还死死地握着那柄大刀。

5

待刘鹗和沈荩赶到源顺镖局时，王五已被安放在临时支起的灵床上了。

刘鹗和沈荩两个人走到距灵床三尺的地方，不约而同地跪了下来，给王五的遗体磕了三个头。

刘鹗跪下时，心中感到一阵凄凉。五爷，五爷啊！你一柄大刀可以打遍大江南北，可是，你又救得了几个人啊！如今……刘鹗再也想不下去了。那眼泪竟然唰唰地流下来了。"五爷，只怪我平时给你讲得太少、太少了啊！救天下，需得养天下啊！"他一边哭一边嘴里自言自语着。

沈荩也伏下身子，无声地抽泣着。"以牙还牙，以眼还眼！"他想，五爷，小弟要给你报仇。一个人不行，要抱成团。那洋人打入了中国，全是那拉氏那一祸水引来的。我，我当先设法驱逐那拉氏，然后再把那些洋人杀光。

两人都在想着，但是想得并不一样。

他们慢慢地立起身来，走到遗体前。一个徒弟轻轻揭起盖在上面的白布。刘鹗惊奇地看到，王五的那双眼睛没有合上，而仍是大大地睁着，怒视着前方；嘴也微微地张着，使人感到似乎仍有许多话要说。顺着头部往下，刘鹗注意到他的胳膊虽然已放直了，但手中还紧紧地握着那把大刀。

沈荩用手慢慢地托起那把大刀，想把它拿下来。可是，僵弯的手指已无法掰开。刘鹗挥挥手，轻轻地说："不必了，手中握刀亦其心愿也！"沈荩见此情景，又小心翼翼地将胳膊放平了。

此时，王五的家人在旁，一个个早已哭得泪人一般，也没有人来招呼这两个人了。刘鹗对沈荩说："愚溪，这大殓之事，仍由你一力承担吧！这两日暂不回天津如何？"

沈荩说："弟自当料理此事，所有费用亦由掩埋局拨款吧！"

刘鹗听了刚要开口，沈荩知道他的意思："自然与市人不同，二哥尽管放心好了。"

刘鹗听了又说："此事由你办，我自然放心了。"说到此，他长叹了一声，"凡事总需忍耐，武力如何能解决问题。苍生可怜……"

沈荩听到刘鹗这几句话大不以为然："二哥此话差矣！以眼还眼，以牙还牙。五爷之法错在，仅用一人之力而不知用……"

看来，两人又要为如何救国的方法争论开了。可此时如何能争论此事。

刘鹗看了沈荩一眼，打断了沈荩的话："此事仍需从长计议，此时不说也罢！"

沈荩也就住口了。

刘鹗亦未再说什么。他心里想，王五以一柄大刀，与社会之黑暗抗衡，与洋人抗衡，于今饮弹而亡。不是此人无智无勇，而是使用方法不当。他又看了看身边的沈荩，才力过人、胆量过人，欲以武力与清廷、洋人决一胜负，至今弄得无藏身之处，这武力如何要得！唯有自己的主张是最合适的。自己在黄河边上不是为民出力了吗！山西矿虽然自己未办成，而最后别人不也办成了吗！想到此，他以为，唯有我这"养天下为己任"是最对的。因此，又想到，对了，马上要去办理粮食了。于是，把一切拜托沈荩后，先行走了。

6

刘鹗和李季皋带着刘贵到通州，已是近落日的时候了。一早就骑马离了京师，十一月天气，寒风凛冽，骑在马上顶风而行，亦是一件极苦的事。

在高碑店打尖之时，刘鹗与李季皋小饮了两杯，身上暖和了，话也自然多了起来。

"铁云，此次离沪北上，究竟有多少衣、粮？"李季皋问。

"确数也无从说起。但初时尚可救急，半月之后已入不敷出，一月之后已捉襟见肘，时至今日已是弹未尽粮已绝"。刘鹗苦笑着说。

"南来接济情况如何？"

"初时尚好。以棉衣为例，九月底由沪发出万套，十月中已运到四十大包，每包百套，其中有十八包已到京。虽车薪杯水，但亦不无小补。唯米是大问题。"刘鹗呷了一口酒，"江浙两地新旧漕米约百万石，无法运到，拟先运三十万石到京仓，但至今杳无音信。"

"听说两宫西安来电，准予将山东德州存储之漕米运通州，不知如何？"李季皋毕竟是了解些内情的，又问。

"空纸而已。两宫自顾不暇，所发上谕往往一纸空文。确有德州漕米五万石运京一说，可惜是至今未见到一粒。"刘鹗摇了摇头。

"近日市价如何？"

"似安定一些了。昨日白面每石大钱五百六十文，小米每石三百文，玉米面每石二百文，人尚可糊口。但不出一月，这些粮食必被一抢而空。八月洋兵进城之时，米每石二十五两，昨日为十四两。虽较洋兵进城之日已降许多，但贫苦小民如何能每月以如此许多银两购如此昂贵之粮？"

李季皋听了刘鹗说，微微地笑道："铁云如何对市价了解如此之细？"

刘鹗也笑了："往日何曾留心于此。衣来伸手，饭来张口而已。于今欲解灾民于倒悬，不得已而为之。"

"其他储物如何？"

"亦然！昨日香油每斤银一两四分，猪肉每斤银一钱……噢！不谈这些。"刘鹗脑子里想到的仍是粮食，他反问李季皋："通州仓中粮食购出可有希望？"

李季皋沉吟了一下，缓缓地说："俄兵欲腾出粮仓为兵营，所以于粮食抓得不甚紧。昨日上午奉上谕，令将通州仓中之上等米五百斤运往行在。家父修便书一封，倒也未遇过多阻拦。昨日连夜已交驿站驰送。"

刘鹗听李季皋这么一说，心中希望陡升。他略带兴奋地问："京通十五仓究竟有多少存粮，心中可有数字？"

李季皋平稳地回答："具体数字已无从考察，但解京城之急恐无问题。"

"十万石如何？"刘鹗急切地提出一个数字来。

"具体数字尚可商谈。"李季皋说："千百把斤他们不曾在意，倘数字过大，洋人索款亦巨。"

"前时，漕运十万石，折银二十万两。以此数字，不知可否？"

李季皋对具体的事情并不清楚，他只得说："到通州再谈吧！一切见机行事。"

两人沉默了一阵，又骑上马往通州去。

7

刘贵先下了马，回过身来，刚想接刘鹗的马缰绳。忽然，门内走出几个俄国兵，不由分说，过来就将刘贵两只手一抓，嘴里叽里咕噜地说了些什么。刘贵听不懂，嘴里只是喊："放开我，放开我！"用力挣扎着。谁知，两个俄国兵用力一拧，把他的两只手拧到了背后。

刘鹗先是一愣，从马上下来，嘴里喊着："不准抓人！"谁知几个俄国兵上前，也把刘鹗的两只手抓住。

李季皋一见此情形，也没有下马，两腿一夹，就直冲粮仓去了。

　　几个俄国兵倒也不追，只是回头看看李季皋。把刘鹗的手也一拧，推了就走。

　　刘鹗哪见过这种阵势，满脸涨得通红，大声喊："放开我，放开我！"刘贵见刘鹗被抓，就喊着"二少爷！"

　　那几个俄国兵也不搭理，前面拉着，后面推着，把两个人拉往粮仓。

　　到一个仓前，只见一辆大车停在那儿，车上已装了半车粮食。车上正有三个人背着麻袋，往车上装粮食。只见一个穿绸子马褂的人满脸通红，在与一个俄国兵争论着："我岂是为尔等搬粮之人！"可是，两个俄国兵嘴里说着什么，一边把他往粮仓里推。

　　刘鹗看到这些，心中忽然明白了。原来，俄国兵是强拉过往行人来给他们搬粮食的，也就不再挣扎，随着那俄国兵向粮仓里走去。

　　正在这时，只见李季皋拉着一个官员模样的人，急急忙忙地奔了过来。他们见到刘鹗也未说什么，径直走到一个俄国兵面前。那官员模样的人先鞠了一躬，然后和他叽咕了几句，并用手指了一下刘鹗和刘贵。那个俄国兵凝视了刘鹗一阵，才挥挥手，几个俄国兵不知所以然地把他们两个人放了。

　　李季皋忙走过来说道："铁云，这位是……"他用手一指，"奕满——大通桥监督。"他又指着刘鹗说："这位是刘铁云先生。"

　　奕满见到刘鹗满面堆笑地打了一拱："久仰，久仰，中堂常提到铁云观察能解民于倒悬，实在佩服，只是未能晤面。"

　　刘鹗并未见过奕满，不知他是何等样人，又不愿奉承他，便也打了一拱，说道："不知监督在此，本应拜会。"

　　谁知奕满却说："小弟并不在此供职，只是奉中堂之命来提些粮食而已。"

李季皋与奕满是比较熟的，因此随便说道："真是巧合，我策马冲进来，本是找仓场笔帖式的，谁知正遇上监督，拉来救了急。"

刘鹗也不再提别的事，就问奕满："不知此粮何用？"

"两宫西狩多受艰辛，衣食不周，为臣子者心中甚为不安。中堂命来通州提粮四百石，白面两千斤，送往行在。"奕满用手指着大车说。

刘鹗听了心中一喜。心想，看来这弄一辆车粮食并不难。马上又接口道："需多少银两？"

"银两？"奕满先是一愣，紧接着恍然大悟："银两倒在其次，多少亦无所谓。只是……"

刘鹗忙问："只是什么？"

"只是，"奕满狡黠地笑了笑，"只是要带些稀罕点的玩意才行。"

"稀罕点的玩意？什么？"刘鹗又问。

奕满似乎不太愿意回答。李季皋说："自己人，说了也无妨。"

"带些宫中之物，以做敲门砖！"

"敲门砖！"刘鹗想，我何来此种"敲门砖"？

8

当天晚上，刘鹗、李季皋陪着俄兵上尉克鲁巴特一起喝酒。

刘鹗一见克鲁巴特，就感到此人似曾相识。大个子，一个鹰钩鼻子。但一想，外国人大都长得这样，所以也就未再想下去了。

克鲁巴特猛见刘鹗，也惊奇地"啊——"了一声。但见刘鹗并没有什么特殊表示，也就没有说什么。

三个人坐下，喝了两口酒，马上就转到买粮的事情上来了。

克鲁巴特听到刘鹗打算买大批粮食，惊奇地问："这件事情，你们和谈中有没有？”

刘鹗回答：“此事，联军统帅瓦德西处，自有全权大臣去疏通。贵国钦命全权大臣格尔斯先生那里，由我们去商办。”

“不！不！格尔斯大臣只管议和，不管军队。军队的事情要我们的将军同意才行。”克鲁巴特端着酒杯的手摇着，急急地驳斥刘鹗。

刘鹗感到，他们的将军恐怕与议和大臣的意见不完全相同，何不利用一下他们的矛盾呢？对刘鹗来说，关键的是要取得眼前这位掌管着整个仓库的上尉的同意才行。所以克鲁巴特的话一说完，刘鹗马上说：“军队的事情要军队来管。克鲁巴特上尉说得对极了。没有军队，也就没有议和大臣。”

克鲁巴特听到刘鹗的奉承，心中舒服极了，连连说：“对啦！对啦！谁也不能管军队的事。”

李季皋马上接上说：“这粮食的事，由克鲁巴特先生管理。只要克鲁巴特先生同意，任何人都可以来这里搬走粮食。对吗？”

“对！”克鲁巴特毫不犹豫地回答，“没有我的同意，谁也搬不走这里的粮食。”他大口喝着酒，“今天，今天，你们看，今天那个奕满来拉走了我的粮食，他是一个很懂规矩的人，很懂规矩的人……”克鲁巴特笑了。他从口袋里摸出了一个大钻石戒指，“喏——！”他把戒指送到刘鹗面前晃了一下，又把它送到李季皋面前晃了一下。

绿宝石——两个人的脑子里同时闪现出来，这绝对不可能是民间的，民间哪有这么大的绿宝石戒指。

显然，克鲁巴特非常珍爱这枚绿宝石戒指，所以他又看了一下，马上就放进了自己的口袋之中。

刘鹗和李季皋心中明白了，今天下午奕满的“敲门砖”就是这戒指。

可是，刘鹗又从何处去找这么名贵的戒指呢？

"上尉，还需要什么条件呢？"刘鹗问。

"条件？不要条件。只要钱——克鲁巴特上尉同意，就可以……"他打了一个嗝，"是的，只要我同意。"

"那么，我买一些粮食。买！"刘鹗把买字说得重重的。

克鲁巴特斜了一下眼睛："买？买多少？"

"全都买走，统统买走！"刘鹗斩钉截铁地说。

克鲁巴特瞪大了眼睛："什么？你要买多少？"他想，我不会听错，还是他说错了。

"统统买走！"刘鹗重复。

"哈，哈！哈哈哈——"克鲁巴特大笑起来。"你，你，刘铁云先生能吃多少，吃多少？"他顿了一下，"不卖！一斤也不卖。"

"我不是自己吃，我是进行救济。我是……"

"救济？为什么不救济我？"克鲁巴特又狡黠地眨了眨眼睛。"你救济、救济我吧！刘铁云先生，还有沈荩先生……"

沈荩？刘鹗奇怪了。他怎么会说出这个名字来？

"哈，哈，哈哈——刘铁云先生，你不认识我了吗？"克鲁巴特又大笑。

刘鹗猛地想起来了。是他，的确是他。

9

晋阳"醉和春"客栈的一幕，一下子又浮现在刘鹗的脑海里。

光绪二十三年，刘鹗在陕西勘矿的最后一个晚上。连续两个月的奔波使他感到疲乏，也使他感到兴奋。

这间客房是内外两间，不大，但还算窗明几净。特别是外面那间，还挂了两副对联。虽说不伦不类，但比那乡村野店要舒服多了。

刘鹗和沈荩打算住上一晚，明天就回京城了。

吃过晚饭，泡上两杯茶，沈荩和刘鹗在闲谈。刘鹗手中又在擦拭那个小金佛。

沈荩知道这个金佛的来历。但仍然不无羡慕地说："二哥，这小金佛可是价值连城啊！"他见刘鹗只笑嘻嘻地在低头擦佛，又打趣地说："二哥，什么时候我也拜龙川夫子为师，也赏我一个小佛就好了。"

沈荩才说完，没有等刘鹗答话，忽然外面吵吵嚷嚷起来。只听见刚才招待他们的伙计大声说："没有！没有房间。"

刘鹗好奇地伸头一看，在院子中站着一个高个子，虽然脸上看不大清楚，但无疑不是中国人，他正扭头向四处看。

"洋鬼子！"刘鹗听见那伙计在轻轻地说。

"洋鬼子？"刘鹗踱出门外，果然，是个高鼻梁的外国人，身上背一个沉重的背囊，满脸胡子，一身尘土。刘鹗所结识的外国人也有一些，因此对此人并未特别注意。

可是，第二天一早上，这个人却来拜访了。

"克鲁巴特。"他自我介绍，中国话很生硬，但都能听懂。

刘鹗和沈荩热情地招待了他。原来他也是搞地质的，正在此地探矿。

"李希霍芬爵士的预测，引起我的好奇，因此来看一看。"生硬的中国话。

"煤？"刘鹗奇怪地问。

"煤！"克鲁巴特说。

刘鹗明白了，这是哪个外国公司派到山西来探矿的外勤人员。

"你的感觉如何？"刘鹗摸出自己的金佛，一边擦着、一边问。

"好极了，不必到山谷中去看，只要看那些苦力赶着牛马，把煤驮到城市中来，就可以说明情况。"克鲁巴特一边说，一边注视着刘鹗的两只手。

刘鹗心中想，这个克鲁巴特倒真是能动脑筋。可是他只知道山西的煤多，可不知道山西的煤好。刘鹗想到自己这一个多月的奔波，凡是山村野店都在尽情地燃烧着那些煤，谁也没有感到需要节省一点——太多了。那些煤燃烧起来时，那清而亮的火焰是那样吸引人，使人感到温暖，并且没有在北京烧煤时那一股股使人窒息的浓烟。

刘鹗正在想着，忽然克鲁巴特伸出一只手来。刘鹗莫名其妙地看着他。沈荩笑嘻嘻地从刘鹗手中拿过那个小金佛，递给了克鲁巴特。向刘鹗笑了笑。

克鲁巴特伸手接过了那个小金佛，嘴中"啧啧！"地发出声音，两只眼睛显得非常亮。

忽然他把手一攥，抬起来："卖！"

沈荩懂他的意思："不卖！"

"多多的银子！"他说。

"许多，许多的银子也不卖！"刘鹗说。

克鲁巴特作了一个把金佛藏入口袋的动作，然后又无可奈何地拿出来轻轻地放下，"好宝贝。"他说。

三年以前的情景一下子又闪现了出来，刘鹗记得清清楚楚——克鲁巴特要自己的小金佛。

10

大甜水井那三开间的门面又打开了，"平粜局"三个大字又被重贴在门上了。来粜米的人络绎不绝。

刘贵神气活现地拿着秤，他大声吆喝着，形形色色的米袋口伸向秤边，那一张张愁苦的脸，只有在这时候才稍微露出一丝丝的笑意。

在后院，那一堆堆的麻袋用雨布盖好。四周没有什么人，刘鹗在米袋前踱步。忽然他走进西边的厢房里，气哼哼地坐了下来。

"把小金佛给我。"克鲁巴特的声音响在耳边。

"把小金佛给我！"克鲁巴特的眼睛贪婪地看着刘鹗。

"铁云——"李季皋的声音近于哀求。

"不行！"刘鹗心里想。"不能给！"刘鹗心里喊着。

可是，米，米，无数饥民的眼睛在他眼前晃动，奕满那胖胖的脸在他的眼前晃动，"敲门砖！""敲门砖！""红包！""门包！"各种名词在刘鹗的脑子里转动。

李龙川的声音又响在耳边上了："以养天下为己任""超凡入圣""超凡入圣""以养天下为己任"。

刘鹗静静地坐了下来，他用手捂着脸。小佛像在眼前晃动，他仿佛看到这禅定结构的坐佛像，神态庄严含蓄，体态健硕匀称，两个嘴角露出微微的笑意……

刘鹗本能地把手伸进袖筒里。可是，他一惊，没有！佛像没有了。

这是现实。佛像被克鲁巴特要去了。

是自己亲手交给他的。刘鹗心里想着：自己的两只手颤抖着，慢慢地，把小金佛送给了克鲁巴特。

"夫子——"刘鹗呻吟般地吐出这么两个字。

外面刘贵大声吆喝的声音不时传进来。刘鹗又站了起来，他踱到门边，抬头看了看那阴沉沉的天——要下雪了，马上就是年关了。

"又是一个五斤——"刘贵拉长声音在外面喊着。

"十万石粮食，两万两银子。每石二两。"李季皋的声音又响了起来。
"便宜，便宜极了。"

是啊！俄国兵不吃大米。克鲁巴特倒也不计较这银子多少。

可是自己的小金佛没有了。夫子的遗言忘了。

不把金佛给他，他就不给米。如何养民？

给他金佛，他给了米。如何去见自己的师兄弟？

难啊！

忽然，刘鹗觉得自己的脸颊凉凉的。是下雪了？是眼泪？他伸手在
脸上摸了一下。

"两万两！"刘鹗嘴里又嘟囔了一句，"两万两！"

可是，总会再没有汇票寄来。两万两银子又如何缴得出来呢？

一阵风刮过来，他打了个哆嗦，又抬头看了看天。下雪了，像小珠
子一样的雪粒无声无息地落了下来，打在脸上凉凉的，真舒服。他伸了一
下舌头。

咸的！雪是咸的？

第十二章

1

近年关了，刘鹗心头似乎松了一下，有了粮食，救济会总算可以勉强维持下去了。虽然总会并没有寄来汇票，两万两银子也凑齐了。可是，刘鹗已两手空空如洗了。他苦笑着跟在王翰甫的身后。

王翰甫突然到大甜水井来，不由分说地拉了刘鹗就走，说是在琉璃厂发现了一个新鲜玩意儿。

琉璃厂是有名的古玩市场。刘鹗是个古董迷，手中富裕时自然大量买进些古玩，哪怕节衣缩食。

王翰甫自己更是精通此道。琉璃厂什么尊古斋、晋古斋没有不认识王家大少爷的。不过，王懿荣在世时，是买进多，而到王翰甫已是卖出多了。所以，虽然这年关如何过尚不得知，可是古玩市场还是需要来看看的。何况自己已下定决心只看不买呢！

王翰甫并不在那些名店前面停留，他匆匆地走到一个小贩面前。

刘鹗跟在他后面，看了看这个仅仅铺了一块布在地上的小贩，零零碎碎的几件瓷器，几枚古币，几方闲章而已。须知，这时的北京，为了谋生，家里的什么东西都会拿出来卖的。非但如此，那些洋兵也会把抢来的东西摆在地上出售，真是稀奇古怪，更有一些小偷小摸的趁火打劫。所以，这些小摊上也不时会出现一些珍品，有些甚至是从宫中流出来的国宝。

那个小贩见了王翰甫，笑眯了两眼说："客官，可是要见适才那玩意儿？"

王翰甫对刘鹗点了点头，嘴里说："快点儿拿出来。"

那个小贩不慌不忙地从身边的一个破口袋中掏出一个扁扁的、绿锈堆满的东西，看上去好像是一个什么东西的盖子，上面是一个老鹰，两翅张着，那突出的嘴子，只是一个上颚的形状。

王翰甫刚把手伸过去，谁知刘鹗比他更快，一把就抓了过来。他不开口，但两只眼睛睁得大大的。他把那个东西举在眼前看了看，又用手指在盖上量了一下大小，大喊一声："此乃天与我也！"

王翰甫看到此，对那个小贩说："是与不是尚难定论，需取回去试一下方可决定。"

刘鹗为什么对这个东西如此感兴趣？因为，戊戌年刘鹗在北京时，买了一个三足圆圆的空心器皿，前有流，后有袢，圆圆的肚子，袢上还有一根链子。前面的"流"并不成管状，而似一个鸭嘴的下颚。

刘鹗将此物带给王懿荣看，两人一琢磨，这不是喝酒用的爵和角，也不是温酒用的"斝"，而是一个"盉"。王懿荣知道的更多，说："出土的'盉'极为少见。最珍贵的是一个叫'飞鹰盉'的，上面有一个栩栩如生的鹰。但亦只是传说，谁也没有见过。"刘鹗买到的这个"盉"，可惜没有盖子。倘能有盖，则是个稀世珍宝了。当时王翰甫在旁，还加了一句："世上无难事，只怕有心人。只要事事留心，总有一天会找到的。"

现在，刘鹗已把这个盖子拿在手中了，他一眼就判定了，这个就是那"飞鹰盉"的盉盖，岂不是天赐的嘛。所以，他极兴奋，也不招呼王翰甫，只对那个小贩说了一句："随我去取钱！"连价钱也来不及问，回头就走。

王翰甫一见，心中着急，这岂不是要被人狠狠地敲竹杠了吗！见刘鹗已走了两步，急忙喊："云抟，云抟！"

刘鹗也不停步，只回头喊了一声："走！东兴楼喝酒，我做东！"

王翰甫无可奈何地摇了摇头，叹了口气，对那小贩说："明日，你去大甜水井粜米局取钱。"然后急急忙忙地跟了上去。

那小贩起先傻愣愣地站在那儿，不知是怎么回事。好一会才醒悟过来，说了声："好！"

2

"翰甫，"刘鹗手中捧着那满身铜锈的盉盖，盉盖闪着幽幽的绿光："你看，这口的大小，和我那盉的大小正一样。那祥上的链子也正好拴在这个盖子上。"他得意地摇晃着头。"再看这'流'，向上翘起，不正是一个鹰嘴嘛。我那盉的嘴向下，这个嘴向上，恰似一个张嘴的鹰嘴嘛。"

王翰甫眼睛盯着这个盖子，嘴里嗯嗯着，眼睛里也露出兴奋的样子："是飞鹰盉，是飞鹰盉！"

"正孺先辈所言不虚啊！"

"可是，云抟，此物不知将属何人啊！"王翰甫轻轻地叹了一口气。

"何以见得？"刘鹗自信地问。

"你今天见此物喜出望外，得意忘形，亦不问价钱捧了就走。须知那小贩见此状，必索高价。"

"高价？高价也要购来。否则，我江南那一半岂不是成了废物。"

刘鹗自失去小金佛后，已有多时没有这么高兴了，他又走进房内，捧出几件东西来。王翰甫一看，里面有爵、角、斝等都是各种各样的青铜酒器。

不等王翰甫细看，他又进内房，捧出一大堆碑帖来，往桌子上一放，说："翰甫，这都是入京之后所购。"

"啊！"王翰甫吃了一惊。但他没有问什么，顺手拿起一本，一看上面是"北宋拓圣教序"几个字。

刘鹗马上解释说："翰甫，此《北宋拓圣教序》，为海内第一本！"他得意地放声大笑起来。

"何以见得？"王翰甫问。"弟于此虽非行家，但所见甚多，自诩为'海内第一'，恐……"确实如此，王翰甫所见古玩、碑帖自然不在刘鹗之下。

"恐——"刘鹗顺手拿过这一碑帖，学着王翰甫的，"恐——不必恐。此非自夸，《圣教序》拓本存世为数不少，人人自诩第一乃见之过少也。"他顿了一下，"梁林中丞以为自存本为第一，崇路铨中丞以为自己所存为第一，此皆自夸。世所公认者，唯河南周文清公所藏一本，弟子前些年拜视，亦赞不绝口。确以为周本为天下第一，岂知——"他得意地看看在认真听他说话的王翰甫，"前十数日，晋古斋送来此本，弟为之耳目一新。

此本远胜于周文清公本，岂不天下第一？"他见王翰甫仍然不相信，又加重语气说："弟已请鉴赏家过目，一致以为，此本确优于周本，敢自称为'海内第一'。"

王翰甫见刘鹗这样说，也不便再多说什么："此本较家藏确实好过数倍，可是山外青山楼外楼，孰知此后再不见优于此本者？"

这一说倒使刘鹗不知说什么好了，口气软了许多："亦未必不可，然京都鉴赏家见多识广，恐难再有新本可供鉴赏。"

正说着，刘贵伸头进来，喊道："二少爷！"

刘鹗说："进来。"

刘贵小心翼翼地在刘鹗耳边说了句什么。只见刘鹗惊奇地回过头去问："如此要价，未免太昂！"

刘贵也说："小的也以为要价过昂，但那人说，此乃他祖传之物，如不照价购买，其宁可不作这笔生意。"

刘鹗转过身来，把那盉盖捧了起来看了看，顺手递给刘贵，断然说："还他！"

刘贵才伸出双手来接，刘鹗又猛地把手收了回来，"是！是！千载难逢。此时还他，此生不知何时再见了。"他用手摸着那个飞鹰盉盖，沉吟一阵，又抬头望天，深深地叹了一口气："照数给他！"

刘贵轻轻答了一声："是！"又看了看刘鹗，犹犹豫豫地回过头走去了。

王翰甫见此状，摇摇头："唉——！"

3

刘鹗失去了师傅给它的金佛，心中无比难过。但无意中买到了"飞鹰盉"的盖子，又用两万两银子得到十万石粮食，心中又感到高兴。

那天，他去王翰甫处，王翰甫与他谈了那批龟甲的事情。自王懿荣去世后，王翰甫已焦头烂额，因此把他父亲当年辛辛苦苦保存的古玩，都先后出让给别人了。唯有这批龟甲，当年王懿荣是秘不示人的，仅有刘鹗研究过。王翰甫在心中琢磨，父亲临去世并没有留下遗嘱，所以，那些古玩、钱币、碑帖卖了亦无所谓，唯有这批龟甲是当年秘藏的。如今再卖出去，一来是违背了先人的意愿，再说，卖了也无人肯出高价——谁也不知上面写些什么。因此考虑再三，觉得这批龟甲还是让与刘鹗为好。

刘鹗心中一直惦记着那批龟甲。但是，王懿荣的遗物，自己是开不得口的。何况，自己一入京就送去了一百两银子，倘使开口，岂不是强人所难嘛。

但今天王翰甫主动开口谈了这件事，刘鹗自然应承下来——无论多少龟甲全数收下。至于作价嘛，都按王懿荣当年买来的价钱照付。这样刘鹗也不会落上一个"趁火打劫"的名声，王翰甫也名正言顺地收下这笔银子以养家活口。但约定过些日子再来取这些甲骨。

刘鹗兴冲冲地回到大甜水井，只见晋古斋的一个伙计站在那儿。

原来，刘鹗近日来收了不少古玩、字画、碑帖，这古玩铺的人已逐渐地和他熟了，有什么好东西也就直接送来了。

刘鹗见了那个伙计，随口问："又有什么好玩意儿吗？"那伙计回答："一般的东西也不敢要二少爷过目。昨日收到一幅稀世的碑帖，敝东让小的马上送过来。"还不等刘鹗答话，那伙计已打开带来的一个蓝布包，恭恭敬敬地捧上一卷拓好的碑来。

刘鹗顺手接过来，用眼一扫，是两张残页。他仔细一看，米书，当时并不在意放在桌子上。

可是，他又一想，不对，这个碑不曾见过。马上又拿了起来。此时，他不禁喜出望外："啊哈！《刘熊碑》，酸枣令《刘熊碑》。"

他把两个残页拼起来，竟然是完整的一幅。

这不是天赐之物吗？他马上想到，宋代洪适在《隶释》一书中录过《刘熊碑》的全文，而且知道这《刘熊碑》原碑当存于河南。他又想到，当年自己在河南曾寻访过这碑，可惜，当时年纪尚轻，不是十分专心，因此并未亲见此碑。如今又是一桩送上门来的宝玩，于是连连说："收下，收下。"

那伙计一看刘鹗得意忘形的样子，小心翼翼地说："二少爷，敝东家吩咐小人。二少爷过目后叫小人带回。因为还有几家客官关照要见见这幅碑帖。"

"哈哈！你小子要什么花招？你说还有哪几位要见这碑帖？"刘鹗用手指着那伙计的鼻子，嘻嘻笑着："你说，你说还有哪些人要看？"

那个伙计眨了眨眼睛，哼了几声，吞吞吐吐地说："是敝东家关照的，小的并不清楚。"

"哈哈哈！"刘鹗笑了起来，"你倒会一推六二五。你不过是要个高价。好吧！你回去说，这两张碑帖，在别人眼中是一张废纸，扔在地上还懒得去拾。可是我留下了。你回去告诉你们东家，我刘二少爷钱是不多，也不会用它去生出银子来。但这稀世珍宝我是绝对不会放掉的。看着这祖宗遗墨，实在是爱不释手。你让他出个价，只要价格公道，我银子不够，典了身上这冬衣给他也无不可……"

4

转眼到了十二月了，第一场雪后，一天比一天冷。三九、四九的日子，已是一片冰天雪地了。局势也似乎慢慢平稳了。从李季皋传来的消息，议和已大概有了眉目，人心也不那么紧张了。可是，刘鹗的日子忽然又紧张起来了。

年关尚未过，冬衣自然是不能卖掉了。但腊月二十三才祭过灶，刘贵见四周无人，偷偷地对刘鹗说："二少爷，这年恐怕是过不去了。"

刘鹗满不在乎地说："如何过不去？"

刘贵捧出一个账本来，摊在刘鹗面前："二少爷，您看！"

刘鹗不看不知道，一看吓了一跳。

原来，刘鹗到北京搞赈济时，除了自己捐款四千两外，救济会也交给他一部分款子。可是，米价不断上涨。虽说大通仓的米是廉价的，但一下子就出去了两万两。掩埋局原来是没有的，后来李鸿章提出来才办的。各处需要钱。刘鹗本不是个善于经营的人，亏了本自己心中并不明白。再加上三十几个人的吃、穿全部由自己供给，原本已是捉襟见肘。可是，刘鹗见了这古玩、字画又是爱不释手，自然就无法再撑这个局面了。

刘鹗让自己平下心来，又粗粗地浏览了一下账本，回头问刘贵："我自己的钱呢？"

刘贵紧张地回答："早已用完了。"

刘鹗沉吟了一下，又问："挪用了救济上的款子多少？"

刘贵用手指头掰了几下，说："大约四千两！"

"四千两？"刘鹗想。那些古玩、字画在自己脑子里又一件件浮出来、又飘过去。他想，这些古玩、字画，若在平时，不要说四千两，便是四万两也买不来。他忽然又想到自己的小金佛，那是能用银子来计算的吗？就是金子可以计量，那手工呢？年代呢？都是无法计算的啊！尤其是老师的遗物，无价之宝啊！可我却失去了它！

"年关如何过不得？"刘鹗不再去想那些古玩、字画了，也不计算那款子的亏空了，他得关心一下眼下的处境了。

"局里除了有些米之外，其余什么都没有了。"刘鹗无精打采地说。

"冬衣如何？"

"冬衣早已穿上身了。可是——"

"可是什么？"

"上个月的饷还没有关。还有，还有十二个人要回南的川资也支付不出了。"刘贵尽量平静地说。

"……"刘鹗无言以对了。

5

刘鹗到此时才发现，这三个多月忙忙碌碌，自己是一无所获，最后竟然背了一身债。他在房间里踱来踱去，想着如何才能从这困境中解脱出来。他没有绝望，因为陆树藩曾答应过，再汇一笔款来。他踱着，不知不觉地又把手伸进袖筒，可是马上又苦笑着把手抽了出来。

他无可奈何地走到琴案前，上面放着新买的一张琴，油漆已斑斑驳驳。他坐下，随手拨动琴弦，叮叮咚咚一阵响后，垂下两手，闭上眼睛，准备把思绪集中一下，好好地弹奏一曲，以解心头的烦闷。

忽然，他感到身后有呼吸的声音，回过头去，看到洪肇生站在自己背后。

刘鹗勉强地笑了笑："肇生，有事吗？"

洪肇生咧了咧嘴，似笑非笑地算作回答。

刘鹗看洪肇生的表情有些古怪，这时才注意到他手中拿着一张电报纸，顺手接了过来。

洪肇生吸了一口气，回转身坐在书桌前面。

刘鹗把那电报举起来看了看，忽然一下子咬住了牙，回转身去，又看了一下电报，他用眼睛盯住洪肇生："这个电报什么时候到的？"

"刚才。"洪肇生有气无力地回答。

刘鹗发火了："岂有此理，当初已有约在先，汉室论功，萧何为首。现在是接济全无倒也罢了，还来催粮、索款，岂有此理，岂有此理。"

原来陆树藩一直未到北京，他往返于上海、天津之间，说是在为救济会筹款，以接济北京的刘鹗。刘鹗为了得到那十万石大米，无可奈何从上海义善源银庄借了两万两银子，以自己全部身家及淮安的祖宅作为抵押。谁知陆树藩非但没有给北京救济会汇款来，现在反而以义善源的名义发电报给刘鹗，要他提前归还这两万两银子。他发完这电报之后又从天津返回上海了。

洪肇生一直跟刘鹗在北京，所以对陆树藩的行迹并不知情，这一个月来，他具体办的是把这十万石米从通州运到北京，然后再发放出去。他也没有想到，在这关键的时刻陆树藩竟然会来催款。但他毕竟不是主持事务的人，所以比刘鹗冷静多了，待刘鹗稍稍平静，他马上问："铁云，这电报如何回？"

刘鹗气冲冲地在房中转了一圈，停下来，用手摸着下巴想了一下，手伸进袖筒，但马上又抽了出来："事已至此，以后我与救济会无干，所有入京救济款由我一人承担。所欠款项，以明年秋季为期，全数归还。"他一口气说了这么多。

洪肇生奇怪地问："两万两之数已是难于归还，倘将所有……"

"只有如此！"刘鹗决断地说，"与其受制于人，不如破釜沉舟。我一生以养天下为己任。天下之民得安，即使破产也在所不惜。"

洪肇生不料，刘鹗在这么短的时间，会做出这么一个出人意料的决定。"铁云，你哪儿来如许款项？"

"弟本无恒户，淮安一点地已抵押给义善源，手中仅有股票还他陆树藩。余此，更无办法……想不到，我刘鹗此时比那些饥民更不如啊！"

6

刘鹗正在与洪肇生商谈，只见沈荩一头擅了进来。他嘴里说道："什么股票数千，我是一无所有，唯有几枚刀币而已。"说着，亦不管刘鹗和洪肇生在说些什么，哗哗啦啦从一个布包里倒出一堆古钱币来，独自在那儿一个一个地瞧了起来。

刘鹗坐在那儿没有动，洪肇生看着这么两个神态全然不同的人。沈荩全副身心都在那堆古钱币上，自管自地看着那钱币，嘴里还在叽里咕噜地："晋易""辛城""恭昌""邹邑""乖邑""阅"……有的说起来还颇费力："乖正尚二当锾""乖丰尚二金离锾"……

刘鹗见沈荩如此专心致志，也不觉走了过来，他拿起刚才沈荩才放下的那枚钱币，摇了摇头："愚溪，此币读'乖正商当锾金'更妥——"一边说，一边把那古币放在一边，自己也低下头来在那堆古币中翻着，"阳七倒文""聊邑""又一枚'七倒文'"……

洪肇生对此事并无兴趣，只能静静地坐在那儿，等了一会，他见刘鹗与沈荩仍然全神贯注地在那儿瞧钱币，他走了过去："铁云……"

刘鹗仍未回头，只是哼了几声："嗯——嗯。"连头也没有抬一下。

这时，刘贵捧着一个大盘子进来，上面是一碗饭和两个菜、一碗汤。他见此情景，笑着对洪肇生说："洪先生，此时此刻，您就是说天塌下来，二少爷也不会管的。"说着，他轻轻地把盘子放在桌上："二少爷，沈先生还没有吃饭呢！沈先生到现在还没有吃中饭呢！"

刘鹗勉强把头抬起来："噢，噢！愚溪，你吃饭，吃饭。"

沈荩抬起头来，看了看那堆钱币，又看了看那食盘。到此时，似乎才恍然大悟："噢——我是饿了。"

沈荩走过去，端起了那碗饭，用筷子拨了一下："好米，好米！"然后用劲地拨进嘴里。他吃了两口，忽然停了下来，又看了看那碗饭，又看了看刘鹗："知道了吗？铁云。"

刘鹗仍然在看那堆钱币，没有理他。

"什么事情？"洪肇生问。

"最新消息。"沈荩没有再吃。

"什么消息？"洪肇生不解地问。

"这米是否通州仓米？"沈荩反问。

洪肇生高兴地回答："是，是，质量如何？"

沈荩没有马上回答，他把碗放了下来，大声喊："铁云，季皋来过没有？"

刘鹗一愣，放下手中的钱币问："怎么？"

"季皋没有来告诉你们？"

刘鹗和洪肇生愣在那儿，看看沈荩。

沈荩又急急地说："季皋没有来过吗？两宫电谕，缉拿勾结洋人，私盗太仓的有关人员。"

刘鹗和洪肇生抽了一口冷气，但马上又平静了下来："这如何是私盗？"

"未经请示，将通州仓中粮食私自运出，如何不是私盗？"沈荩反问。

"私盗？"刘鹗似问非问地说了一句。

洪肇生、刘贵默默地看着刘鹗。

7

晚上人们都睡了，外面北风呼呼地刮，刘鹗静静地躺在床上。他无法入眠，他想着那些古钱，想着陆树藩的电报，想着沈荩告诉他的消息，想着那一袋袋的大米。

难道此事又错了吗？难道宁可让俄兵把粮食统统烧掉才对？难道三年前在山西的那一幕又要重演？

光绪二十四年，最后一次在都督府的情况又浮现在脑海中了：

胡聘之已全然没有前两次见面时的神态了。

"铁云先生，勘矿之事看来到此只好草草收场了，不必再多提了。"胡聘之声音平稳地，但不无伤感地对刘鹗说。

"不——回抚台，卑职以为，此事无论如何应力争，以促其成。"他不管胡聘之的反应如何，"晋矿路矿之事，卑职筹划已非一日，此事不可不办。试想，有如此养民之道，如何可轻易停止？卑职所思，如骨鲠于喉不吐不快，愿抚台再能上奏朝廷。"他顿了一下，只见胡聘之木然地坐在那儿。

此时不争，以后没机会了，刘鹗想。他也不管胡聘之听了没有，又继续辩道："此次铁云返京已借银一千万两，大概用之三项，一曰造铁路，二曰建矿场，三曰资金运转。造铁路五百万两，取之于外洋者仅铁轨而已，所费不过十分之一。而四百五十万两散于中国也；建矿场不过二百万两，有一半用于中国也。其余均为周转资金，全部耗于中国也。如此中国工人皆得工资，工资耗于衣食，食则仰给于庖人，衣则仰给于缝工，庖工转仰于农圃，缝工转仰于织工。如此辗转相资，山西分利者不下十余万人，善政有过于此者乎？我国今日之事，是在民失其养。有如此养民之法，何乐而不为？"说到此，他的声调越来越高，越来越气愤。"至于卑职是否从中渔利，可请诸君明察暗访。如有实据，愿将此渔利之款罚出充公！"

胡聘之打断了他的话："铁云先生，目下我国民情若此，民意未通，虽有上谕，亦无济于事。"显然，胡聘之已无心再与刘鹗谈论这一问题了。

走吧！他想。为什么要在这儿苦苦哀求呢？可是转而一想，倘此时不争，又有什么时候说呢？

他忽然想到自己写的两句诗。"一路弦歌归日下，百年经济起关西。"此时不争更待何时。

因此，他抱着最后要打动胡聘之的希望："抚台，容卑职再说几句：想我大清如今江河日下，其为何哉？夜郎自大，故步自封。今日风气渐开，引西洋之法救我中华，实在是使与世隔绝的中国，步入世界之大同。此乃千古难遇之机。倘我辈再不振奋，令列强由军事而政治，由政治而经济，由经济而军事，步步相逼，环环相扣，不消三五十年，我终无出头之日，大好河山定然丧失殆尽。届时，你我非但无法尽养民之道，反而成为千古之罪人啊！"刘鹗的声音颤抖着。

可是，胡聘之仍稳稳地坐在那里。过了许久，他才长长地吁了一口气，缓缓说道："铁云先生，你所说的事，下官毫不怀疑。唯——唯，你不必再逼下官了。因为下官去职之日，实在亦不远了。"

"什么？"刘鹗没有想到胡聘之竟然说出这句话来。他失声问道："为什么？"

胡聘之又沉吟了一下："也罢！告诉你吧！"说着他拿起了一份电报，送给刘鹗。

刘鹗双手接过来，只见上面写着：

　　至该京官原呈所指方孝杰、刘鹗二员，声名甚劣，均著撤退，毋令与闻该省商务。

　　刘鹗眨了眨眼睛，又细读了一遍，全身忽然感到一冷。他抬头看了看胡聘之。顿时，他感到才一年多时间，胡聘之好像老了许多。

　　"声名甚劣""声名甚劣"。他的鼻子不禁"嗤"的一声，双手把那份电报送了回去。此时，他感到自己的双手有些发抖。他的脑子里在转"该京官原呈"，这些"京官"都是些什么人呢？

　　可是，他知道，事情再无法挽回了。

　　这无情的一棒，使他感到绝望。两年多的往返奔波，竟然落得如此一个下场。这是为了什么呢？

8

　　蜡烛在空气中微微地抖动着，刘鹗毫无睡意。他站起身来，披上衣服，抬头向窗外看去，对面房顶上已是一片银白。

　　下雪了，他忽然想到，此时自己的心情与壬辰年相仿了。那年，为治理山东黄河，被山东巡抚福润送到总理衙门考试。也是将近年关之时，到了北京，却不准参加考试，把自己的一腔热情一下子扑灭了。不愿意在北京多待一天，马上返回江苏了，在山东齐河县，一人独居小客栈时，面对孤独，心灰意懒，曾写下了一首诗：

　　　　魄落魂消酒一卮，冻躯围火待温迟。
　　　　人如败叶浑无属，骨似劳薪不可支。
　　　　红烛无光贪化泪，黄河传响已流澌。

那堪岁岁荒城道，风雪千山梦醒时。

眼前亦是一盆炭火，一支烛火，而处境是大不如前了，那时孤身一人，能留则留，不能留则走。而如今呢？三十多个人的薪饷，三十多个人的伙食，从何而来呢？

他又想到了王五，想到了沈荩。

王五已去了，他的路走得对不对呢？

沈荩今后会如何呢？"钦命要犯"这一紧箍永远紧紧地箍在他的头上了，他又对不对呢？

自己呢？我对不对呢？

三个月了，三个月了。自己千辛万苦，从北京送走了一千多人往上海；掩埋局埋了多少人；施药局送了多少药；粜米局发了多少粮米。可是，到这年关时节，自己则被人索债逼得走投无路。

他无法入睡。他吹熄了蜡烛，窗外银色的光照进了房间，四周是死一般的沉寂。他在黑暗中踱步。他想，再过几天就是年关了。远在上海的陆树藩索债，可以暂时不去管他。可是，眼下这三十几个人的吃用怎么解决呢？

难民，难民！当初，自己在上海时，慷慨激昂，大有救世之心，可是如今，连自己也保不住了，自己也成了难民了。

还有什么办法呢？

他想到，把这些古玩、字画卖去。

古玩、字画、碑帖自己是买来了。这大概是不对的吧！可是如果自己不买来，谁知将会流落到何方去呢？自己不买，岂不湮没了吗？为什么买？自己的喜好？祖宗的遗物……兼而有之，兼而有之！

　　他无意间碰到了琴，当年在淮安抚琴之事又浮现在眼前。唉！二十年了，二十年了啊！人生如梦，今后还能干些什么呢？

　　甲骨，还没有带回来，这可要认真研究。还有呢？黄河，要治理。还有呢？铁路要修……

　　人生还有许多事要干啊！想到此，他又有些振奋。

　　可是，眼下呢？

　　房内静极了。他感到自己如同一个人步行在荒野，荒山野道之中，无限的寂寞惆怅涌上了心头。

　　"难道，我这次来北京又错了吗？"他轻声地问自己，"没有，没有错！救人一命如造七层浮屠，怎么错呢？此是大善举啊！以养民为己任，以养天下为己任。自己是身体力行了……"他自己回答，"错了，错了，将赈济之款用于字画！四千金！四千金啊！"

　　他自问自答着，他实在理不出个头绪来。

　　明天，明天干什么呢？

　　"勾结洋人，私盗仓粟"，沈荩得来的消息是确切的。

　　他忽然感到冷，一看火盆中的木炭早已成灰了。他搓了搓手，走到书案前。那一堆钱币还在那儿，他伸手捏起一个看了一下，雪光下看不清楚，他只好将它放回原处了。

　　他从笔筒里抽出一支笔来，打开砚台，还没有冻上，他缓缓地用笔揉着墨，然后在纸上写下：

　　　　北风吹地裂，萧索送残年。讣告无储米，人来索贷钱。饥鸟啼著雪，孤雁破寒烟。念我尚如此，群生更可怜。

　　写罢，他轻轻地放下笔，仍站在案前，久久地凝视着这诗。许久，他才长长地叹息了一声，轻轻地说："人生啊！怎么如此艰难！"

　　他缓缓地转过身来，走到窗前，他抬头看了看窗外，举手推开窗户，那一片银色立即闪进了房内。他心中似是一喜，但一阵寒风吹了进来，使他打了一个寒战。他急忙关上了窗户。"唉——天怎么还不亮啊！"

尾　声

1

光绪三十四年。

南京两江总督府的一个小小的书房里，两江总督端方正在与一个人密谈。

这个人相貌平常，但两只眼睛总是咕噜噜地转着，像是在搜寻着什么。坐在上方的端方正在看一封信。半晌之后，端方才抬起头来，咂咂嘴巴说："文骏观察来此，本督未能远迎。恕罪，恕罪。不知袁宫保有何公干？本督自当尽力。"端方客气地说着，仔细地看着眼前这位令人生厌，但又大有来头的杨观察。

杨观察两个嘴角微微向上一翘，把嘴一抿，斟酌了一下用词，缓缓地说："文骏奉袁宫保差遣，是为捉拿一个要犯，只是——"他把"袁宫保"三个字说得特别响，以期引起端方的注意。

不是因袁宫保，想你也进不了我这总督府。端方心想着，嘴里说道："只是什么？杨观察但说无妨。"

"只是——"杨文骏抬起眼皮看了一下端方。"只是此人与端午帅颇多瓜葛。"

"不必吞吞吐吐。"端方心中咯噔一下，但嘴中强硬地说："本官自当秉公办理。不知袁宫保——"

不等端方再说，杨文骏又抢着说："袁宫保密遣下官来，便是要将详情面陈端午帅。"说着，他胆怯地看了一下端方，"是为——是为那刘鹗。"

"刘鹗？"端方口中问着，但心中全都明白了。"可是为浦口沙洲地之事？"

"也不尽然。"杨文骏干笑着。

原来，刘鹗自庚子年之后，已不参与政治活动，一味埋头于实业与学术。近年来，为了买浦口沙洲地，被人诬为"为洋人买地"。两江总督已数次派人调查，并无此事。

"还有何事？"端方问。

"此人罪恶极大。先是垄断矿利，贻祸晋、滇。军机大臣查拿递解原籍，交地方官严加管束，但查拿未获。庚子之乱，伊更名在京，勾结洋人，盗卖仓米。上年六月，有韩人在沈阳私设盐运，此刘鹗又勾结外人，营私图利；现又于浦口购地，以媚洋人……"杨文骏如数家珍一般地数说了刘鹗的罪状。

端方听了大不是滋味。其他不说，光这浦口买地一事便与事实不符。他插嘴说："九浦州地一事，早已彻查清楚，又何来此一说呢？"

"只是，此事下官不便明言。"

"但讲无妨。"

"京官具奏，刘鹗为洋商购地属实，只是彻查之时有人徇私枉法，被刘鹗一部《西岳华山碑》封住了嘴。"

"此难道指本督不成！"端方火冒三丈了。刘鹗确有一部《西岳华山碑》，那是卖与端方的，"江中沙洲，购者甚众，本官在沙洲亦有薄地数亩，难道本官亦为洋人购地不成！"他极力压住自己的火气，冷冷地问杨文骏。

"不敢。袁宫保，"杨文骏小心翼翼地又把袁宫保抬在前面。"袁宫保密派下官来，亦不过是为端午帅通个信息。"

端方听到这句话，火气稍减了一些。他轻轻地咳了一声，用平静的语调问："袁宫保有无明示？"

"有！"杨文骏胆子大了一些，他想到了庚子年刘鹗拒绝与他合作，使他非但未能从中私饱，反而被李鸿章严责的事。"袁宫保要下官转告端午帅，刘鹗此人狡黠异常，行动诡秘，且结交甚广，又有洋人撑腰。为此，要出其不意，将其捕获，再有，再有——"他咬了一下牙，似乎下决心般地说："此亦并非袁宫保之意，两宫亦早有——哈哈，哈哈。"他为自己能想出这么一层意思有些高兴，又有些担心；万一端方去查问，岂不是自己假传圣旨了嘛！

"哈，哈，哈哈……"端方也笑了起来。他已听出了杨文骏所说"两宫"之事实际是他自己的想法，但此时不便揭穿。他一想，倘不捕刘鹗，于袁世凯处无法交代。倘捕刘鹗则又查无实据，何况刘鹗确实与自己在古玩方面颇有交往呢！笑声未毕，他的心里已将方法想妥了。

杨文骏看到端方哈哈大笑，知道端方已同意了袁世凯的做法。于是站了起来："下官要连夜赶回京都，不知如何答复袁宫保？"

端方用手摸了摸胡子："袁宫保之托，本督岂有不尽力之理？"他模棱两可地回答。说完，他端起茶杯："请喝茶。"

杨文骏刚要再开口追问，只听见门外差役们高声喊道："送客——"

2

宋伯鲁昨晚在刘鹗处喝了不少酒，正在家中酣睡，自戊戌年他匆匆逃离北京后，先到了山西，后来又远赴新疆，一去近十年。眼下风声已过，才回到内地，在端方府中当一个幕僚。但因他博学多才，又当过监察御史，所以端方对他颇为尊重。

他疑惑地到端方府中来，不知端方招他是什么事情？

宋伯鲁才跨进书房，端方马上就问："听说刘铁云处有《西岳华山碑》，不知确否？"

宋伯鲁不知他问这句话是什么意思，吞吞吐吐地说："卑职所见名为《六代华岳庙碑》，不知大帅所说是否此帖？"

"正是。"端方马上接上说："本督前数日购得一《中岳嵩山灵庙碑》，不知与之孰佳？"

宋伯鲁一听，心中一块石头落地了，原来找我论碑帖事。心头一松，说话也随便多了，马上回答："据卑职所知，此二碑皆为寇谦当年所立，想来，优劣难分吧！"

端方笑了一下："果然是寇谦所立吗？你可曾见过刘铁云的《华岳庙碑》？"

"见过，见过！"宋伯鲁大笑起来。"碑阳二十三行，行五十字。卑职记得甚是清楚。"

"哈哈，哈哈。"端方也笑了起来。"本督所购之《嵩灵庙碑》亦是二十三行，行五十字。看来确实同为寇谦当年所立了。”

虽然端方并没有提出要看这个帖，但宋伯鲁估计酷爱古玩的端方定是想要自己搭桥了。所以就如实说：“大帅可是要见见此帖？卑职昨天下午还在刘铁云处见到此帖，果然是稀世珍品啊！”

“噢！——”端方已放下心来了。刘鹗确有此碑帖藏于家中，他暗自好笑。前时刘鹗曾把《刘熊碑》出让给自己，看来他手中果然还有好书法珍品。

宋伯鲁见端方如此沉吟，又接着说：“铁云昨日告诉我，近日经济拮据，打算出让一些碑帖。”

端方马上接下来：“出让，此时此刻，任何人也不得收购这一《西岳华山碑帖》。”说得斩钉截铁。

宋伯鲁听了一愣。看来端方并无意收购此帖，但为何也不许别人收购呢？

端方他找宋伯鲁来，自有打算，是要在不动声色之间，放走刘鹗。而在抄刘鹗家时找到此碑帖，又可去堵那些京官的嘴。如此一来，他是在袁世凯、京官和刘、宋诸人面前都讨了好。

宋伯鲁不知端方在想什么，又问：“为什么？”

端方好像是犹豫不决的样子，稍停了一阵才说：“今日，今日袁宫保派人来……”

“袁宫保？”宋伯鲁一下子警觉起来。他忽然想到戊戌年，不就是因为这袁世凯的原因才使自己流亡关外近十年嘛！难道——想到此，他不再犹豫：“大帅，可是袁宫保要对铁云……”

端方故意装出毫不在意的样子打断说：“不谈此事，不谈此事。”

可是宋伯鲁并不放松，他颤抖着声音：“望大帅明示，卑职与刘铁云义结金兰，于此事不得不问。"

端方故意拖长了声音说："刘铁云倘有没顶之灾，自然只有你宋伯鲁可以救他了。"

宋伯鲁品味着端方这句话，感到，他其实已把话说明了。因此，不等端方再说什么，单腿跪下："卑职告辞！"说完站起来就走。

"慢！"端方不慌不忙地说。

3

宋伯鲁才转过身来，忽然听到："禀大帅，巡警总监何法章奉命前来！"

宋伯鲁回头一看，何法章拱着双手微微地弯着腰，恭恭敬敬地站在那儿。

端方随手把桌子上的一张纸交给了何法章。何法章对那张纸看了看，又扫了宋伯鲁一眼，迟疑了一下："请大帅示下。"

"密捕，不得声张。"

"是！"何法章只答应了一个字，回过身去。

宋伯鲁虽然不知那张纸上写着什么，但他已知道此事定与刘铁云有关了。他看到何法章转过身去，心中一凉。自己已被软禁在此了。不消一个时辰，刘鹗就会身陷囹圄了。

可是，何法章才走了两步，端方又喊了一声："慢！"

宋伯鲁感到奇怪，自己刚要走，不让走。现在对何法章又是如此，端方要干什么呢？

端方喝了一口茶，站起来才缓缓地问："你何时出发？"

"立即出发！"

"不可——"端方轻轻地说。"此人交游甚广，三教九流无不熟悉。

你此时带人前去，他早已逃之夭夭了。"

"依大帅所见？"

"必须夜深人静方可前去。不得打草惊蛇！"

何法章又一次拱了拱手："遵命！"稍停了一下，他见端方再没有说话，于是："卑职——"

何法章没有说完，只听端方喊了一声："来人啊！"

宋伯鲁和何法章两人都是一惊，不知端方要干什么。谁知端方笑吟吟地对他们两个说："时间尚早，天气炎热。我与二位在凉亭中乘凉、叙谈。"他也不等两人回答，又喊了一声："备酒。"

宋、何两人实在不知端方要干什么，亦不知如何是好。

"来！来！来！不必拘礼，不必拘礼！"端方带头往外走去。

在凉亭中，这三个人是各有想法。端方一边谈笑风生，嘻嘻哈哈。可是心中却想，如此安排实在是无懈可击了。派人密捕，袁世凯处可以交代；事先漏风，可得宋伯鲁信任；放走刘鹗，总算朋友一场；留下《华岳庙碑》可以堵住京官之嘴；一顿酒饭，可使何法章心中有数。想到此，他不禁更是得意。因此，他全然不顾另外两个人在干什么。

何法章嘴里不说心中感到疑惑。端方当着宋伯鲁的面要我捕人，但嘴里却不把人名吐出来。纸上写着刘鹗，还写明要抄家，特别是要一部《西岳华山庙碑》。要捕人又不让我走，宋伯鲁与刘鹗的关系人所共知，也不让他走，我来之前他们说了些什么呢？

宋伯鲁更是心急火燎。端方刚才明明已暗示我要逮捕刘鹗了，那么是要我通风报信，为什么又不让我走呢？对了，他让何法章去捕的人，明明就是铁云，可是又要夜深人静时方可去，却是为何？将我二人都软禁在此，有何目的？端方对两人的神态全然不顾，只是一个人大谈碑帖之事。

天色慢慢地暗下来，端方从前朝说到今朝，从古玩说到碑帖，仍在高谈阔论，似乎全无倦意。

刚一起更，宋伯鲁感到端方有意无意地看了他一眼，那眼神中似乎在说些什么，于是他站起来说："卑职不胜酒力，先告辞了。"

端方也收住了话头，站起身来，仿佛不在意地说："也好，夜已深了，各人分头干自己的事吧！"

宋伯鲁此时感到血一下子冲了上来。"各人分头干自己的事"，夜已深了，这明明告诉自己应立即通知刘鹗。

何法章心中一动，我有公务在身，端方为什么说"各人分头干自己的事"？这明明是在暗示我，宋伯鲁另有事干吗？你们都做好人，我何必——想到此，他认真地向端方说："是，卑职回衙门把人马点上，总在一个时辰之后才到得刘鹗家中。"他尽量把"一个时辰"和"刘鹗"说清楚，生怕宋伯鲁没有听到。

端方再没有说话，若有所思地看了看两人。

何法章和宋伯鲁一起离开了总督衙门。可是宋伯鲁没有注意到，就在他和何法章跨下台阶时，衣袖中那封刘鹗尚未拆过的信，掉在了台阶边上的草地上了。

4

宋伯鲁睡到床上时已是子时了，他翻来覆去地想，也无法理出一个头绪来。他对刘鹗一家是太熟悉了，刘鹗的父亲刘成忠，虽然一生为官，颇得赏识，但并不会弄钱，到辞官时，卖了房子还借了一万两银子才南归的。他对治河颇有研究，一部《河防刍议》颇得治河行家的称赞。他对韩愈极佩服，所以熟读全部韩文，编成了《韩文百篇编年》。刘鹗的大哥刘渭清继承了父亲的秉性，不会理财，只会读书，还跟法国传教士学法文。刘鹗年幼时因父亲做官无暇照管他，因此不免放纵。父亲研究治河，他就在旁边看，耳闻目睹，学得了些本事。可是，父亲要他读些书经之类，他全无兴趣。年纪稍长，因为有纨绔子弟的习性，惹得长兄不得不狠狠地训斥。他又结交了一些有真才实学的人，使自己在古文、历史各方面颇有造诣。只是对八股文深恶痛绝，所以虽曾进过一次考场，却不到终场就退了出来。

宋伯鲁还记得那年刘渭清讲给他听的一个故事：光绪二年刘鹗到扬州、泰州等地区，年三十方才回来。年初一一大早，也不管守夜人的困倦，硬把刘渭清从床上拉起来看他的"新式笔"。刘渭清虽然也好西学，但亦常训诫他"要务些正业"，他却说："正业之谓也，国计民生之有益也。"再问他具体干些什么，他回答："以养天下为己任。"

刘鹗十七岁结了婚，十九岁又纳了姜，为此曾闹得满城风雨，告到官府方才了结，因此淮安人给他起了绰号"二乱子"。在淮安一带，人们把那些不守绳法、不尊礼教、任性而为的人叫"二乱子"。刘鹗得了这个绰号，刘渭清感到脸上无光，劝他几句。谁知刘鹗自有他一套谬论："大哥，这二乱子俗人自有俗人的解法，小弟自有小弟的解法。凡事不可与俗人同解。"

"你作何解？"刘渭清虽知这个弟弟说出的话来总与常人不同，但实在无法知道他究竟怎么解释"二乱子"这个绰号。

"试看那'二'字。"刘鹗伸出两个指头得意地摇了摇头。"《易·系辞》云'分而为二'，凡事不分则不易理解，分则可细观之。俗语云'只知其一，不知其二'为于事理不明，明于事理，则须知其一，亦知其二方可。"他嘴一撇，见刘渭清在听，又接着说，"再说那'乱'字，《尚书·泰誓》云'予有乱臣十人'。此'乱臣'为善理国事之臣。乐曲'合则谓乱'：《尔雅·释法》亦云'乱，治也。'此亦一证。"

刘渭清是饱读诗书之人，听得刘鹗作如此解释，实在是哭笑不得，没有想到，平时读的《易经》《书经》《尔雅》都被刘鹗用到这里。他张嘴结舌反而说不出话来。

刘鹗见老实的大哥被自己这一番谬论堵住了，虽然自己也觉得可笑，但这番强词夺理，总算使大哥没有再教训自己了。才比较认真地说："小弟以为凡事皆由天定。俗人谓小弟'二乱子'，皆可由其去说，大哥不必介意。岂不知小弟于正事非但'知其一'，而且'知其二'，生于乱世，则应大治，云小弟乱者，正谓小弟为治者。"

刘渭清素知刘鹗有"以养天下为己任"的抱负，心里也赞同，更加上对其无可奈何，只好一切由他，有时还要为他闯祸善后。

5

宋伯鲁躺在床上想刘鹗。可是他没有想到，此时，一件他所不愿出现的事发生了。

离开两江总督衙门时，何法章已暗示宋伯鲁，再过一个时辰去抓刘鹗。宋伯鲁想，派人送信到刘鹗家，刘鹗稍做准备，待何法章到刘鹗府上时，刘鹗应已到下关码头，只待天一亮，船就可顺江而下了。

宋伯鲁熟悉刘鹗的生活，他几乎天天晚上要去吃花酒，但从不在外过夜。所以他不慌不忙地回到家里，写了一张纸条。那张纸上写着："离离原上草，去冬暂蛰伏。火燃风又起，速生遍地生。"没有抬头，没有落款。他专门挑了一个老成的仆人，又再三叮嘱，必须亲送到刘二少爷手中方可，千万不要托人转交。那个仆人并不知纸条上是何事，匆匆而去。他想，刘鹗去年冬天就几乎被捕，他定然知道半夜三更送此信的重要。

仆人到得刘鹗府，把门拍得山响，出来开门的是刘贵。

"半夜三更，你敲啥门！打惊的兔子咋的？"

"小人要见刘二少爷。"

"刘二少爷是这么好见的？有什么事对我说！"刘贵因为此人扰了自己的好梦，怒气冲冲地说。

"有急事要报给刘二少爷，请通报一声。"他耐心地又说了一遍。

刘贵打了一个哈欠："二少爷到苏州去了。"

"到苏州去了？"

"对！到虎丘去了！"

这么一来，那来人才听明白，刘鹗已睡着了。他焦急地说："二爷，烦您通报一声，就说——"他犹豫了一下，不能说出什么人让他送信："有急信！"

"什么急信！"刘贵见他吞吞吐吐。"就是大清皇上现在来圣旨，我们二少爷也不起来接，有什么事告诉我！"

无论如何刘贵就是不肯放送信人进门，也不肯去通报。最后他索性说："喂！我们二爷交代了，他要睡个囫囵觉，任谁来也别叫醒他！"说完，他往后一退，两手一推，"哐当"把大门关上了。

送信人急了，他用拳头擂着门，大声喊着。门里面传出刘贵的声音："你急啥？回去领不到银子了吗？要得赏银，就把信给你二爷从门缝送进来。"

那人隔着门大喊："小人不是要银子。是，是要亲手交到二少爷手里。"

刘贵停了脚步，想了一下："你们老爷如此信任你，你说说那信里写些什么？"

"什么事小人也不知道。受人之托，亦不好打开看。"他无可奈何地说。

刘贵一听更感到不耐烦了。他想，我们二少爷什么事不经我的手？于是又大声说："既是如此，你回去吧！有事明儿早上见，烧不了房子，死不了人。"

那个送信的人又啪啪地敲了敲，可是里面再无任何回响了。

6

何法章边走边暗笑，他觉得这简直是在演戏，明摆着抓不到刘鹗，何必如此急急忙忙。回到巡警衙门，睡了两个时辰，天蒙蒙亮了，他想此时刘鹗的船该开走了，叫起了二十来个人："拿捕刘鹗，这是皇上的谕旨，端大帅亲口下的令。门敲得开，则例行公事，手戴枷，脚戴镣。敲不开门则撞门。抓刘鹗重重有赏。"说完，他想了想："把书房抄一抄，凡是碑帖悉数取来。"

说完，他又想了想，自己去不去呢？去也无益。但又想，还是得去，一是端方处有个交代；二是那《西岳华山庙碑》也得取来。

他抬头看了一下天，东边已有一丝发白了："你们先走一步，我随后就到。"

那二十来个人，此时听到"重重有赏"几个字，顿时来了兴头，奔出门来，直向刘鹗府上而来。

天有点亮了，街上行人还不多。那二十来人到得刘鹗府门外，一看大门紧闭，一无声响。他们回头看看，那何法章还在不慌不忙地踱着方步，才从街口转过来。其中一个办了几年差的人颇感蹊跷：何以如此重犯，这巡警总监却不慌不忙呢？

何法章东望西望地走到了门口，又向四处看了看，过路的人胆子大的开始停下步子，胆子小的快步走了。他大声说："除正犯外，其他人等一律不得刁难，违者重罚。"

他刚说完，只听见远处"呜——呜！呜！呜！——"四声。何法章心中一笑："开船了！"待到把门撞开，刘鹗已离开下关了。

他威严地把手一挥："敲门。"

顿时上去几个不晓事的差役，乒乒乓乓地一阵猛敲。可是里面毫无动静。

"都走完了。"何法章心中想，但嘴里又大声说："撞门！"

那些衙役往后一退，正准备一齐向大门撞去，谁知此时那大门"吱呀"一声地开了。

睡眼蒙眬的刘贵伸出头来："一大早上你们敲什么？"说完，他才发现，不是一个人而是一群差役。他觉得事情有些不妙，一下子脑子清醒了。他知道此时若把门关上，事情就闹大了。

于是他把大门哗地一下子敞开了，站在台阶上问："诸位爷们，不知到此有何公干？"

"让开！"领头的一个用手把刘贵一拉。刘贵昨天夜里被送信人搅了一阵，正是一肚子气，天一亮又碰到这么一群，但还是压着火说："爷们，让开可以。只怕你们走错了路！"

"让开！"刚才那人又喊了一声，同时把刀拔出握在手里。

刘贵心里一惊，但是脸上仍然无所谓一般："这可是你们端午帅的朋友家，你们别走错了门。"

"错？"领头的人笑了。"今儿个拿的就是刘鹗！"

"正是奉大帅之命来拿此人。还不走开！"后面几个也拥了上来。

刘贵一惊，昨天夜里送信的事在脑子里一闪。他此时明白了，昨天那送信人并非虚言。可是，自己后悔也来不及了。他脑子飞快地转着，嘴里大声说："我家二少爷只恐你们拿不到了。他老人家昨儿个夜里压根儿就没有回来！"

何法章一直没有开口，听得刘贵这么一说，心中一喜。果然，刘鹗早已逃之夭夭了。正是虚张声势的好时候。他站在人群后面，大喊一声："进去，搜！"

那些差役刚要迈步，忽然里面一个声音在问："刘贵，什么人要来拿我？"

刘贵没有回头，心里想着这可糟糕了，他不由把两臂张开，想挡住来人。可是已来不及了。刘鹗一步跨到了他的前面，但显然是匆匆出来的，衣服斜披在身上，一双鞋还趿拉着。

刘鹗的出现，使站在后面的何法章瞪大了眼睛。怎么？他还在这儿？难道自己回去睡了两个时辰，端午帅又改变了主意？他一时拿不定主意了。

刘贵头上的汗珠不知不觉地流了下来，他大声叫喊、阻挡，是为了给刘鹗通信，让刘鹗避一下。谁知他竟然自己走出门来了。这么一来，刘贵也无话可说了。

那二十来个人一听出来的是刘鹗，先是一喜，可是他们发现，此时何法章已把刚才那气势汹汹的样子全部收了回去，张口结舌不知所措地站在那儿。

刘贵猛地拉住了刘鹗的胳膊大声喊："二少爷！"他心里明白，来者不善，昨天夜里来人那急匆匆的样子，在他的脑海里浮现着。

刘鹗微微地皱了一下眉头，去年盛传要逮捕他的事情又在脑子里晃动了一下。可是他并不知夜里有人来送信的事，所以他的心中虽然紧张，但仍笑嘻嘻地问："诸位口口声声要拿我，不知可带批文？"他仔细观察下面的反应。无人说话，也无人动手，全都齐刷刷地把头转过去看着何法章。刘鹗与何法章虽然并不相熟，但也曾见过面。他的眼光越过众人盯在何法章的脸上，看到何法章呆呆地站在那儿，似乎并没有抓人的意思，心中不禁感到蹊跷。他趁着冷场的时候又说："各位远来，先请进去喝杯茶如何？"

刘鹗这几句话原是无话找话，一为自己壮胆，二为了从中看出一些原因。可是，下面的何法章却是进退两难了。昨天下午的一幕幕一下子又闪了出来：端方是为了放走刘鹗才请了宋伯鲁；宋伯鲁是为了取得时间才和自己一起离开总理衙门；自己为了不做难人，拖至天亮才到此地"拿人"。怎么刘鹗此时又会出现在这里？这不是自投罗网吗？是端方改变了主意？是宋伯鲁没有通风报信？是自己误解了昨天的一切？此时此刻却已无法琢磨这一切了。

拿走他？不行！这如何向端方交代？

放走他？也不行，这如何向端方交代？

只是这沉默的几秒钟，刘鹗判断出，这一切不是偶然发生的。其中必有内情。否则，何法章何以会亲自出马？没有端方首肯，何法章怎敢如此胆大妄为？再一想，倘是端方下令抓人，何以会出现眼前这尴尬的局面？

想到此，刘鹗高声喊了一声："何大人！"两手抱拳一拱，同时抬步走下台阶。

何法章被刘鹗一喊，本能地抬起手抱拳，打算向刘鹗打拱。可是，站在刘鹗身旁的两个差役误认为这是何法章下令动手了，从两面猛地抓住刘鹗的胳膊。刘鹗心中一惊，但他没有反抗。刘贵见此，大喊一声："二少爷！"向刘鹗扑了过去。

"啪！"一记清脆的耳光打在刘贵的脸上，血立刻顺着他的嘴流下来。可是他已扑到刘鹗的脚下，紧紧地抱住他的腿。

这一切都发生在一瞬间。刘鹗不知所措。何法章也没有想到会出现如此场面。

何法章无可奈何地走到前面来，对两个挟持刘鹗的差役喝了一声："放开！"同时双手抱拳，向刘鹗一拱："铁云观察，失礼了。下官奉命而来，望能屈尊与下官走一趟。在下也好在端午帅面前有个交代。"

刘鹗见何法章如此客气，但又听他提到端方，知道他亦有难言之隐。何况事已至此，不去也不行。因此说："既是何大人亲自前来，自当随大人同去。只是，让在下穿好衣服、洗漱一下如何？"

"请便！"何法章面无表情地说。

"刘贵！"刘鹗低下头来，看看还跪在脚边的刘贵。"请何大人及诸位进去喝茶。我换了衣服就来。"

7

宋伯鲁一觉醒来已是午时了，昨天一夜胡思乱想到天蒙蒙亮时，听到下关开船的汽笛响过后，才迷迷糊糊地睡了过去。

他一睁眼，想到的第一件事，是该去看看刘鹗。可是才翻身坐起来，又感到自己可笑。此时刘鹗怕已出了长江，如何能见到他。再一想，不如去看看端方。一来是谢他救刘鹗之恩，二来也探听一下还有什么消息，三来还打算再谈一下《华山庙碑》之事。

拖到晚饭之后，宋伯鲁便望总督衙门走来。还没有走到那门口，远远地望见何法章从衙门里匆匆走出来，向相反方向走去。宋伯鲁刚要张嘴喊什么，可是又没有喊。

那守门的人与宋伯鲁是极熟的，见他来了也不阻挡他，宋伯鲁顺口问道："何大人何事？如何走得如此匆匆？"

那守门人说道："小人也不清楚。何大人一早上就来了一趟。午时又来了，此时才走。听说拿了一个什么要犯。"

说者无意，听者有心。宋伯鲁知道这个要犯指的是谁，因此他微微一笑走了进去。

宋伯鲁了解端方的习惯。此时，端方应在后院的凉亭边散步，因此，便向凉亭走去。可是，奇怪的是，平日好散步的端方，此时正在打太极拳，跨着马步，慢慢地把两手压下去。当他微微睁开眼睛看到宋伯鲁时，只是嘴角抽动了一下，表示自己已经看到对方了。

宋伯鲁并不去打扰他，而是慢慢地向凉亭走去。当他刚走到凉亭时，忽然听到端方长长吁了一口气："命也，何如！"宋伯鲁回过头去一看，端方刚打完太极拳，向自己走来。

宋伯鲁见端方走来，忙停住脚转过身，抢前两步，单膝跪下："谢大帅！"

可是端方并未按惯例伸手扶他，只是双手向后一背，仰头看着天："命也，何如！"

宋伯鲁感到奇怪，不知端方说些什么。他自己愣愣地站在那儿。

"拿到了。"端方嘴唇轻轻地动了动，并不看宋伯鲁："你尚未知晓？"

"拿到了？"宋伯鲁一时不明白端方的话。可是只一刹那间，他便悟出了端方所说的内容。"什么？什么？"他瞪大了眼睛，太阳穴边上的青筋也暴出来了。

"命也，何如！"端方第三次说。

宋伯鲁明白了，刘鹗已经被捕了。但他又自言自语地说："不会，我派人送信去了。"

"确是如此。"肯定极了。

宋伯鲁听到此，急切地跪了下来："大帅，此事只有大帅尚可设法援手……"

端方把他扶住，亦不答话，转身走进凉亭，拿起一张纸来递给宋伯鲁，嘴里说："欺君之罪。此罪名你担当得起？"

宋伯鲁急急地看那张纸，原来是一封发往北京的密电底稿。电文是："北京外务部均鉴：宁密。革员刘鹗已设法在宁拿获看管，应如何办理，候电示。"

宋伯鲁两手抖着看了两遍，用乞求的眼光看着端方："大帅，此事……"

端方不等他说完："此事尚有三四日的时间。一切仰仗老弟了。"

端方见宋伯鲁茫然地站在那儿，又补充了几句："非本帅不讲情面，倘捕获而不回禀，岂非有欺君之罪？回禀待旨，尚有三四日时间。倘有法可想，尚有回旋余地。"

宋伯鲁把头低下，仍未开口。

稍微沉默了一下，端方背着手踱了几步，走到宋伯鲁面前："此事与洋人颇多瓜葛。"

这句话一下子提醒了宋伯鲁，他忽地抬起头，看了看端方："大帅是指洋人？"

端方亦不再答话。宋伯鲁猛地把腿一拍："嘿——对！"他大声对端方说："卑职告辞了！"

端方也没有留他，只是点了点头。

　　宋伯鲁没有走几步，又听端方叫他。他回过头去，见端方站在凉亭石桌的前面。他走过去后，看到桌子上是一部《西岳华山庙碑》。未等他开口，端方从衣袖中抽出一封信来。见到此信，宋伯鲁才想到，这是昨天他来总督府前，收到的一封信，从字面上看是刘鹗的字。当时没有顾及此事，何时到端方手中了？

　　他将信接过来，当着端方的面打开，从中抽出一张八行纸来，一看上无抬头，下无落款，上面写了一首七律。他默默地看了一遍，两手捧给端方。端方看了两遍。只听宋伯鲁说："唉！这确有所指，可谁能说出其中原委呢？"

　　端方又看了一遍递给宋伯鲁，宋伯鲁接了过来，并没有再看，因为他已背下来了。他抬起头来，刘鹗的影子又在眼前晃动，戊戌年的交往，大量的古玩书信，他是那么熟悉。他抬起头来看了看天，又低下头来低声吟道：

　　　　避风十日荒湾泊，又出荒湾涉怒涛。
　　　　敢与波涛争上下，一枝萍梗任风飘。

二稿完

1989 年 4 月 8 日黎明之时

后　记

这是 30 年前完成的一部旧稿，能够按原貌出版我颇感高兴。

1986 年初，时任作家出版社编辑的杨德华先生来上海，闲谈中约写以刘鹗为主人公的小说。当年夏天，我去北京，作家出版社副主编龙世辉先生与我谈了具体的写法，他强调"可不拘泥于史实，放开写"。后在著名翻译家杨宪益老伯家，《芙蓉镇》的作者古华先生又对我谈了"作家写作前是否有完整的计划""作品中人物有无原型"等问题，他特别举例强调"写作不要出圈"。回到上海后，著名学者、上海图书馆馆长顾起潜（韦廷龙）老伯又给我讲了一些晚清的习俗。书还没有写，这些名家们就给我许多帮助。

此书前后写了两稿。第二稿于 1989 年送交杨德华先生，他约请汪曾祺先生代为修改，但因汪先生另有任务而没能接受。再后来，汪先生去世，书稿退回本人手中而束之高阁。

2006 年左右，我的大姐德符知道有这一稿件，便一边阅读一边将其输入计算机中，并希望能够得到出版。她表示：此书一方面是对自己的劳动做一个交代，二来子侄们如果有兴趣，可以从中了解一些情况。2015年，二姐德菜和二姐夫朱禧阅读全稿，装订成 30 册"网印本"只在家人中流传。

从 1980 年开始，30 余年来，我和我的兄弟姐妹对刘鹗与《老残游记》一书，以及太谷学派等的研究已经有了很大进展，发表了数十篇论文、出版了多种著作。目前，这种研究仍在进行之中。这本书所能表达的仍是30 年前对刘鹗的认识。

出版本书是对约稿者——已经去世的中国作家出版社副主编杨德华先生的怀念，也是对龙世辉、杨宪益、顾起潜（韦廷龙）诸位先生的怀念。

2017 年是这位近代的"通才"——刘鹗诞生 160 周年，具有一定的纪念意义。

感谢徐潜先生和中华工商联合出版社给予本书出版的机会，感谢本书的编辑。

感谢多年来帮助我的刘琦教授。

感谢数十年默默支持我的兄弟姐妹们！

刘德隆